锦天城法律实务丛书

ALLBRIGHT
锦天城

期权合同

OPTION CONTRACT

Principle and Practice

原理与实务

袁国际 / 著

法律出版社 LAW PRESS · CHINA

目·录

第一章 期权合同概述

第一节 期权合同概念与分类

一、期权合同产生与发展

许多人可能凭直觉认为，期权是 20 世纪 70 年代后才出现的一种新型国际金融衍生工具，自然期权合同的产生也是最近才发生的。其实不然，据考证，含有期权交易性质的合同在很久以前就产生了。期权合同的萌芽最早可以追溯到公元前 1200 年，当时古希腊和古腓尼基国的交易者为应付贸易上的意外运输需求，通常向船东缴纳一笔垫金或保证金，这样在必要时就有权要求船东提供额外的舱位，以便使货物运输得到保证。[1] 尽管这种安排与当今的期权合同不尽相同，但其中已含有期权合同的思想萌芽。

① 《中国金融大百科全书·衍生品交易卷》（下编，卷八），中国物资出版社 1999 年版，第 38 页。

亚里士多德在其《政治学》中记载了古希腊哲学家泰勒斯（Thales）使用期权合同的故事。[①] 泰勒斯虽为哲学家却一贫如洗，受众人嘲笑，因为其身为哲学家的贫困证明哲学毫无用处。当年冬天泰勒斯利用自己的哲学知识从天象察知来年是橄榄丰收的大年，于是他在冬天就与希俄斯（Chios）和米利都（Miletus）两地所有橄榄榨汁机的所有人达成协议，以取得在来年春天以特定价格使用橄榄榨汁机的权利。由于没有人和他竞争，他出的价钱很低。来年春天橄榄果然大丰收，这就使橄榄榨汁机供不应求，泰勒斯于是以约定的特定价格获得榨汁机的使用权，然后再以高价转让出去，赚了一大笔钱。泰勒斯以此证明："哲学家要发财本不是什么难事，但他们想的却并不是赚钱。"泰勒斯取得橄榄榨汁机使用权的协议就具有期权合同的雏形。

期权合同的初次大量使用发生在 17 世纪初荷兰的郁金香球茎交易的狂热时期。[②] 当时郁金香交易商和种植者普遍通过签订期权合同进行交易，其实质是在未来某一时刻以特定的价格买入或卖出某一种郁金香的买权或卖权合同，目的在于避免郁金香价格变化而可能给交易双方带来的损失。1637 年郁金香热结束时，期权合同出现了大量违约现象，而这种违约又未受有效制裁和得到有效救济，期权交易市场也随之宣告崩溃。

期权交易在美国一直长期表现为个人私下交易。18 世纪末美国就出现了以大宗农产品为标的的期权交易，而到 19 世纪末则开始出现了以股票为标的的期权交易。尽管此后期权声誉一直不佳，且在 20 世纪 30 年代受到了严格的监管，但期权交易量却不断增长，到 20 世纪 60 年代场外期权交易的规模已令人瞩目。在场外交易市场（又称"店头市场"，以下简称 OTC 市场）达成的期权合同没有标准化的条款，期权合同的具体条款都是根据合同双方的具体要求而针对性设计的，以满足不同当事人的特殊需要。场外期权合同在合同条款设计上的灵活性是其主要的优点，但同时也导致了其重大的缺点——流动性差。因为场外期权合同是根据合同当事人本身的需要设计的，可能并不符合其他人的需要，这样就很难在期权合同到期日前将其转让。

---

① ［古希腊］亚里士多德：《政治学》，吴寿彭译，商务印书馆 1965 年版，第 34~35 页。

② See Garber，Peter M.，"Tulipmania"，*Journal of Political Economy*，Vol.97，No.3，1989，pp.535-560. 转引自杨永清：《期货交易法律制度研究》，法律出版社 1998 年版，第 54 页。

1973 年芝加哥期权交易所正式成立，期权交易开始由场外转入场内，期权合同也开始标准化、规范化。期权合同标准化是指交易所将除权利执行日期、执行价格及权利金金额以外合同条款均事先规定好，如交易单位、最小变动价位、执行价格间距、到期日等均作了事先规定。期权合同的标准化降低了期权交易成本，提高了期权交易的效率。此外，期权合同标准化也大大增加了期权合同的流动性，使期权合同更具有变现性，增强了期权交易对投资者的吸引力。

场内期权交易的迅速发展并未使场外期权交易趋于消灭，相反，场外期权交易也获得了长足的发展。除了期权合同条款的灵活性外，期权合同多是由当事人私下达成，这样有关期权交易的信息就无须向社会公开，使交易信息较易得以保密。此外，由于场外期权合同属于当事人私下商业行为，相当而言较少受政府管制。场外期权合同的这些优点使场外期权交易活跃异常，但场外期权交易者却面临着每次进行交易都需重新谈判的问题，这无疑增加了交易成本，且有些成本是完全重复的，这样场外期权合同也出现了标准化趋势。在众多的场外期权交易的标准化协议中，目前最具有影响力、得到最广泛应用的是国际互换和衍生工具协会（international swaps and derivatives association，ISDA）发布的一系列标准协议。

二、期权合同概念

目前期权合同的概念不尽统一，众说纷纭，故有必要对其进一步厘清、界定。况且，期权合同概念的明确界定也是本书得以继续研究的前提条件。“期权合同”是一个合成词，在语法中属于偏正结构，“期权”是用来修饰“合同”的，所以，“期权合同”顾名思义就是“有关期权的合同”。因此，欲探究期权合同的含义，有必要先明确期权与合同的含义，下文将分别论述之。

（一）期权（option）

1. 期权之定义

尽管作为一种金融衍生工具期权产生已久，但期权概念的内涵仍颇具争议。总的来看，有关期权的定义可以分为两派。

（1）权利派

权利派认为，期权是一种权利，具体又可分为以下几类。有的观点认为，期权是一种在某一确定时间内按某一固定价格购买或出售某种东西的权利。[①] 有的观点则认为，期权是指在未来一定时期可以买卖某种商品或财产的权利。[②] 有的观点认为，期权是指某一标的物的买卖权或选择权，具有在某一限定时期内按某一指定的价格购买或出售某一特定商品或合约的权利。[③] 有的观点则认为，期权不同于选择权，期权是指"期货合同选择权"（option on futures contract）或"期货选择权"（futures option or option on futures），就是买卖期货合约的选择权。[④]

（2）合同派

合同派认为期权是一种合同，尽管合同派内部在对期权的表述上稍有差异，但其均一致认为，期权是一种合同，它赋予期权合同买方（the owner or buyer of an option）权利，而非义务，使其在特定期间有权按执行价格购买或出售一定数量的标的资产（the underlying asset）。[⑤]

笔者认为，合同派显然将"期权"与"期权合同"混淆了，如果期权是一种合同，那么期权合同又是什么？期权合同又当如何界定？况且，如果期权是一种合同，

---

① ［美］罗伯特·A. 斯特朗:《衍生产品概论》，王振山等译，东北财经大学出版社 2005 年版，第 2 页；Norman Menachem Feder, "Deconstructing Over-the-counter derivatives", 2002 *COLUM. BUS. L. REV. 692*.

② 刘振亚主编：《美国期权市场》，经济科学出版社 2001 年版，第 9 页；John C. Hull, *Options, Futures, and Other Derivatives*（6th *Edition*），Pearson Prentice Hall 2006，p.753；Karen P. Ramdhanie, "Derivatives Contracts of Insolvent Companies：Preferential Treatment under the Bankruptcy Code of the United States and the Insolvency Laws of the United Kingdom", *18 N.Y.L. Sch. J. Int' l & Comp. L. 279.*

③ 魏振祥：《期权投资》，中国财政经济出版社 2003 年版，第 2 页，第 400~401 页；相似观点也可参见田源、李建中、邸建凯主编:《期货交易全书》，中国大百科全书出版社 1993 年版，第 190 页。

④ 文海兴：《期货交易法律关系研究》，法律出版社 1995 年版，第 33 页；杨永清：《期货交易法律制度研究》，法律出版社 1998 年版，第 53 页；秦毅主编:《期货实务手则》，上海远东出版社 1993 年版，第 140 页；田源、李建中、邸建凯主编:《期货交易全书》，中国大百科全书出版社 1993 年版，第 77 页；钱玲：《最具有潜力的金融商品——期权》，载《财金贸易》1994 年第 7 期。

⑤ 参见［美］约瑟夫·A. 沃克：《期权市场运作》，王微等译，清华大学出版社 1998 年版，第 1~3 页，第 177 页；谢剑平：《期货与期权》，中国人民大学出版社 2004 年版，第 6 页；See Michael S. Sackheim, "FEDERAL REGULATION OF AGRICULTURAL TRADE OPTIONS", *4 Drake J. Agric. L. 443*；also see CFTC v. U.S. Metals Depository Corp., 468 F. Supp. 1149, 1155（S.D.N.Y. 1979）.

那么该合同赋予的权利又是什么性质的权利？又应该如何称呼该权利呢？我们忆及《布莱克法律字典》（第 8 版）对“期权”（option）一词的释义：“选择的权利或权力；在特定期间按固定价格购买或出售既定数量证券、商品或其他资产的权利（而非义务）。”① 此外，期权清算公司（OCC）在其制作的《标准化期权的特色与风险》手册中也将“期权”界定为：“在其规定的到期日前通过执行期权而按特定的执行价格购买或出售一定数量或价值的特定标的权益的权利”（An option is the right either to buy or to sell a specified amount or value of a particular underlying interest at a fixed exercise price by exercising the option before its specified expiration date.）。② 由此可见，期权并非是一种合同，而应是一种权利。

在权利派中，前三种观点基本是一致的，均认为期权是购买或出售某种东西的权利，这与第四种观点存在差异。第四种观点将买卖的对象限定为“期货合同”，即期权只是指买卖期货合同的选择权，是“期货合同选择权”或“期货选择权”的简称。笔者认为，第四种观点是对“期权”一词的误解，没能正确把握“期权”一词的准确含义。汉语中的“期权”在英语中相对应的单词是“option”，而将“option”翻译成汉语中的“期权”已是业内共识。③ 第四种观点误认为汉语中与“option”对应的只有“选择权”，而无“期权”，进而误认为“期权”只是“期货合同选择权”或“期货选择权”的简称而已。笔者并不否认“option”也可以翻译成“选择权”，④ 但这并不妨碍其也可翻译成“期权”。况且，芝加哥期权交易所中文网站也是将

① See *BLACK' S LAW DICTIONARY*（8th Edition 2004），option：“1. The right or power to choose；4. The right（but not the obligation）to buy or sell a given quantity of securities, commodities, or other assets at a fixed price within a specified time.” p.1127.

② See *Characteristics and Risks of Standardized Options*，p4.This document is available at the website：https：//www.theocc.com/Company-Information/Documents-and-Archives/Options-Disclosure-Document.

③ 参见［加］约翰·C. 赫尔：《期货期权入门》（第 3 版），张陶伟译，中国人民大学出版社 2001 年版；［美］约瑟夫·A. 沃克：《期权市场运作》，王微等译，清华大学出版社 1998 年版；［英］罗伯特·汤普金斯：《解读期权》（第 2 版），陈宋生、崔宏、刘锋译，经济管理出版社 2004 年版；［美］迈克斯·安斯拜切：《新型期权市场》，郑磊译，中信出版社 2002 年版。

④ 我国台湾地区多采用此译法，可参见王淑芬：《期货与选择权》，智胜文化事业有限公司 2003 年版；陈威光：《选择权：理论、实务与应用》，智胜文化事业有限公司 2002 年版。

其翻译成“期权”。[①] 在“期权”已经成为通译的情况下，笔者认为没有必要坚持认为“option”只能译为“选择权”，“期权”不同于“选择权”，而只能是“期货合同选择权”或“期货选择权”的简称。将“option on futures”翻译为“期货期权”比将其简称为“期权”更能准确反映其内涵，此时“期货期权”只是“期权”中的一个类型。因此，期权是购买或出售某种东西的权利，其购买或出售的对象并不仅限于期货合同。

综上所述，笔者认为，期权，又称选择权，是指权利人在未来特定期间（the term to expiration）内享有的按执行价格（exercise price or strike price）购买或出售标的资产（the underlying asset）的权利。期权权利人（the owner or holder or buyer of an option）此时享有的是执行期权的权利，而并不负有必须执行期权的义务，他（她或它）可以执行期权，也可以不执行而让它过期失效。期权权利人在期权存续期间内任何时间均有权行使、转让或放弃行使这种期权，而无相应义务；相反，期权相对人（the writer or seller of an option）无他选择，他（她或它）必须受此期权及其法律效果的拘束。然而期权必须在其存续期间行使，逾越到期时间（expiration time）后，期权自动失效。

此处应当说明的是，本书讲期权权利人享有“购买或出售”标的资产的权利是广义而言的。此之“购买或出售”并不是讲期权权利人如在买卖合同中那样真正地“买卖”标的资产，而只是为叙述方便采用此用语。在实物期权合同中，期权合同买方执行期权时可能确实是在“购买或出售”标的资产，但在其他期权合同中就并不一定了。例如，在期货期权合同（futures option contract）中，期货期权合同买方所享有的期权并不是使其真正地“购买或出售”作为标的资产的期货合同，而是使其决定是否订立期货合同。同样道理，利率期权合同（interest-rate option contract）、股指期权合同（index option contract）、复合期权合同（compound option）及互换期权合同（swaption contract）中也不是真正意义上的“购买或出售”标的资产。

2. 期权之权利性质

明确期权的定义之后，我们在此处有必要进一步明确期权权利的法律性质，以便下文论证的顺利开展。在现实中期权种类繁多、表现多样，其内部之构造亦

---

① 参见 http://www.cboe.com/chinese/optprod/default.aspx，最后访问日期：2020 年 12 月 21 日。

异常复杂，但这些均是期权之现象。现象（appearance）是事物在发展、变化中所表现的外部的形态和联系，其是纷繁芜杂、形式各样的。与现象相对而言的哲学范畴是本质（essence），其是指事物的根本性质，是事物所固有的、普遍的、相对稳定的内部联系。本质是隐蔽的、内在的，是透过现象来表现的，不能用简单的直观去认识，只有靠理性思维透过裸露的、表面的现象才能把握。透过期权之表象，通过对其内在关系进行解构剖析，我们可以将期权的共性归纳如下：一方面，期权权利人在期权存续期间内可自主决定是否执行期权，而不负相应义务；另一方面，期权相对人在期权被执行时必须受其拘束并接受其所产生的法律上特定之效果。期权之法律本质也就是期权权利人得以单方意思表示而变动其与期权相对人之间的法律关系。因此，期权在本质上是赋予了权利人一种单方面的形成权力，即权利人得依其单方意思而变动其与相对人之间的法律关系。那么期权在本质上又属于什么性质的权利呢？我们忆及形成权可理解为某个特定的人所享有的权利，这个人可以通过单方的形成行为，通常为需要接受的意思表示，来实现他和另一个人之间的法律关系，或者对法律关系的内容进行确定，或者改变这种法律关系，以致撤销这种法律关系。① 形成权本质乃权利人得依单方意思表示而发生法律上特定之效果。② 由上可见，期权与形成权在本质是一致的，故期权在本质上可定性为民法中的形成权。③

然而，有种观点认为，期权不属于形成权。④ 该观点认为，“经理人员在行权时，并不是不承担任何义务，他仍然要向公司支付合约规定的‘价金’；而且，公司

① ［德］卡尔·拉伦茨：《德国民法通论》（上册），王晓晔等译，法律出版社2003年版，第289页。

② 参见史尚宽：《民法总论》，中国政法大学出版社2000年版，第25~26页；王泽鉴：《王泽鉴法学全集·第四卷——民法学说与判例研究》，中国政法大学出版社2003年版，第14页。

③ 赞同此观点的还有以下人士，陈自强：《民法讲义Ⅰ——契约之成立与生效》，法律出版社2002年版，第94页；刘和平：《认股权法律制度研究》，载梁慧星主编：《民商法论丛》（第17卷），香港金桥文化出版有限公司2000年版，第227~281页。

④ 应当注意的是该观点并非直接论述“期权”性质，而是论证“经营者股票期权”（executive stock option）的，但“经营者股票期权”也是“期权”的一种，若“期权”属于形成权，“经营者股票期权”就不可能不属于形成权，故其否定“经营者股票期权”属于形成权，实质上也就是否定“期权”属于形成权。本书将对其否定“经营者股票期权”属于形成权的理由逐一批驳，以反向论证“经营者股票期权”属于形成权。参见颜延、张文贤：《我国推行股票期权制度的法律问题》，载《中国法学》2001年第3期。

也不是没有任何权利，它仍然可以要求经理人员支付相应的对价。”[①] 此处，该观点明显将“经营者股票期权的行使”与股票期权行使后所产生法律关系的效果混淆起来。该观点所言的“经理人员的义务”与“公司的权利”均是指在经理人员行使经营者股票期权后所产生的法律关系中二者所享有的权利和承担的义务，而并非是在经理人员行使经营者股票期权时，经理人员所负有的义务与公司所享有的权利。经理人员在行使经营者股票期权当时对公司并不负有任何相对应的义务，其既可以行使该期权，也可以不行使该期权。公司此时对经理人员并不享有任何相对应的权利，公司既无权要求经理人员行使期权，也无权要求经理人员不行使期权，相反其必须受经理人员所享有的经营者股票期权的约束，一旦经理人员行使经营者股票期权，公司就必须接受该期权行使所发生的法律效果拘束。由此可见，经理人员在行权时并不负有任何义务，公司此时对其也不享有任何权利。然而，一旦经理人员行使经营者股票期权，那么该期权的行使将产生一个新的法律关系，即经理人员与公司之间的股票买卖合同。只是在此新的法律关系中，经理人员才负有支付合同规定的“价金”的义务，公司才享有要求经理人员支付相应对价的权利。然而，此时经营者股票期权已经因行使而消灭，所以该观点所言的经理人员和公司的权利义务是指二者在新的法律关系中的权利义务，而非二者在经理人员行权时的权利义务。

该观点又认为，“经理人员的行权通知，只能产生使股票买卖预约合同真实成立的作用，并不能导致任何权利义务关系的‘发生、变更或消灭’。”[②] 至于是否存在“预约合同”下文将专门论述，此处仅探讨经理人员行使经营者股票期权是否会导致权利义务关系的“发生、变更或消灭”。经营者股票期权是指公司给予经理人员在未来一定时间内以一定价格（这种价格是契约约定的，一般不低于赠与日市价）购买一定数量公司股票的选择权。[③] 由经营者股票期权定义可知，一旦经理人员选择行使其股票期权，那么公司就负有按一定价格出售一定数量的公司股票给经理人员的义务，此时显然存在权利义务的发生，该观点又怎么能说“不能导致任何权利义务关系的‘发生、变更或消灭’”呢？该观点的论证逻辑是，“股

① 参见颜延、张文贤：《我国推行股票期权制度的法律问题》，载《中国法学》2001 年第 3 期。

② 参见颜延、张文贤：《我国推行股票期权制度的法律问题》，文中引注省略，载《中国法学》2001 年第 3 期。

③ 参见颜延、张文贤：《我国推行股票期权制度的法律问题》，载《中国法学》2001 年第 3 期。

票期权在授予时，仅相当于公司向经理人员发出的一个选择权要约。……经理人员在要约有效期内,可以按照授予协议的要求连续提供服务来接受这一要约。……当经理人员完成授予协议规定的持续劳务提供达到实质上接受公司要约的程度时，股票期权授予协议转变为一个'双务、有偿'的合同，具备强制执行的效力。经理人员的持续劳务提供并没有成立任何新的合同，而是仅仅使一个既存的合同之债沿着它的道路向前迈进了一步，即将公司以经理人员的持续受聘为条件的义务，转变成不再附有条件的义务。只要经理人员作出行权的意思表示，并提供约定的对价，公司即有给付相应股票的义务。"[①] 此论证逻辑的一个致命缺陷就是混淆了新合同成立的原因，此外也未能准确区分经营者股票期权的取得条件和行使条件。即使按该观点所言，"当经理人员完成授予协议规定的持续劳务提供达到实质上接受公司要约的程度时，"股票期权授予协议也不会转变为一个"双务、有偿"的合同。因为若此时股票期权授予协议就转变为一个"双务、有偿"的合同，那么根据该"双务、有偿"合同经理人员和公司应该相互享有请求交付股票和支付价金的权利，但事实情况并非如此。事实情况是，即使经理人员已经提供了规定的持续劳务，但只要其不行使期权，其就无权要求公司交付股票，公司此时也无义务交付股票，当然也不享有请求经理人员支付价金的权利。亦即，只要经理人员不行使期权，其与公司之间就不存在"双务、有偿"的合同关系。经理人员持续提供劳务并不是新合同成立的原因,而是其行使经营者股票期权的条件,即只有在其持续提供劳务后其才能行使股票期权。经理人员行使其股票期权才是新合同得以产生的原因，经理人员若不行权，公司就没有交付股票的义务和请求支付价金的权利，只有经理人员行权，其才与公司互负权利义务，其行权在二者之间产生了新的法律关系。

该观点否定经营者股票期权属于形成权后，进一步认为经营者股票期权乃是一种期待权。从消极方面来看，在公司授予股票期权时，取得股票选择权的过程尚没有完成，权利还没有发生；从积极方面来看，权利取得虽未完成，但已经进入完成的过程，当事人已经有所期待。因此，股票期权具备法律上之"先效力"，属于一种期待权。[②] 如前所言，笔者认为期权属于形成权，但其有是否如该观点

---

① 参见颜延、张文贤：《我国推行股票期权制度的法律问题》，载《中国法学》2001 年第 3 期。

② 参见颜延、张文贤：《我国推行股票期权制度的法律问题》，载《中国法学》2001 年第 3 期。

所认为的属于期待权呢？经营者股票期权授予协议实际上类似赠与合同（但实质上并不是，因为授予公司也不享有以其自己为相对人的经营者股票期权），根据该授予协议，获受人享有经营者股票期权且无须给付期权价格，而授予公司自愿使自己处于相对人的地位且不向获受人收取期权价格，可见，获受人在授予协议有效成立之际便享有了经营者股票期权，并非“取得股票选择权的过程尚没有完成”，只不过该期权的行使是附有期限和条件的，即只能在行权期内分批行使。当然，经营者股票期权也有约定的结束条件，若获受人在行权期之前自愿离职，其获赠期权归于无效；[①]若他在行权期内自愿离职,其可执行具有行权部分的期权；而若获受人违反法律等情形时,授予公司有权收回经营者股票期权未执行部分。[②]这些结束条件恰恰从反面证明了获受人在授予协议有效成立之际便享有了经营者股票期权，否则怎会有“归于无效”之说？由上可见，经理人员自授予协议成立时就享有经营者股票期权，只是其要等到一定时期后才能行使该期权，而该期权的行使显然将在其与公司之间产生新的法律关系，这是期待权所不具有的权能。因为，经营者股票期权实质上也是一种期权，与其他期权一样，其本质特征均在于权利人得依单方意思而变动其与他人之间的法律关系。所以，经营者股票期权应属形成权，而非期待权。

既然此处提及了期待权，且期权与期待权仅一字之差，极易混淆，本书还是有必要进一步探讨期权与期待权的关系，以正视听。所谓期待权者，系指因具备取得权利之部分要件，受法律保护，具有权利性质之法律地位。虽然对期待权的认识多有分歧，但对以下观点仍是有所共识：期待权系取得权利之权利；期待权已具备取得完整权利之部分要件;具备取得权利之部分要件之地位受法律保障。[③]期待权乃“具有权利性质之法律地位”，系取得权利之权利，而期权系发生特定法律关系之权利，但通过该法律关系则可产生权利，就此点观之，二者均属取得权利发展过程之中间形态，其性质极为相近。况且期待权寄期于将来取得权利，期权也寄期于将来行使而发生特定法律关系以产生权利，故二者均有寄期于将来之义。然而，期权之形成权本质决定了其与期待权迥然相异。期权使权利人得依

---

① 参见颜延、张文贤：《我国推行股票期权制度的法律问题》，载《中国法学》2001 年第 3 期。

② 参见刘振亚主编：《美国期权市场》，经济科学出版社 2001 年版，第 146 页。

③ 王泽鉴：《王泽鉴法学全集・第一卷——民法学说与判例研究》，中国政法大学出版社 2003 年版，第 176~180 页。

单方意思表示而变动其与相对人之间的特定法律关系，但期待权无此功效，即期待权人基于期待权并不能以单方意思而形成具体之权利义务关系，只能对完整权利寄以期待，待具有必备要件时才能取得所期待之完整权利，这是二者本质的区别。况且，期权一经行使便归于消灭，而期待权则因行使而完成必要条件进而强化为完全权利。[①] 可见，期权与期待权尽管在某种程度上有所类似，但从根本上讲仍是两种性质不同的权利。

（二）合同（contract）

合同产生的历史源远流长，但合同的概念在各法系中却不尽相同。在英美法中，合同一般被认为是一种“允诺”（a promise）。最常被引用的英美法合同定义是美国法学会编纂的《合同法重述（第二次）》中的定义：“合同是一个允诺或一组允诺，法律对它们的违反将提供救济；法律以某种方式将它们的履行确认为一种义务。”[②] 该定义的重心放在具有允诺性质的意思表示上，而允诺则是指一方当事人对于他方当事人负担行为或不行为义务之表示，[③]这样该定义突出了允诺人单方面意思表示的法律效果。像这样的定义并没有告诉我们关于何种事实会有效地产生出合法的权利和义务，它仅仅是给我们提供了一种在我们已经通过其他方法查明这些事实具有法律效用之后，对这种发生效力的事实加以描述的方式。[④]

大陆法系常认为合同是一种“合意”或“协议”。例如，《法国民法典》第101 条规定：“合同是一种协议，该协议约束一人或数人对于其他一人或数人负担给付、作为或不作为。”[⑤] 我国《民法通则》第 85 条也规定：“合同是当事人之间设立、变更、终止民事关系的协议。”该定义强调双方当事人在表示上的“合意”，

---

① 王泽鉴：《王泽鉴法学全集·第一卷——民法学说与判例研究》，中国政法大学出版社 2003 年版，第 183~184 页。

② See *Restatement of the Law of Contracts*（*Second*），Article 1，this document is available at the website：https：//www.betterblackletter.com/wp-content/uploads/2019/02/Restatement-2nd-of-Contracts.pdf.

③ 参见杨桢：《英美契约法论》（第 3 版），北京大学出版社 2003 年版，第 1 页。

④ ［美］A.L. 科宾：《科宾论合同》（一卷版，上册），王卫国、徐国栋、夏登峻译，中国大百科全书出版社 1997 年版，第 9 页。

⑤ 参见 https：//www.napoleon-series.org/government/code-napoleon/，最后访问日期：2020 年 12 月 21 日。

突出了在意思表示在内容上的一致性。

随着时间的发展，英美法系和大陆法系在合同的概念上出现相近的趋势。《布莱克法律字典》（第 8 版）就采纳了大陆法系的定义方式而将“合同”定义为：“双方或多方当事人之间就创设法律上可执行的或认可的义务而达成的协议。”[①] 美国法学会在其编纂的《统一商法典》中将“合同”定义为：“合同不同于协议本身，其是指由本法及任何其他可适用的法律所确定的自当事人协议所产生的全部法律义务。”[②] 该定义突出了合同是协议行为所产生的法律关系的总和。英美合同法学者林赛（Lindsay）认为，“合同是两个或两个以上当事人之间具有法律约束力的协议或由一方或一方以上当事人所为的一组具有法律约束力的允诺。”[③] 该定义同时采纳了“协议”和“允诺”两种定义方式。英国合同法学者特雷特尔则认为：“合同是发生可由法律予以执行或者承认的债务的合意。区别合同之债与其他法定之债的要素在于，合同之债是以合同当事人的合同为基础的。”[④] 该定义则全盘接受了大陆法系的合同定义方式。

美国著名合同法学者科宾对合同定义作了全面总结，其认为，“合同”（contract）一语一向被用于指代有着多种组合方式的三种不同事物：（1）当事人各方表示同意的一系列有效行为，或者这些行为的某一部分；（2）当事人制作的有形文件，其本身构成一种发生效力的事实，并且构成他们实施了其他表意行为的最后证据；（3）由当事人的有效行为所产生的法律关系，它们总是包含着一方的权利与他方的义务关系。[⑤] 该定义不仅结合了英美法系与大陆法系的定义方式，还涉及了合同形式的证据作用。

---

① See *BLACK' S LAW DICTIONARY*（8th Edition 2004），contract：“1. An agreement between two or more parties creating obligations that are enforceable or otherwise recognizable at law.” p.1127.

② See *UCC*，Article 1-101，this document is available at the website：https：//www.law.cornell.edu/ucc.

③ See G. C. Lindsay，*Contract*，（3rd ed.，1992），at 6-7. 转引自杨桢：《英美契约法论》（第 3 版），北京大学出版社 2003 年版，第 1 页。

④ See G. H. Treitel，*The Law of Contract 1*（10th ed.，1999）. 转引自韩世远：《合同法总论》，法律出版社 2004 年版，第 4 页。

⑤ ［美］A. L. 科宾：《科宾论合同》（一卷版，上册），王卫国、徐国栋、夏登峻译，中国大百科全书出版社 1997 年版，第 8~9 页。

综上所述，再结合我国《合同法》第2条关于合同的定义，本书将合同定义为当事人之间设立、变更、终止民事权利义务关系的协议。

（三）期权合同（option contract）

上文探讨了期权与合同的含义，但什么又是期权合同呢？国内外对此存在不同的主张。有的观点直接认为，期权合约就是指期权的买卖契约。[①]有的观点则认为，所谓期权合约是指期权购买者向期权出售者支付一定数额的权利金后，即赋予该期权购买者在规定的期限内按事先约定的履约价格买进或卖出一定数量相关商品期货合约的权利的一种标准化合约。[②]也有的观点认为，所谓期货选择权合同是指在期货交易所或期货选择权交易所签订的，期货选择权购买者以支付一定数额的权利金为代价，取得在确定的期限内或某一特定日期以事先约定的履约价格买进或卖出一定数量的相同商品期货合同的权利的标准化合同。[③]还有的观点认为，期权合约是指买卖双方所订立的，由买方向卖方支付一定数额的权利金，而买方取得在一定时期内、以双方事先约定的价格购买或出售某种特定基础资产之权利的协议。[④]期权清算公司则将期权合同定义为："'期权合同'或'期权'一词是指由期权清算公司依据章程细则和规则签发的一个卖权、一个买权、一个二元期权、一个区间期权或一个组合扩展期权。"[⑤]然而，我国《期货交易管理条例》（2017年修订）第2条则规定："本条例所称期权合约，是指期货交易场所统一制定的、规定买方有权在将来某一时间以特定价格买入或者卖出约定标的物（包括期货合约）的标准化合约。"

期权合同首先并不一定是一种标准化合同，其也可能并不是由交易所统一制定的或在交易所内达成的或由期权清算公司统一签发的。因为上述特征都是

---

① "合约"与"合同"同义，即"期权合约"也就是指"期权合同"，不过"期权合同"应该是更为准确的法律用语，故本书统一使用"期权合同"这一称谓，但为尊重引文，引文中的用语则按原文引用。参见田源、李建中、邸建凯主编：《期货交易全书》，中国大百科全书出版社1993年版，第191页

② 张邦辉主编：《期货交易大辞典》，中国物价出版社1994年版，第78页、第329页。

③ 杨永清：《期货交易法律制度研究》，法律出版社1998年版，第72页。

④ 宁敏：《国际金融衍生交易法律问题研究》，中国政法大学出版社2002年版，第20页。

⑤ See *OCC By-Laws*, Article I, this document is available at the website: http://www.optionsclearing.com.

针对场内期权合同而言的，场外期权合同则是由当事人私下谈判而达成的，其虽然有标准化的趋势，但远非标准化合同。再者，期权合同也不一定是买卖期权的合同，至于期权合同为何不是买卖合同，本书第二章将对该问题进行深入探讨。

结合上述定义，笔者认为，期权合同是指双方当事人所订立的，由一方当事人向另一方当事人支付一定数额的期权权利金，而支付权利金的一方当事人则取得对收取权利金的另一方当事人在特定期间按事先约定的价格购买或出售特定数量标的资产之权利的协议。也就是讲，根据期权合同，合同一方当事人负有支付期权权利金的义务，而该方当事人在支付权利金后亦即享有期权，即在特定期间按约定价格购买或出售标的资产的权利；期权合同另一方当事人则享有请求支付期权权利金的权利，而其收到权利金后则在特定期间受期权及其产生之法律效果的拘束。

此处应当提及的是，“option”与“option contract”在英美法中还存在与上文所言不同的含义，为避免与本书所论述的“期权”与“期权合同”相混淆，本书将此不同意义上的“option”译为“选择权”，而“option contract”则译为“选择权合同”（这仅是本书使用而言，为忠实引文原文，本书均是原文引用，故此译法并不意味着引文的用语有此含义）。其中，“选择权”是指使一项要约在规定时间内保持有效的一项允诺，[①] 而“选择权合同”则是指符合合同要求并限制要约人撤销要约权利的一项允诺。[②]《布莱克法律字典》（第 8 版）对“option”一词的解释中也含有此类释义：“包含在正式或非正式合同中的一项要约；在特定期间使要约持续有效的一项合同义务，以使要约人在该期间不得撤销要约。”[③] 这种观点显然将“option”与“option contract”限定在使要约持续有效和不可撤销上。根

---

① See Brian A. Blum，*Contracts：examples and explanations*，*Aspen Publishers* 2004，p.101. *Also see Restatement of the Law of Contracts*（*Second*），Article 25 comment. This document is available at the website：https：//www.lexisnexis.com/ap/auth/.

② See *Restatement of the Law of Contracts*（*Second*），Article 25 and Article 87.

③ See *BLACK'S LAW DICTIONARY*（8th Edition 2004），option：“2. An offer that is included in a formal or informal contract；a contractual obligation to keep an offer open for a specified period，so that the offeror cannot revoke the offer during the period.” p.1127.

据该观点，“选择权”就是指受要约人在要约的有效期内对有效的或不可撤销的要约所享有的进行承诺的选择权，而“选择权合同”的作用就在于使一项要约在一定时间内持续有效，以便受要约人在此期间决定是否选择承诺该要约。英美法之所以有此含义的“option”与“option contract”存在应该是因为其合同中的对价制度。在英美合同法中，允诺若无对价，即无约束力。[①] 这就是讲，若无对价，要约对要约人则无约束力，要约人可以随时撤销要约。[②] 受要约人有时并不想立即对要约进行承诺，而只是想使要约在一定时间内持续生效，以便自己在该段时间内根据具体情况决定是否选择承诺。然而，由于该要约本身无对价，要约人有权随时撤销该要约，即该要约对要约人并不具有约束力，其效力处于不确定状态。受要约人欲使该要约持续生效，具有约束力，其就必须对使该要约持续生效本身提供对价（切记，此处对价是针对使要约生效的对价，而非针对要约内容本身的对价）。这样，要约人与受要约人就使要约在特定时间内持续生效达成了一个新的合同，亦即所谓的“选择权合同”。根据该合同，要约人保证在特定期间不撤销其要约，而使其出现生效，受要约人则为此持续生效的保证提供对价。然而，大陆法系一般并不存在此类“选择权合同”。因为，在大陆法系中，要约人通常在一定时间内受其要约的拘束。在这一段时间内，要约人不得撤回其要约，受要约人有权单方面决定是否使合同成立。[③] 既然无须额外对价，要约就当然地对要约人在特定时间内具有拘束力，受要约人自然不会多此一举而专门现在签合同。不过需要说明的是，英美法中采用“选择权合同”使要约持续生效的法律效力显然强于大陆法系中要约（即使是不可撤销要约）自动生效的法律效力。例如，《合同法重述（第二次）》第37条就规定：“除非满足解除合同义务的要求，否则选择权合同项下的承诺权不因拒绝，反要约，撤销，或要约人的死亡或丧失行为能

① ［美］A. L. 科宾：《科宾论合同》（一卷版，上册），王卫国、徐国栋、夏登峻译，中国大百科全书出版社1997年版，第215页。

② See *Restatement of the Law of Contracts*（*Second*），Article 24 Comment.

③ 参见［德］迪特尔·梅迪库斯：《德国民法总论》，邵建东译，法律出版社2000年版，第272页。Also see B. S. Markesinis，W. Lorenz，G. Dannemann，*Markesinis The German Law of Obligations*（*Volume I*）*The Law of Contracts and Restitution：A Comparative Introduction*，pp.50–54，p.826，Clarendon Press.Oxford，1997.

力而终止。”[①] 然而，在大陆法系中，要约一般都会因上述原因而消灭，[②] 即使是不可撤销要约也会因受要约人的拒绝和反要约而消灭。[③]

本书所研究的期权合同并不涉及此类意义上的“选择权合同”，即本书不探讨使要约持续生效的“选择权合同”，而仅限于国际金融衍生品交易中的期权合同。至于二者的区别与联系，本书第二章第二节将专门论述之。

三、期权合同分类

根据期权的不同分类，期权合同也可作出相应的分类，以下简要介绍期权合同的几项重要分类。

（一）根据买方是否享有购买或出售标的资产的期权划分

1. 买权合同（call option contract）

买权合同，就是指赋予一方当事人买权的期权合同，而买权则是指权利人享有在特定期间按特定价格购买特定数量标的资产的权利。根据买权合同，一方当事人（合同买方）负有向另一方当事人（合同卖方）支付一定数额的期权权利金的义务，而支付权利金后，该方当事人则享有买权，即在特定期间按事先约定的价格购买特定数量标的资产的权利；另一方当事人则享有请求合同对方支付期权权利金的权利，而收取权利金后，则其应受买权的约束。

在买权合同中，享有买权的合同买方并不负有购买的义务，相反在有效期内其享有是否购买的选择权。若标的资产的市场价格高于买权合同中约定的执行价格，则合同买方将执行买权，以低于市场价格的执行价格买进标的资产，二者差

---

① See *Restatement of the Law of Contracts（Second）*, Article 37. Different opinions see Michael J. Cozzillio, “THE OPTION CONTRACT：IRREVOCABLE NOT IRREJECTABLE”, 39 Cath. U.L. Rev. 491.

② 参见［德］迪特尔·梅迪库斯:《德国民法总论》,邵建东译,法律出版社 2000 年版,第 275~279 页;梅仲协:《民法要义》，中国政法大学出版社 1998 年版，第 122~123 页。

③ 参见韩世远:《合同法总论》,法律出版社2004年版,第105~107页。Also see B. S. Markesinis, W. Lorenz, G. Dannemann, *Markesinis The German Law of Obligations（Volume Ⅰ）The Law of Contracts and Restitution：A Comparative Introduction*, pp.50–52, 826 – 827, Clarendon Press. Oxford, 1997.

价便是合同买方赚取的收入（注意，该收入有可能小于期权权利金的数额），减去其所支付的成本——期权权利金，剩余部分便是其获得的纯利润。当然，此时合同买方也可以不执行买权，而将买权卖出（转让），转身作为卖方收取期权权利金，而从前后期权权利金的差价中获取利润。自然，合同卖方为避免合同买方执行买权而交付标的资产，合同卖方也可以通过支付期权权利金而买入其先前所出售的买权，这样前后期权权利金的价差则构成其损失。若标的资产的市场价格低于买权合同中约定的执行价格，则合同买方将不会执行买权，那么买权将过期自动失效，合同买方支付的期权权利金将成为其净损失，而合同卖方收到的期权权利金则成为其净利润。由于从买方的角度讲，其是希望标的资产的市场价格上涨的，故买权合同又称看涨期权合同。

例如，目前 A 公司股票的市场价格为每股 100 美元，甲乙则签订一个以 A 公司股票为标的资产的买权合同。甲作为合同买方享有在未来 6 个月内按每股 100 美元价格向乙购买 100 股 A 公司股票的权利，期权权利金为每股 5 美元，甲为此向乙支付 500 美元的期权权利金。过两个月，A 公司股票涨至每股 110 美元，甲此时自然可以执行买权，以每股 100 美元的价格买进 100 股 A 公司股票，然后再倒手按市场价格每股 110 美元出售，则可获得 1000 美元的收入，减去其支付的 500 美元期权权利金，甲则净收入 500 美元。若此时甲未执行买权，而是继续观望，等待 A 公司股票继续上涨，以图更多利润。然而，天有不测风云，又过两个月，A 公司股票市场价格下降到每股 102 美元。甲此时若对 A 公司股票反弹失去信心，其便可执行买权，以每股 100 美元的价格买进 100 股 A 公司股票，然后再倒手按市场价格每股 102 美元出售，则可获得 200 美元的收入，除去其支付的 500 美元期权权利金，甲则净损失 300 美元。然而，甲若仍对 A 公司股票有信心，坚信近期内该股票必将反弹，其未执行买权，而继续观望行情。结果事与愿违，两个月后，A 公司股票市场价格降至每股 98 美元。此时，甲肯定不会执行其买权，其不会傻到以每股 100 美元的价格购买市场价格仅为每股 98 美元的 A 公司股票，其只有放弃买权，任其过期失效，这样甲就净损失 500 美元的期权权利金。

2. 卖权合同（put option contract）

卖权合同就是指赋予一方当事人卖权的期权合同，而卖权则是指权利人享有在特定期间按特定价格出售特定数量标的资产的权利。根据卖权合同，一方当事人（合同买方）负有向另一方当事人（合同卖方）支付一定数额的期权权利金的义务，而支付权利金后，该方当事人则享有卖权，即在特定期间按事先约定的价格出售特定数量标的资产的权利；另一方当事人则享有请求合同对方支付期权权利金的权利，而收取权利金后，则其应受卖权的约束。

在卖权合同中，享有卖权的合同买方并不负有出售的义务，相反在有效期内其享有是否出售的选择权。若标的资产的市场价格低于卖权合同中约定的执行价格，则合同买方将执行卖权，以高于市场价格的执行价格出售标的资产，二者差价便是合同买方赚取的收入（注意，该收入有可能小于期权权利金的数额），减去其所支付的成本——期权权利金，剩余部分便是其获得的纯利润。当然，此时合同买方为了不交付标的资产也可以不执行卖权，而将卖权卖出（转让），转身作为卖方收取期权权利金，而从前后期权权利金的差价中获取利润。自然，合同卖方为避免合同买方执行卖权而买入标的资产，合同卖方也可以通过支付期权权利金而买入其先前所出售的卖权，这样前后期权权利金的价差则构成其损失。若标的资产的市场价格高于卖权合同中约定的执行价格，则合同买方将不会执行卖权，那么卖权将过期自动失效，合同买方支付的期权权利金将成为其净损失，而合同卖方收到的期权权利金则成为其净利润。由于从买方的角度讲，其是希望标的资产的市场价格下跌的，故卖权合同又称看跌期权合同。

卖权合同的特色在于其可以使买方从下跌的市场行情中获利，达到百花凋零而一枝独傲的效果。例如，目前 A 公司股票的市场价格为每股 100 美元，甲乙则签订一个以 A 公司股票为标的资产的卖权合同。甲作为合同买方享有在未来 6 个月内按每股 100 美元价格向乙出售 100 股 A 公司股票的权利，期权权利金为每股 5 美元，甲为此向乙支付 500 美元的期权权利金。两个月后，A 公司股票市场价格跌至每股 90 美元，甲此时自然可以执行卖权，先以每股 90 美元的价格从市场买进 100 股 A 公司股票，然而再按期权合同每股 100 美元的执行价格出售给乙，则可获得 1000 美元的收入，减去其支付的 500 美元期权权利金，甲则在股票暴跌的情况下依然获得净收入 500 美元。若此时甲未执行卖权，而是继续观望，等待 A 公司股票继续下跌，以图更多利润。然而，天有不测风云，又过两个月，A 公司股票市场价格下降到每股 94 美元。甲此时若对 A 公司股票继续下跌失去信心，其便可执行卖权，先以每股 94 美元的价格从市场买进 100 股 A 公司股票，然后再按期权合同每股 100 美元的执行价格出售给乙，则可获得 600 美元的收入，减去其支付的 500 美元期权权利金，甲则在股票暴跌的情况下依然获得 100 美元的净收入。然而，若甲仍觉得A公司股票将继续下跌，坚信近期内该股票必将暴跌，其未执行卖权，而继续观望行情。结果事与愿违，两个月后，A公司股票市场价格暴涨至每股106美元。此时，甲肯定不会执行其卖权，其不会傻到以每股100美元的价格出售市场价格为每股106美元的A公司股票，其只有放弃卖权，任其过期失效，这样甲就净损失500美元的期权权利金。

3. 双重期权合同（double option contract）

与买权合同和卖权合同不同，毕竟买权合同和卖权合同还分别明确赋予了合同买方买权和卖权，而双重期权合同则没明确是赋予买权还是卖权，而是赋予合同买方对买权和卖权的选择权，由合同买方决定该双重期权合同最后是变为买权合同还是卖权合同，这比一般的买权合同和卖权合同更提升了一步。根据双重期权合同，合同买方负有向合同卖方支付一定数额的期权权利金的义务，而支付权利金后，合同买方则享有对买权和卖权的选择权，即合同买方在特定期间有权自由决定其到底是按特定价格购买特定数量的标的资产，还是按特定价格出售特定数量的标的资产；合同卖方则享有收取期权权利金的权利，而在收取权利金后，则其应受合同买方所选择的买权或卖权的约束。

在双重期权合同中，合同买方享有了更多的选择权。例如，在买权合同中，一旦标的资产市场价格低于执行价格，合同买方显然不会执行其买权，而在双重期权合同中，一旦标的资产市场价格低于执行价格，合同买方就可以选择卖权而执行之，即按执行价格出售特定数量的标的资产。同样，在卖权合同中，一旦标的资产市场价格高于执行价格，合同买方显然不会执行其卖权，而在双重期权合同中，一旦标的资产市场价格高于执行价格，合同买方就可以选择买权而执行之，即按执行价格购买特定数量的标的资产。可见，在双重期权合同中，只有当标的资产的市场价格仍等于执行价格时，合同买方才不会执行期权，而低于或高于的情况下，均可执行期权以获得收入。然而，通过执行期权获得收入并不意味着合同买方一定能获利，只有标的资产市场价格的波动幅度大于权利金时，合同买方才有可能获利。况且，由于合同买方享有了更多的选择权，双重期权合同的期权权利金也高于相同规格的买权合同或卖权合同。由于从买方的角度讲，其是预测或希望标的资产的价格将有剧烈波动，但又不能确定该波动是往何方向波动，于是在两个方向上同时买进期权，其实双重期权合同就相当于合同买方同时购买了除期权权利金可能不一样外其他条款全都相同的一个买权合同和一个卖权合同，故双重期权合同又称双向期权合同。

例如，目前 A 公司股票市场价格为每股 100 美元，甲乙则签订一个以 A 公司股票为标的资产的双重期权合同。甲作为合同买方享有在未来 6 个月内按每股 100 美元价格向乙购买或出售 100 股 A 公司股票的权利，期权权利金为每股 10 美元，甲为此向乙支付 1000 美元的期权权利金。一个月后，A 公司股票市场价格上涨至每股 108 美元，若甲此时选择执行期权，其肯定是选择执行买权。这样，甲就按每股 100 美元的价格购买 100 股 A 公司股票而按市场价格每股 108 美元转售，则获得收入 800 美元，减去其支付的 1000 美元权利金，甲净损失 200 美元。若甲此时不执行期权，而继续观望，一个月后，A 公司股票市场价格上涨至每股 114 美元，若甲此时选择执行期权，其也肯定是选择执行买权。这样，甲就按每股 100 美元的价格购买 100 股 A 公司股票而按市场价格每股 114 美元转售，则获得收入 1400 美元，减去其支付的 1000 美元权利金，甲获利 400 美元。若甲此时也不执行期权，仍继续观望，一个月后，股市风云突变，A 公司股票市场价格暴跌至每股 100 美元，甲此时显然不会执行期权，只能继续观望。又一个月后，A 公司股票市场价格继续下跌至每股 94 美元，若甲此时执行期权，其肯定选择执行卖权。这样，甲以市场价格每股 94 美元买入 100 股 A 公司股票然后再执行卖权以每股 100 美元价格卖出，则获得收入 600 美元，减去其支付的 1000 美元权利金，甲净损失 400 美元。若甲此时不执行期权，而继续观望，一个月后，A 公司股票市场价格又跌至每股 84 美元，若甲此时选择执行期权，其也肯定是选择执行卖权。这样，甲以市场价格每股 84 美元买入 100 股 A 公司股票然后再执行卖权以每股 100 美元价格卖出，则获得收入 1600 美元，减去其支付的 1000 美元权利金，甲净获利 600 美元。若甲此时不执行期权，而继续观望，一个月后，A 公司股票果然触底反弹，涨至每股 100 美元，甲此时行使期权无益，只有任期权过期失效，而净损失权利金 1000 美元。

（二）按期权合同成立的场所划分

1. 场内期权合同（exchange-traded option contract）

场内期权合同，是指在交易所内成立的期权合同。场内期权合同通常是由交易所统一制定的，是具有高度标准化的合同。除期权权利金外，场内期权合同的其他条款均是标准化的，如标的资产数量、期权到期日、执行价格等，其弹性较小，不允许合同双方协商变动已标准化的合同条款。[①] 然而，由于场内期权合同的高度标准化，也使其流动性大大增加，在期权到期前，场内期权合同当事人可以方便地将期权合同转让出去。此外，由于期权清算所的介入，场内期权合同一分为二，期权清算所成为合同双方的对方，即买方的卖方，卖方的买方。[②] 期权清算所以自身雄厚的财力为双方的履约信用提供了充分保障。

2. 场外期权合同（OTC option contract）

场外期权合同，是指在交易所之外成立的期权合同。场外期权合同是由合同双方当事人私下协商而达成的，并不具有统一的格式。双方当事人可以根据各自的实际需要，而自由商定期权权利金、标的资产种类、标的资产数量、执行价格、期权有效期等合同条款，因此，双方达成的期权合同具有个人特色，而不具有标准化特征，但场外期权合同的此“量身订做”也使其流动性较差。[③] 此外，场外期权合同没有期权清算所的参与，期权合同履约与否全凭双方当事人各自的财力和信誉。

场内期权合同与场外期权合同相比有以下几点区别：

首先，场内期权合同的最大的优点就是其流动性强，具有较高的变现性。根据市场形势及自身经济需要，当事人可以很容易转让、对冲其期权合同而变现。[④] 相反，场外期权合同流动性就较差，因为场外期权合同本就是为满足当事人各自的特殊需要设计的，可能并不符合其他人需要，故当事人很难将其转让出去。

---

① See Norman Menachem Feder, “DECONSTRUCTING OVER-THE-COUNTER DERIVATIVES”, *2002 COLUM. BUS. L. REV. 732*.

② See *OCC By-Laws*, Article VI；John F. Marshall, *Futures and Option Contracting*, South-Western Publishing Co. 1989, p.7；Norman Menachem Feder, “DECONSTRUCTING OVER-THE-COUNTER DERIVATIVES”, *2002 COLUM. BUS. L. REV. 733*；[英] 罗伯特·汤普金斯：《解读期权》(第2版)，陈宋生、崔宏、刘锋译，经济管理出版社2004年版，第472页；[美] 罗伯特·A. 斯特朗：《衍生产品概论》，王振山等译，东北财经大学出版社2005年版，第14页。

③ See Daniel G. Schmedlen, Jr, “BROKER-DEALER SALES PRACTICE IN DERIVATIVES TRANSACTIONS：A SURVEY AND EVALUATION OF SUITABILITY REQUIREMENTS”, *52 Wash & Lee L. Rev. 1455.*

④ See Daniel G. Schmedlen, Jr, “BROKER-DEALER SALES PRACTICE IN DERIVATIVES TRANSACTIONS：A SURVEY AND EVALUATION OF SUITABILITY REQUIREMENTS”, *52 Wash & Lee L. Rev. 1454.*

其次，场外期权合同的最大优点就是其合同条款设计的灵活性，当事人可以根据自己的特殊需要来设计合同条款内容。[①] 比如，一基金公司持有 150 家公司的股票，但在交易所内可能并没有其中 50 家公司的股票的期权合同，自然该基金公司就无法利用场内期权合同为其全部公司股票进行套期保值，然而其可以通过场外期权合同进行。不可否认，场内期权合同的标准化、规范化降低了交易成本，提高了交易效率，但其标准化、规范化同时也降低了其灵活性，减少了其条款内容变动上的弹性。

再次，场内期权合同中的期权权利金的金额是由合同买方和卖方或其代表在交易所内集中竞价而产生，相反，场外期权合同中的期权权利金的金额并不是通过集中竞价这种方式产生，而是通过当事人私下协商而约定产生。[②] 自然，场外期权合同双方当事人除了关心对方报出的价格外还要了解对方的身份，因为其在签约时要考虑对方的财力和信誉来判断期权合同是否有履约的保障，但场内期权合同中的双方当事人并不一定了解对方的身份，也无了解的动力，其只关心对方报出的价格。

最后，场内期权合同由于期权清算所的介入而一分为二，期权清算所成为买方的卖方，卖方的买方，以自身的信誉为合同履行提供了保证，降低了合同对方的信用风险，提供了期权合同的安全性。当然，由于期权清算所的介入，卖方必须事先向其缴纳保证金。[③] 对比而言，场外期权合同中没有期权清算所的介入，期权卖方也无须缴纳保证金，自然合同的履行只是靠双方的财力和信誉，故期权合同违约的风险性比较高。

（三）按期权行使的期间划分

1. 美式期权合同（american option contract）

美式期权合同，是指允许合同买方在期权到期日之前任何时间均可执行期权

---

① See Norman Menachem Feder, "DECONSTRUCTING OVER-THE-COUNTER DERIVATIVES", *2002 COLUM. BUS. L. REV. 735*.

② See Christine Cuccia, "Informational Asymmetry and OTC Transactions：Understanding the Need to Regulate Derivatives", *22 Del. J. Corp. L. 197*, 202（1997）.

③ See Norman Menachem Feder, "DECONSTRUCTING OVER-THE-COUNTER DERIVATIVES", *2002 COLUM. BUS. L. REV. 734*.

的协议。根据美式期权合同，合同买方有权在期权到期日之前的任何时间执行期权，包括到期日当天。当然，若合同买方在期权有效期间未行使期权，则该期权将自动失效。

2. 欧式期权合同（european option contract）

欧式期权合同，是指仅允许合同买方在期权到期日当天执行期权的协议。这样，根据欧式期权合同，合同买方只能在期权到期日当天执行期权，该期权的行使既不能提前，也不能推迟。若提前，相对人（合同卖方）则可拒绝履行，而若推迟，期权则将因超过有效期限而自动丧失效力。

比较而言，美式期权合同比欧式期权合同给了合同买方更多的选择权。在美式期权合同中，合同买方可以在期权的有效期间内根据市场的行情变化以及自己的实际需要而选择对自己最为有利的时间执行期权。然而，在欧式期权合同中，合同买方就不享有这种执行期权时间的灵活性选择，其只能在期权到期日当天行使期权。合同买方享有更多的选择权同时也意味着合同卖方将承担更大的风险，合同买方有权随时行权也相应要求合同卖方必须随时为履约做好准备。因此，在相同条件下，美式期权合同的期权权利金一般均高于欧式期权合同的期权权利金。

此外还需要说明的是，美式期权合同和欧式期权合同并无任何地理位置上的意义，而只是对权利人行使期权的时间有不同规定。美式期权合同在欧洲同样存在，欧式期权合同在美国也同样存在，二者在世界范围内均得到广泛使用。本书若无特别说明，文中所涉及的期权行权期间均是指美式期权合同的行权期间。

（四）按期权合同交割方式划分

1. 现金交割期权合同（cash settled option contract）

现金交割期权合同，是指合同买方在行使期权时，双方当事人以现金交割履约的协议。根据现金交割期权合同，合同买方行使期权则在其与合同卖方之间形成新的合同，双方此时通过现金交割履行新合同中的权利义务。典型的现金交割期权合同有股指期权合同、外汇期权合同、利率期权合同等。

例如，当前的标准普尔 100 股指的价格（股指的价格可以根据股指点数的高低来计算）是 450 美元，甲乙则签订了一份以标准普尔 100 股指为标的资产权利金为 25 美元而执行价格为 475 美元有效期为 6 个月的美式股指买权合同。根据该股指买权合同，合同买方甲向合同卖方乙支付 2500 美元（25×100）权利金。

3 个月后，标准普尔 100 股指价格涨至 550 美元，则甲此时就行使其股指买权，但乙此时并不是向甲交付标准普尔的 100 种股票，而是向甲支付标准普尔 100 股指现行价格与执行价格之间的差价，即 7500 美元（550×100－475×100），甲减去其支付的期权权利金 2500 美元，则净获利 5000 美元。

2. 实物交割期权合同（physically settled option contract）

实物交割期权合同，是指合同买方在行使期权时，则合同一方当事人按执行价格支付现金，而另一方当事人则交付特定数量的标的资产。典型的实物交割期权合同有股票期权合同、黄金期权合同、黄铜期权合同、大豆期权合同等。当然，实物交割期权合同并不意味着合同双方最后一定进行实物交割，合同买方若不愿收取标的资产，其可以将期权卖出，从权利金差价中赚取利润，而合同卖方若不愿交付标的资产，其也可以买进同样的期权，对冲其卖出的期权。

例如，当前黄铜价格为每吨 4000 美元，甲乙则签订一份有效期为 6 个月，执行价格为每吨 4100 美元，权利金为每吨 100 美元，数量为 100 吨的黄铜买权合同。根据该黄铜买权合同，合同买方甲向合同卖方乙支付 10,000 美元（100×100）的权利金，甲则对乙享有黄铜买权。3 个月后，受需求影响，黄铜价格暴涨至每吨 4500 美元。若甲执行其买权，甲则需向乙按执行价格支付 410,000 美元（4100×100）黄铜货款，而乙则必须向甲交割 100 吨黄铜。甲若转售则获得收入 40,000 美元（450,000－410,000），减去其支付的期权权利金则纯获利 30,000 美元，若其自用，也为自己节约 30,000 美元的黄铜原材料费用。

（五）按标的资产划分

1. 现货期权合同（option contract on actuals）

现货期权合同，是指以现货产品作为标的资产的期权合同。在现货期权合同中，合同买方执行期权就现货产品与合同卖方达成新的合同关系，双方再以现金交割或实物交割履行其新合同中的权利义务。“现货”并不一定是指现实中的货物（如股指、利率），其强调的是双方在买方行权后能现实地结算新合同中的权利义务。

现货期权合同又可分为商品期权合同与金融期权合同。商品期权合同包括金属期权合同（如黄金期权合同、白银期权合同、黄铜期权合同、铝期权合同）、能源期权合同（如石油期权合同、天然气期权合同）、农产品期权合同（如小麦期权合同、大豆期权合同、棉花期权合同）、畜产品期权合同（如牛肉期权合同、猪肉期权合同）等。金融期权合同则包括股票期权合同、股指期权合同、利率期权合同、外汇期权合同等。

2. 期货期权合同（option contract on futures）

期货期权合同，是指以期货合同为标的资产的期权合同。在期货期权合同中，合同买方执行期权，则合同买方与合同卖方将成立一个期货合同，而期货合同的交割时间将根据期货合同的规定进行。与现货期权合同不同，在现货期权合同中，双方当事人在买方行权后可以及时交割结算新合同中的权利义务，而在期货期权合同中，双方当事人成立的新合同则为期货合同，二者在期货合同中的权利义务则应依据期货合同的具体规定来交割结算。

期货期权合同又可分为商品期货期权合同与金融期货期权合同。商品期货期权合同包括金属期货期权合同（如黄金期货期权合同、白银期货期权合同、黄铜期货期权合同、铝期货期权合同）、能源期货期权合同（如原油期货期权合同）、农产品期货期权合同（如小麦期货期权合同、大豆期货期权合同、玉米期货期权合同）、畜产品期货期权合同（如生猪期货期权合同、活牛期货期权合同）等。金融期货期权合同则包括股指期货期权合同、利率期货期权合同、外汇期货期权合同等。

第二节 期权合同条款分析

期权合同条款的内容依期权合同种类的不同而不同，例如，场外期权合同的条款就与场内期权合同的条款不尽相同。一般而言，期权合同条款至少应包括以下主要内容：一是期权的种类，即期权是买权还是卖权，是欧式期权还是美式期权；二是期权合同的主体，即期权合同的买方与卖方；三是期权权利金，即期权的价格，买方为取得期权而向卖方支付的一定数额的现金；四是标的资产，即买方在执行期权时向卖方购买或出售的对象，如股票、外汇、利率、股票指数等；五是执行价格，即买方将来执行期权而购买或出售标的资产的价格；

六是到期日，即期权最后的有效日期，超过此日期后期权将自动过期作废；七是保证金，即期权合同卖方为其履约担保而存入的一笔财物，如现金、国库券、相应股票等。

为了更好地了解和掌握期权合同，本书将结合一个具体例子（为叙述方便起见，下文将以场内期权合同为例，因为场外期权合同的条款基本涵盖场内期权合同的条款）来详细阐述期权合同条款的内容。在期权交易所内，甲乙在6月订立一股票买权合同，约定甲有权在12月之前按每股100美元的价格向乙购买100股A公司股票，甲需向乙支付的权利金为每股6美元，假设A公司股票现行的市场价格为每股100美元，即该期权合同为平值期权合同。

一、买方

买方（the owner or holder or buyer of an option），是指在期权合同中为取得期权而支付期权权利金的一方当事人。买方依据期权合同取得期权，在期权有效期内有权自由决定是否执行期权，即是否向卖方购买或出售标的资产，而无须购买或出售的义务。虽然期权合同买方并无须购买或出售标的资产的义务，但并非如某些观点所言的，买方仅有权利而无义务。[①] 期权合同买方在期权合同中既享有权利也负有相应义务（详见第二章第二节中期权合同与单务合同的相关论述），其享有请求卖方赋予期权的权利，也负有支付期权权利金的义务。如果买方拒绝支付期权权利金，期权合同卖方自然拒绝赋予其期权。只是在买方支付期权权利金而取得期权后，买方就对卖方享有期权，其有权自由行使、转让或放弃期权，而无相应义务。

期权合同买方是期权权利人，其可自由决定是否执行期权，但其决定均是根据标的资产的市场行情而定。比如在前例中，若两个月后，即8月，A公司股票市场价格上涨为每股105美元，此时甲自然可以执行期权。因为甲执行期权仅以每股100美元的价格买入A公司股票，转手在市场上将以每股105美元的价格出售，其就可以获得每股5美元的差价利益。然而，由于甲支付的期权权利金为每股6美元，即使获得每股5美元的利益，其依然将每股损失1美元。甲此时可以选择不执行期权，而继续等待A公司股价上涨，因为毕竟期权还有4个月的有效期。

① 参见杨永清：《期货交易法律制度研究》，法律出版社1998年版，第73页。

若再过 2 个月，即 10 月，A 公司股票市场价格上涨为每股 110 美元，甲自然可以执行期权，其将获得每股 10 美元的收益，除去期权权利金还将获得每股 4 美元的净收益。然而，甲并非是见好就收的人，其坚信 A 公司股价将来会继续上涨，故不执行期权而选择继续等待。甲的预测果然没错，但那是发生在 4 个月之后，而在期权仅有的两个月的有效期内，A 公司股价暴跌至每股 98 美元。甲此时虽然也有权执行期权，但其作为理性经济人，自然不会傻到以每股 100 美元的价格购入市场价格仅为每股 98 美元的 A 公司股票。甲此时只有放弃执行期权，而任期权过期作废，这样甲就净损失期权权利金 600 美元。当然，需要说明的是，在期权仍然存在价值的情况下，甲可以选择转让期权，而不必一定要执行期权，其通过转让依然可以获得相应收益。

由上分析可见，即便市场走向完全与期权合同买方的预测相反，但期权合同买方最大损失却是限定的，即其向卖方支付的期权权利金（此处忽略佣金、手续费等）。然而，买方的收益却是不确定的，只要市场走向与其预测方向一致，买方收益就存在无限的可能性。例如，在前例中，只要 A 公司股票价格在期权有效期内继续上涨，买方收益也就继续增加。此处需要注意的是，买方只是期权合同的买方，而当其执行期权而成立标的资产的买卖合同时，其并不一定是标的资产买卖合同的买方。如果期权合同是买权合同，买方享有的是买权，其执行买权时自然成为标的资产买卖合同的买方。然而，如果期权合同是卖权合同，买方享有的则是卖权，其在执行卖权时是向卖方出售标的资产，自然只能成为标的资产买卖合同的卖方。

二、卖方

卖方（the writer or granter or seller of an option），是指在期权合同中为取得期权权利金而赋予期权的一方当事人。卖方在期权合同既享有权利又负有义务（详见第二章第一节中期权合同与单务合同的相关论述），并不是如某些观点所言的只有义务而无权利。[①] 卖方依据期权合同享有请求买方支付期权权利金的权利，但同时也负有赋予买方期权的义务。如果卖方拒绝赋予买方期权，买方自然不会支付给其期权权利金。在期权合同中，买卖双方当事人的权利义务是对称的，只

① 参见杨永清：《期货交易法律制度研究》，法律出版社 1998 年版，第 74 页。

是在买方支付期权权利金而卖方又赋予期权之后，卖方就必须受以其为权利相对人的期权的拘束，容忍并接受买方执行期权所形成的法律效果。

期权合同本身既不创造风险，也不消灭风险，其只不过是提供一条转移风险的途径而已。[①] 因此，期权合同中一方当事人的收益必然同时意味着另一方当事人相应的损失。与期权合同买方相反，卖方的最大收益是限定的，即为其所收取的期权权利金，但其损失却是不确定的。例如，如果前例中 A 公司股价在期权有效内上涨至每股 186 美元，则作为卖方的乙就将损失 8000 美元，然而 A 公司的股价还可能上涨的更高，乙相应的损失也就更大。可见，期权合同卖方收益有限但却要承担巨大的潜在风险，那么谁又愿意成为卖方呢？

如同现货市场一样，期权市场中有看涨者，也有看跌者。看涨者和看跌者都可以通过买入或卖出期权进行投资，但买入期权需要事先支付期权权利金，而卖出期权并不需要此成本（并不排除存入保证金），只需收取期权权利金即可。因此，卖出期权比买入期权需要的成本更低，只要标的资产市场行情走向与卖方的判断一致，期权就不会得到执行，卖方不需要付出任何成本就可净获得期权权利金。况且，即使标的资产市场行情朝卖方判断的反方向变动，只要其变动幅度不超过期权权利金数额，卖方依然可以获利。

一般情况下，卖方对市场行情的判断均是与买方相反的，其在卖出买权时认为并希望标的资产的市场行情是下跌的，而其在卖出卖权时也认为和希望标的资产的市场行情是上涨的，这样其就可以净获得期权权利金。然而，对出于套期保值和减少风险目的的卖方来讲，其并不一定希望标的资产的市场行情一直朝其判断的方向变动。例如，甲 6 月购买 A 公司股票 100 股，股价为每股 50 美元，甲判断 A 公司股价可能将下跌，于是卖出 12 月到期的 A 公司股票买权，权利金为每股 4 美元，执行价格为每股 52 美元。假设 A 公司股价如甲所料一直下跌，到 12 月时跌至每股 44 美元。甲此时自然可以获得买权权利金 400 美元，但其所购买的股票股值却损失 600 美元，故其依然净损失 200 美元。然而，如果 A 公司股票一直上涨至每股 60 美元，股票买权显然将被执行，甲将按每股 52 美元的执行价格出售，此时甲净获利则为 600［4 × 100+（52 − 50）× 100］美元。可见，标的资产市场行情走向与卖方的判断相反并不一定损害卖方的利益，反而可能使卖

① 参见［美］唐·M. 钱斯:《衍生金融工具与风险管理》，郑磊译，中信出版社 2004 年版，第 15 页。

方从中获益。

三、权利金

权利金（premium），又称期权价格或期权费，是指买方为取得期权而向卖方支付的一定数额的现金。[①] 期权权利金是买方为取得期权所支付的对价。如同买卖合同中的买方一样，期权合同买方原来并不享有期权，即其并不享有在将来特定期间内按特定价格向卖方购买或出售特定商品的权利，而为了取得此权利其不得不向卖方支付该权利的对价——期权权利金。期权合同买方之所以支付权利金以取得期权，是因为期权能给其带来潜在利益并锁定损失风险。比如在买权合同中，若将来标的资产市场价格高于执行价格买方就可以执行期权获益，而即便将来标的资产市场价格低于执行价格，其也可将损失限制在权利金范围之内。由于权利金是买方取得期权的对价，至于买方取得后是否行使期权非卖方所能控制，因此，无论买方是否行权，期权权利金均将不予退还。

卖方在收取权利金后只需要赋予买方期权即可，但赋予期权本身并不要求卖方立刻进行标的资产的实际交付，其仅是使自己处于受拘束的期权相对人的法律地位，而无须其他行为便可获得期权权利金。实际上，卖方相当于保险人在保险合同中的角色，收取一定的费用而承担特定期间标的资产市场价格变动的风险。比如在买权合同中，如果标的资产的市场价格在期权有效期间一直低于执行价格，卖方就可以独自保留期权权利金；如果标的资产的市场价格在期权有效期内高于执行价格，卖方就要面临标的资产价格上涨而带来的风险。

期权权利金由内在价值（intrinsic value）和时间价值（time value）两部分构成。[②] 内在价值是指现时执行期权所带来的收益，在形式上表现为标的资产的执行价格与现时价格之间的差价，体现了执行价格与现时价格的关系。时间价值则是指买方享有的特定期间的选择权本身所具有的价值，形式上表现为期权权利金与内在价值之间的差价，为期权权利金中具有灵活变动性的价值。在前例中，买权的权

---

① See *CBOE Option Dictionary*, this document is available at the website：http：//www.cboe.com/education/getting-started/options-dictionary；*CME Glossary*, this document is available at the website：https：//www.cmegroup.com/education/glossary.html.

② See *Options Glossary*, this document is available at the website：https：//www.optionseducation.org/referencelibrary/optionsglossary.

利金为每股 6 美元，其中内在价值为执行价格每股 100 美元与现时价格每股 100 美元的差额，即每股零（100 − 100）美元，而时间价值则为权利金与内在价值的差额，即每股 6 美元。可见，由于内在价值为零，该买权的权利金全部由时间价值构成。如果前例中执行价格变为每股 98 美元，则该买权的内在价值为每股 2（100 − 98）美元，时间价值则为每股 4（6 − 2）美元。如果前例中执行价格变为每股 102 美元，其中内在价值依然为执行价格与现时价格的差额，但该差额为负值（100 − 102），而期权的内在价值不可能为负值，只能是大于或等于零，① 故此时买权的内在价值仍为每股零美元，时间价值则为每股 6 美元。

期权权利金是场内期权合同中的唯一变量，由买卖双方竞价而产生。由于市场需求状况与当事人的经济实力总是变动的，所以期权权利金的大小也是变动的。然而，此处所言的期权权利金仅是指期权的市场价格，并非指期权的实际价值。价格（price）和价值（value）是两个既有联系又有区别的概念，价格体现、表现价值，围绕着价值而变动，但又不同于价值。期权的价格固然是由市场来决定，但期权的实际价值却可由经济学家研发的期权定价理论推演出。鉴于本书的研究范围，期权定价理论不再详述。② 一般而言，期权价值与标的资产的现时价格、执行价格、有效期、价格波动率等因素密切相关。

四、执行价格

执行价格（exercise price or strike price），又称敲定价格或履约价格，是指期

---

① 参见［英］罗伯特・汤普金斯：《解读期权》（第 2 版），陈宋生、崔宏、刘锋译，经济管理出版社 2004 年版，第 24 页；［美］罗伯特・A. 斯特朗：《衍生产品概论》，王振山等译，东北财经大学出版社 2005 年版，第 21 页。

② 对研究期权定价理论有兴趣、有能力者可参见 F. Black and M. Scholes，“The Pricing of Option and Corporate Liabilities”，*Journal of Political Economy*，81（May–June 1973），637–659；Robert C. Merton，“Theory of Rational Option Pricing”，*Bell Journal of Economics and Management Science*，4（Spring 1973），141–183；Robert C. Merton，“Option Pricing When Underlying Stock Returns Are Discontinuous”，*Journal of Financial Economics*，3（January–March 1976），125–144；John C. Hull，*Options，Futures，and Other Derivatives*（6th Edition），Pearson Prentice Hall 2006，pp.241–310；［英］罗伯特・汤普金斯：《解读期权》（第 2 版），陈宋生、崔宏、刘锋译，经济管理出版社 2004 年版，第 23~76 页；［美］罗伯特・A. 斯特朗：《衍生产品概论》，王振山等译，东北财经大学出版社 2005 年版，第 76~131 页。

权合同规定的在买方执行期权而向卖方购买或出售标的资产的价格。场内期权合同中的执行价格均由交易所按一定标准统一制定，场外期权合同中的执行价格则由双方当事人协商而定。期权交易所根据标的资产价格的波动率及期权的有效期长短来确定执行价格的数量。如果标的资产价格波动率比较大，涨跌幅度区间比较广，期权交易所就可能多制定几个执行价格。一般而言，标的资产价格波动率越大，执行价格数量也就越多；波动率越小，执行价格数量也就越少；期权有效期间越长，执行价格数量越多；期权有效期间越短，执行价格数量越少。期权交易所根据波动率的变动相应增加或减少执行价格的数量，比如标的资产价格波动超过了现有的最高执行价格和最低执行价格的范围，期权交易所通常会增加新的执行价格。

执行价格间距的合理设计将有助于刺激期权交易的活跃进行。执行价格间距过大将使权利金过大，也不利于期权交易策略的选择。比如在前例中，A公司股票现价为每股100美元，若将执行价格间距设计为每股50美元，则其三个执行价格为每股50美元，每股100美元，每股150美元。买方订立执行价格为每股50美元的A公司股票买权合同显然期权权利金太高，而订立执行价格为每股150美元的A公司股票买权合同则又几乎无获利的可能性，只有订立执行价格为每股100美元的A公司股票买权合同，其进行期权交易的策略显然大受限制。同样，执行价格间距过小也不行。就股票期权合同而言，期权交易所一般规定，当股票价格低于25美元时，执行价格间距为2.5美元；当股票价格高于25但又低于200美元时，执行价格间距为5美元；当股票价格高于200美元时，执行价格间距为10美元。

执行价格的高低直接决定期权是处于实值（at-the-money）、虚值（out-of-the-money），还是处于平值（in-the-money）状态。比如在前例中，执行价格为每股100美元，而A公司股票现价又为每股100美元，可见买权此时处于平值状态，甲此时行权既不获利也不损失（不计其支付的期权权利金）。如果执行价格定为每股95美元，则买权处于实值状态。甲此时若立即执行买权就可获得每股5美元的收益，那么这是否意味着作为卖方的乙无利可图呢？并不尽然，因为买权实值部分的每股5美元肯定会被包括在买权权利金之中。亦即当执行价格变为每股95美元时，买权权利金就不可能依然为每股6美元，而应高于每股6美元。甲虽然可以立即执行买权而获得每股5美元的收益，但由于其支付的权利金更多了，其损失仍等同于平值期权。如果执行价格变为每股105美元，买权此时则处于虚值状态。若甲此时立即执行买权必然遭受损失，其只有等待A公司股价上升到每股105美元以上才能执行买权。由于买权此时处于虚值状态，买权权利金此时显然应小于平值时的买权权利金每股6美元。因此，执行价格的高低将直接影响期权权利金的多少。

期权交易所一般会给出数个执行价格，有的低于现时价格，有的等于，还有的高于，买方可选择不同的执行价格，而其选择代表着其对标的资产价格将来变化程度的判断。买方选择低于现时价格的执行价格表明其认为标的资产价格将来变动非常小，而其选择等于现时价格的执行价格则表明去认为标的资产价格将来变化不大。然而，只有买方认为标的资产价格将有大幅度变动时，其才会选择高于现时价格的执行价格。若非如此，处于虚值状态的期权很难被执行，买方也就白白损失了期权权利金。此外，执行价格就是买方将来购买或出售标的资产的价格。如果买方执行期权，其就将按执行价格购买或出售标的资产。执行价格在期权有效期内均是固定不变的，但也存在调整的情况。例如，在股票期权合同中，如果股票发生股权分割或送配股，执行价格就要作出相应调整。

五、到期日

到期日（expiration date），是指期权有效的最后日期，超过此日期，期权将过期失效，而不能再被执行。[①] 到期日在期权合同中是一个非常重要的条款。到期日直接影响到期权权利金的确定。到期日的远近直接决定期权的时间价值。距期权的到期日越远，标的资产价格的波动时间也就越长，也就存在更多的升值或贬值的可能性，期权自然也就具有更多的时间价值。然而，期权权利金又是由内在价值与时间价值构成，如果内在价值不变（执行价格不变），则距期权的到期日越远，期权的权利金也就相应地越高；距期权的到期日越近，期权的权利金也就越低。

期权到期日对买卖双方均至关重要。期权作为财产权是一种减耗资产，在其他条件不变的情况下，期权的价值会随着到期日的临近而逐渐减少，超

① See *Options Glossary*; *CBOE Option Dictionary*.

过到期日后，期权的价格就衰减为零。期权合同买方必须得在到期日之前行使期权（以美式期权为例，欧式期权只能于到期日当天行使，而不能在到期日之前行使），否则期权将不复存在。期权合同买方是否执行期权取决于到期日时标的资产的市场价格是高于还是低于执行价格。如果期权在到期日之前一直处于虚值或平值状态，期权合同买方在到期日时自然不会要求执行期权。如果期权处于实值状态，期权合同买方自然会执行期权。然而，即便期权于到期日为实值，如果买方到期日未能执行（排除自动执行），具有实值的期权依然过期消灭。也只有在到期日之后，期权合同卖方所面临被执行期权的风险才能完全消除。

不同种类的期权合同对期权到期日有不同的规定。股票期权合同的到期日一般是到期月（Expiration Month）的第三个星期五之后的那个星期六。① 在前例中，甲享有的 A 公司股票买权于 12 月到期，那么甲所享有的 A 公司股票买权的到期日也就是 12 月的第三个星期五之后的那个星期六。甲必须在此日期前行使买权，否则其将丧失此权利。期权合同的存续期间通常不超过 8 个月，显然相对较短。这是因为期权存续期间之长短与双方当事人之切身利益休戚相关，尤其是对期权相对人影响甚巨。期权合同卖方一般不愿自身长时间处于不确定风险之中。然而，期权合同也存在有效期较长的期权，例如长期股票期权（long-term equity anticipation securities，LEAPS）、灵活期权（Flex option）等。

期权合同中一般还规定有最后交易日（the last trading day）、通知日（notice day），这两个日期与到期日不同。最后交易日是指到期日之前的最后一个全天交易日。股票期权合同中的到期日为到期月份的第三个星期五之后的那个星期六，自然股票期权合同的最后交易日则为到期月份的第三个星期五。通知日是指期权合同买方欲执行期权而于期权到期日之前预先通知期权清算公司其执行决定的日期。欧式期权合同的通知日为其到期日，美式期权合同的通知日则为到期日之前的任一日。

---

① See *The Equity Options Strategy Guide*，this document is available at the website：http：//www.cboe.com.

六、标的资产

标的资产（the underlying asset），是指期权合同买方在将来执行期权时所购买或出售的标的。标的资产并不是期权合同的标的，而是期权合同买方执行期权而成立的标的资产买卖合同的标的。比如在前例中，A 公司股票为买权合同的标的资产，但其并不是买权合同的标的。甲乙订立买权合同并不是为了买卖 A 公司股票，而是就购买或不购买 A 公司股票的选择权达成协议。当甲决定执行买权而购买 A 公司股票时，甲乙之间就 A 公司股票买卖成立买卖合同，而 A 公司股票则成为此买卖合同的标的。可见，期权合同双方当事人并不是投资于标的资产本身，而是标的资产价格的变动。因此，期权的价值并不体现标的资产本身的价值，而是体现标的资产价格变动所带来的价值，即期权的价值为标的资产所衍生，这也是期权被称为国际金融衍生工具的原因。

期权合同标的资产的范围相对比较窄，仅包括股票、外汇、黄金、石油等一小部分商品，并不是将所有的商品都涵盖在内。判断一个商品是否能成为标的资产，首先应看其市场价格的波动性。期权合同标的资产的市场价格一般都具有较大的波动性，如股票、外汇等，而若某商品价格不具有波动性或波动性较小，其就很难成为期权合同的标的资产，如自来水。即使商品市场价格具有高度波动性，其也不一定能成为标的资产，还要看其在市场中存在的数量。期权合同标的资产一般在市场中都数量巨大，而像古董、化石、书画等较难成为标的资产。此外，期权合同的标的资产都是同质化、规格化、标准化的，而不具有同质化、标准化的商品就不可能成为期权合同标的资产，如房产、地产等。

需要说明的是，某一大类商品可以成为期权合同标的资产并不意味着该商品下所包含的所有小类商品都可以成为期权合同标的资产。例如，股票可以成为期权合同标的资产，但这只是指上市发行的、持股人较多的且交易量比较大的股票有可能被选定作为标的资产，并不是讲未上市发行的、持股人有限的且交易量较少的股票一律均可以作为期权合同标的资产。芝加哥期权交易所对可以成为期权合同标的资产的股票规定了详细的标准。《芝加哥期权交易所规则》第 4.3 条规定，可以成为期权合同标的资产的股票应当满足以下标准。第一，股票必须登记注册并为全国统一市场制度股票（national market system stock）。第二，除发行公司董事、管理人员及持股 10% 以上股东所持股票以外，其他个人所持有股票的数量不得少于 7,000,000 股。第三，股票持有人数量最少不得低于 2000 人。第四，在前 12 个月内，股票的交易量最低不少于 2,400,000 股。第五，若股票属于《1933 年证券法》第 18（b）（1）（A）条界定的已承保证券，则该股票在其作为期权合同标的资产挂牌交易前的连续 5 个营业日的市场价格至少不得低于每股 3 美元；若股票不属于《1933 年证券法》第 18（b）（1）（A）条界定的已承保证券，则该股票在选择其作为期权合同标的资产前 3 个公历月中大部分营业日的价格不得低于每股 7.50 美元。[①] 可见，期权交易所对期权合同标的资产的选定非常严格，因为标的资产的好坏直接关系到其所开发的期权合同成功与否。

七、保证金

保证金（margin），是指期权合同卖方为保证其履约能力而需向期权清算公司缴存的一定数量的财物。[②] 此处所言的保证金在场内期权合同中并无明确规定，只是期权合同卖方根据期权交易所的有关规定而缴存的，况且场外期权合同中也不一定有保证金的明确规定（但并不排除场外期权合同中存在其他担保形式）。然而，《期权清算公司章程细则》第 6.10（a）条明确规定："期权清算公司章程细则和规则中可适用的条款规定的，包括但不限于，期权清算公司的结算权和留置权，均应构成期权清算公司所签发的每一个清算合同条款的一部分。"[③] 因此，期权清算公司章程细则中规定的保证金也构成场内期权合同条款的一部分，故本书认为很有必要对此做一简要介绍。期权合同中只有卖方负有缴存保证金的义务，买方并不需要缴存保证金。买方只负有支付全额期权权利金的义务，甚至有时并不需要支付全额期权权利金。例如，《芝加哥期权交易所规则》第 10.3（c）（4）条规定，期权合同买方在订立至有效期仅为 9 个月以内的期权合同时，其只需要支付足额支付期权权利金即可，并不需要额外存入其他保证金，而在订立有效期

---

① See *CBOE Rules*，Rule 4.3，this document is available at the website：http：//www.cboe.org.

② See *CBOE Option Dictionary*.

③ See *OCC By-Laws*，Article VI Section 10（a）："The applicable provisions of the BY-Laws and the Rules，including，without limitation，the liens on cleared contracts and the liquidation rights of the Corporation provided for therein，shall constitute part of the terms of each cleared contract issued by the Corporation."

超过 9 个月的期权合同时，则仅需要存入 75% 的期权权利金即可。[①] 因为买方在期权合同中取得的是权利，其在期权有效期内可以自由决定是否行使该权利。如果市场行情对其有利，其就会行使期权，而如果市场行情对其不利，其就会放弃行使期权。可见，期权合同买方在支付期权权利金后并不会面临额外的风险，其所承担的最大损失也只是其先前所支付的期权权利金而已。然而，卖方却面临着买方随时要求购买或出售标的资产的风险，且卖方没有选择，其必须按买方的要求而出售或购买。正如前面所提到的，买方执行期权肯定是因为市场行情对其有利，而对买方有利则意味着对卖方不利，这就要求卖方必须在市场行情对其不利的情况下履约。因此，为了保证期权合同卖方按时履约，场内期权合同均规定卖方必须交付保证金，以避免其到时履约不能。

保证金并不一定为现金形式，还可以为股票、国库券或期权清算公司认可的其他形式。[②] 比如在股票期权合同中，保证金除现金形式以外，还可以为可转换债券、认股权证等。保证金数目的多少因期权合同的种类的变化而变化。[③] 例如，《芝加哥期权交易所规则》第 10.3（c）(5)（A）条规定，股票期权合同中的初始保证金为 100% 的期权权利金加上 20% 的标的股票的价值再减去期权的虚值数额（如果存在虚值的话），即初始保证金＝期权权利金＋ 20% × 股票价值 - 虚值数额。若按此规定，前例中作为股票买权合同卖方的乙则应缴纳的初始保证金数额为 2600（600 ＋ 20% × 10,000 - 0）美元。若前例的执行价格变为每股 105 美元，权利金相应变为每股 4 美元，则乙需要缴纳的初始保证金为 1900（400 ＋ 20% × 10,000 - 5 × 100）美元，注意此时市场价格为每股 100 美元而执行价格为每股 105 美元的 A 公司股票买权处于虚值状态，其虚值为 5 × 100 美元。然而，若一律按此计算，卖方的保证金可能出现负值。假设前例中执行价格变为每股 125 美元，权利金相应变为每股 0.5 美元，则卖方乙应缴纳的保证金为 - 450（50 ＋ 20% × 10,000 - 25 × 100）美元，负值则意味着卖方就不必交付保证金，又如何保证卖方在行情暴涨的时候履约呢？《芝加哥期权交易所规则》第 10.3（c）(5)（A）条同时也规定，买权合同卖方必须缴存的最低保证金为 100% 的期权权

① See *CBOE Rules*, Rule 10.3 (c) (4) .

② See *OCC Rules*, Rule 604 Forms of Margin, this document is available at the website : http : //www.optionsclearing.com.

③ The details see *CBOE Rules*, Rule 10.3 (c) (4) .

利金加上 10% 的标的股票的价值，即初始保证金＝期权权利金＋ 10% × 股票价值，而卖权合同卖方必须缴存的最低保证金为 100% 的期权权利金加上 10% 的股票的执行价格，即初始保证金＝期权权利金＋ 10% × 股票执行价格。[1] 那么在前例中，卖方乙应缴纳的保证金为 1050（50 ＋ 10% × 10,000）美元。实际上，保证金数额就是取上述两个计算结果的较大者，即期权权利金＋ 20% × 股票价值 - 虚值数额与期权权利金＋ 10% × 股票价值或股票执行价格的较大者。

保证金可分为初始保证金（initial margin）、维持保证金（maintenance margin）及变动保证金（variation margin）。初始保证金是卖方在订立期权合同时就需按期权交易所规定存入的保证金，而维持保证金则是在每日的交易后卖方所必须维持的最低资金数额的保证金。如果当日结算后账户实际剩余的保证金少于维持保证金，卖方将被要求存入变动保证金，即为使保证金重新达到初始保证金而额外存入的保证金。期权合同采取盯市制度（Mark-to-Market），按现时价格进行每日结算。如果计算结果表明所要求的保证金数额小于保证金账户的现有金额，卖方有权从保证金账户中提取多余资金；[2] 如果计算结果表明所要求的保证金数额大于保证金账户的现有金额，卖方将被要求追加变动保证金，以达到维持保证金水平。在前例中，A 公司股票买权合同卖方乙需缴存的初始保证金与维持保证金均为 2600 美元，如果随后 A 公司股票市场价格变为每股 108 美元，变动方向显然对乙不利，而乙此时则应缴纳的保证金数额为 2760（600 ＋ 20% × 10,800 － 0）美元，因此，乙将被要求追加缴存 160 美元的变动保证金。如果紧接着 A 公司股票市场价格又降为每股 104 美元，此时乙应缴存的保证金为 2680（600 ＋ 20% × 10,400 － 0）美元。可见，此时乙保证金账户有 80 美元的余额，其可自由提取。然而，即使 A 公司股票继续下降甚至暴跌，乙缴存的保证金仍应符合期权交易所关于最低保证金数额的规定。

除上述介绍的条款外，期权合同中还有合同规格（如股票期权合同的规格是每份股票期权合同为 100 股标的股票）、最小变动价位（期权权利金变动的最小单位）、每日价幅限制（期权权利金每天波动范围）等条款。场外期权合同条款更为复杂，其还可能包括支付条款（payment）、先决条件

---

① See *CBOE Rule s* 10.3（c）（5）（A）.

② See *OCC Rules*, Rule 608 Withdrawals of Margin.

（condition precedent）、净额结算（netting）、违约事件（event of default）、提前终止（early termination）及《准据法》（Governing Law）等。[①] 鉴于本书的研究范围及篇幅，对期权合同的其他条款将不再作进一步介绍，而仅关注期权合同的主要条款。

① The details see *ISDA 2002 Master Agreement*. This document is available at the website：http：//www.isda.org.

第二章 期权合同法律性质

本章主要包含三部分内容。第一部分着重阐述法律性质的内涵。只有先明确了法律性质的内涵，本书才能更好地研究期权合同的法律性质。第二部分则集中对期权合同与相混淆的概念进行了比较分析，详尽论述期权合同在法律性质上不属于那些合同。第三部分则进一步对期权合同与相近似的概念展开分析，通过与相近似概念的比较进一步凸显期权合同的法律性质。根据前文的研究，小结部分对期权合同法律性质进行梳理总结。

第一节 期权合同法律性质概述

一、法律性质内涵

性质是一种事物区别与其他事物的根本属性。自然而然，法律性质则是指一事物区别于其他事物的法律方面的根本属性。然而，什么又是事物的根本属性呢？所谓属性，就是一事物和他事物发生联系时表现出来的质，事物所具有的特点。由于事物联系的普遍性，一定质的事物表现出许多属性，但质并不是属性的简单相加，而是各种属性的有机统一。属性有根本属性和非根本属性之分，根本属性直接决定着事物的质。人们总是在事物的互相联系中,通过属性,特别是根本属性,认识和把握事物的“质”。那么,什么是事物的“质”呢？性质与质又有何区别呢？

“质”是与“量”相对应的哲学范畴,是指一事物区别于其他事物的内在规定性,这种规定性决定着一事物是它自身而不是别的事物，使它和别的事物区分开来。质和事物的存在是不可分割、直接同一的。事物必然有质，不具有质的事物是不存在的，质又总是某种事物的质，离开具体事物的质也是不存在的；事物的质要通过事物的属性或特性表现出来。事物的“性质”与决定事物的“质”（quality）不同。“质”更多的是从内在规定了一事物的独一无二性，使一事物与其自身以外的其他事物区别开来，而“性质”则是根据表现事物“质”的根本属性将其与其他事物区别开来,但即使其是“根本”的,其也只是表现事物“质”的“属性”,而不是决定事物内在规定性的“质”本身。例如，“运动是事物的根本属性”，但“运动”决非事物的“质”。

此外，质与本质也不同，质与存在具有直接同一性，可以被人们直接感知。然而，本质比质更深刻，它存在于质之中，是事物最一般的决定性的东西，一般不为人们所直接感知。因此，事物的本质相同，但其质却并不一致。例如，金刚石和石墨在本质上都是碳元素，但金刚石和石墨是不同的物质。之所以不同，这是由他们“质”的不同所决定的，自然它们的物质性质也不相同。

二、期权合同法律性质内涵

期权合同的法律性质关系到期权合同在整个法律体系中的位置，所以，其不仅仅是一个学术上的理论问题，也是一个迫切的实践问题。由上文可知，既然法律性质是指一事物区别于其他事物的法律方面的根本属性，期权合同的法律性质自然也是指期权合同区别于其他合同的法律方面的根本属性。那么期权合同与其他合同究竟又有什么区别呢？期权合同是买卖合同吗？若不是，又为何不是呢？二者又存在什么区别呢？同样，期权合同是单务合同还是双务合同？是附条件合同还是未附条件合同？期权合同与证券、格式合同、期货合同等又存在什么不同之处呢？

如果这些问题不能得到圆满解释，期权合同法律性质显然也不可能得到清晰界定。因此，本书此处并不急于对期权合同法律性质进行定性，而是等到对期权合同和其相混淆、相近似的概念进行全面比较分析之后，然后再明确界定期权合同法律性质。

第二节
期权合同与易相混淆概念比较分析

目前国内外有很多观点认为期权合同属于买卖合同、单务合同、附条件或附期限合同、预约或者证券，但期权合同在法律性质上真的就属于上述这些概念吗？若不属于，期权合同与这些易同其相混淆的概念又有什么区别呢？若属于，又为何属于呢？下文对这些问题将详细论述之。

一、期权合同与买卖合同

国内外有许多观点认为期权合同是买卖合同。有的观点直接认为，期权合约就是指期权的买卖契约。[①]有的观点虽未直接表明期权合同就是买卖合同，但其认为期权交易实际上就是一种权利的买卖行为，[②]既然是权利的买卖，其实质上也是认为期权合同是权利买卖合同。也有的观点认为以货物为标的资产的期权合同应该属于货物买卖合同。[③]那么，究竟期权合同是否为买卖合同呢？若不是，其又是什么类型的合同？若是，其又是什么类型的买卖合同？下文将首先分析买卖合同的含义与特征，然后再对期权合同与买卖合同进行比较分析，以探究二者的

① 参见田源、李建中、邸建凯主编：《期货交易全书》，中国大百科全书出版社 1993 年版，第 191 页。

② 参见李国安主编：《国际货币金融法学》，北京大学出版社 1999 年版，第 559 页；韩永夫、韩松：《建立中国期权市场的战略构想》，载《郑州大学学报》（社会科学版）2000 年第 5 期；王琪英：《期权交易》（上），载《国际商务研究》1997 年第 6 期；盛春光：《浅议期权市场》，载《商业经济》2005 年第 4 期；鲍建平：《国际期权市场发展特征与交易制度分析》，载《经济理论与经济管理》2002 年第 10 期。

③ See James T. Newman, Jr., "Application of the Uniform Commercial Code to Option Contracts for the Sale of Goods, and Implying Promises to Find Sufficient Consideration: Why and How the North Carolina Supreme Court Got it Wrong in Fordham v. Eason", 23 *Campbell L. Rev.* 64-68. (2000).

联系与区别。

（一）买卖合同

1. 买卖合同内涵

买卖合同在众多合同中是最典型、最重要、最常见的一种合同形式。尽管大陆法系和英美法系在许多方面存在差异，但二者有关“买卖合同”的定义却是基本一致的。《法国民法典》第 1582 条规定：“买卖合同是一方当事人交付货物而另一方当事人为此支付价金的协议。”[①]《德国民法典》第 433 条规定：“在买卖合同项下，卖方负有将货物交付至买方并转移货物所有权的义务。……买方则负有向卖方支付约定价金并接收所购货物的义务。”[②] 英国 1979 年《货物买卖法》第 2 条规定：“货物买卖合同是指卖方为取得被称作价格的金钱对价而转移或同意转移货物财产权至买方的协议。”[③] 美国《统一商法典》第 2.106 条也规定：“一项‘买卖’是指卖方为取得价金而将所有权转移至买方。”[④] 由此可见，买卖合同是指双方当事人约定一方当事人转移财产权于另一方当事人，而另一方当事人为此支付价款的合同。我国《合同法》第 130 条也是如此规定：“买卖合同是出卖人转移标的物所有权于买受人，买受人支付价款的合同”。

买卖合同的标的既可以是物，也可以是权利，只要不是法律规定禁止转让或以权利性质不能转让的（如我国《合同法》第 132 条规定：“法律、行政法规禁止或者限制转让的标的物，依照其规定。”），均可以作为买卖合同的标的，故买卖合同可分为物的买卖合同与权利买卖合同。物的买卖合同实际上是物的所有权的买卖合同，而权利买卖合同则是指所有权以外的其他财产权的买卖合同，如物权、债权、知识产权买卖合同等。尽管有的观点认为我国《合同法》规定的买卖合同的标的包括物和权利，[⑤] 然而一般均认为我国《合同法》中的买卖合同仅限于

---

① See *French Civil Code*, Article 1582.

② See *German Civil Code*, Article 433, this document is available at the website : https : //www.gesetze-im-internet.de/englisch_bgb/.

③ See *England Sale of Goods Act 1979*, Article 1582, this document is available at the website : https : //www.legislation.gov.uk/ukpga/1979/54.

④ See *UCC*, Article 2-106.

⑤ 参见谢怀栻等 :《合同法原理》，法律出版社 2000 年版，第 317~319 页。

物的买卖合同，而不包括权利买卖合同。[①] 根据我国《合同法》第 130 条中“转移标的物所有权”的明确用语，笔者认为我国《合同法》所规定的买卖合同仅限于物的买卖合同，因为权利买卖合同中当事人双方买卖的是所有权以外的财产权权利本身，自然谈不上“转移标的物所有权”问题。虽然《合同法》规定的“买卖合同”中不包括权利买卖合同，但这并不影响本书同时也对权利买卖合同展开讨论，因为《合同法》其他章节及《专利法》《著作权法》等相关特别法则对权利买卖合同作出了规定。

2. 买卖合同特征

与其他合同相比，买卖合同有以下法律特征：

（1）买卖合同是卖方向买方转移财产权的合同

当事人订立买卖合同的目的是转移财产权，这是买卖合同的主要法律特征。在物的买卖合同中，买方支付价金是为了取得卖方所交付的标的物的所有权，而卖方为取得价金则必须将标的物所有权转移至买方；而在权利买卖合同中，买方支付价金是为了取得合同约定的所有权以外的财产权权利本身（如债权），而卖方为取得价金则必须将其所享有的这种财产权转移给买方。买卖合同这一法律特征使其显然区别于租赁合同与借用合同。在租赁合同与借用合同中，虽然也发生标的的交付，但交付的目的只是使承租人、借用人在一定期间享有使用权，并不发生财产权的转移。况且，在租赁合同与借用合同中，由于出租人、出借人依然对标的享有所有权或财产权权利本身，其对标的的占有权及使用权自然可以到时恢复，但在买卖合同中由于已经发生了财产权的转移，其无权恢复对标的的占有权及使用权。

（2）买卖合同是买方向卖方支付价金的合同

卖方向买方转移财产权不是为了其他目的，而是为了取得一般等价物——货币，而买方也只有支付约定的价金，其才能取得卖方所转移的财产权，这是买卖合同的另一个重要法律特征。买卖合同这一法律特征将其与互易合同、赠与合同区别开来。在互易合同与赠与合同中，一方当事人虽然向另一方当事人转移财产权，但其转移财产权的目的却不是要求另一方当事人支付作为价款的货币，而只

① 参见李永军：《合同法》，中国人民大学出版社 2005 年版，第 361 页；余延满：《合同法原论》，武汉大学出版社 1999 年版，第 574 页；孙晓编著：《合同法各论》，中国法制出版社 2002 年版，第 3~5 页。

是要求另一方当事人相应地交付合同约定的标的或根本不作任何要求，但买卖合同中的买方必须向卖方支付约定的价金才能取得财产权。

（3）买卖合同是双务、有偿合同

双务合同（bilateral contract），是指双方当事人互负具有对价意义的债务的合同，或者说双方互负居于给付与对待给付关系之义务的合同。双务合同的特色在于双方的债务间的牵连关系或牵连性。[①] 在买卖合同中，双方当事人既享有权利又负有义务，他们的权利义务是相互关联、对应的。买方享有请求卖方交付标的并转移财产权的权利，但其也负有向卖方支付价金的义务，而卖方则享有向买方请求支付价金的权利，但其同时也负有交付标的并转移财产权的义务，双方的权利义务是相互关联、相互对应的。可见，买卖合同是一种典型的双务合同。此外，在买卖合同中，买方为取得财产权必须支付约定价金，而卖方为取得价金则必须转移财产权，双方为获得合同规定的利益均付出了相应的对价。因此，买卖合同也是一种典型的有偿合同。

（4）买卖合同是诺成、不要式合同

诺成合同，是指仅仅依据合同双方当事人的意思表示一致即可成立的合同。合同分类中与诺成合同相对的是实践合同，其又称要物合同，是指除双方当事人意思表示一致外，还需要完成给付才能成立的合同。除法律另有规定或当事人有特别约定外，买卖合同于双方当事人意思表示一致时即宣告成立，不以一方当事人的给付为合同的成立要件，因此，买卖合同属于诺成合同。法律一般未对买卖合同的形式作强制性要求，当事人可以自由选择以何种形式订立买卖合同，故买卖合同属于不要式合同。然而，当法律有明确规定或合同有特别约定的情况下，[②] 买卖合同应当采取法律规定或合同约定的形式。

（二）期权合同与买卖合同比较分析

由于买卖合同可以分为物的买卖合同与权利买卖合同，故本书将期权合同与二者分别比较之。

---

① 参见韩世远：《合同法总论》，法律出版社 2004 年版，第 54~55 页。

② 《中华人民共和国民用航空法》（2018 年修正）第 14 条第 2 款规定："民用航空器所有权的转让，应当签订书面合同。"

1. 期权合同与物的买卖合同

双方当事人通过订立期权合同，一方当事人获得期权，另一方当事人则取得期权权利金。如前所言，期权是指权利人在未来特定期间内享有的按执行价格购买或者出售标的资产的权利，其属于形成权。显然期权不是“物”，也不属于支配权，自然更不是支配权中的所有权。可见，期权合同明显不是物的买卖合同。因为物的买卖合同的核心在于“转移标的物所有权”，但期权合同中并不发生“转移标的物所有权”的问题，期权合同买方支付期权权利金只是为了取得对卖方的期权，而期权作为权利显然不是所有权，其只是权利人是否购买或者出售标的资产的选择权。

有种观点认为，期权合同是为物的将来买卖而订立的，而依《统一商法典》第2.106条的规定：“买卖合同既包括货物的现行销售，也包括在将来某一时间销售货物的合同，”[①] 故期权合同是物的买卖合同。[②] 这种明显将期权合同与行使期权而新成立的标的资产的买卖合同混淆了。买方订立期权合同并不一定是为了将来购买或出售标的资产，其订立期权合同所欲取得的只是在将来特定期间购买或出售标的资产的权利，而不是购买或出售标的资产本身。在期权有效期间，期权合同买方可以自由决定是否行使期权，若其放弃行使，期权合同买方与卖方之间自然就不会形成标的资产的买卖合同；而若其执行期权，则期权合同买方与卖方之间则形成一个新的法律关系，即标的资产的买卖合同。也只有在买方执行期权而在二者之间形成标的资产的买卖合同时，二者之间才可能发生标的资产所有权的转移问题，但此时“标的资产所有权的转移”也不是原来的期权合同的目的，而只是现在标的资产买卖合同的目的。因此，期权合同与行使期权而新成立的标的资产的买卖合同是两个截然不同的合同关系，前者是为了取得期权，而后者则是为取得标的资产的所有权。由上可见，期权合同不是物的买卖合同。既然期权合同不是物的买卖合同，而期权又是一种权利，那么这是否可以想当然地推论出期权合同是权利买卖合同呢？

---

① See *UCC*, Article 2-106.

② See James T. Newman, Jr., “Application of the Uniform Commercial Code to Option Contracts for the Sale of Goods, and Implying Promises to Find Sufficient Consideration : Why and How the North Carolina Supreme Court Got it Wrong in Fordham v. Eason”, 23 *Campbell L. Rev*. 64-68. (2000).

2. 期权合同与权利买卖合同

由上文可知，权利买卖合同是指所有权以外的其他财产权的买卖合同，如物权、债权、知识产权买卖合同等。因此，欲探讨期权合同是否为权利买卖合同，本书有必要先探讨期权是否为所有权以外的其他财产权。如果期权不是财产权，期权合同自然也就不可能是权利买卖合同。

如前所述，期权在法律性质上属于形成权，但这是否意味着其就不属于财产权？笔者认为期权虽然属于形成权，但这并不妨碍期权也可以属于其他权利类型，如财产权、相对权等。因为形成权只不过是按权利之作用不同而对权利所作出的分类中的一种权利类型，它与按其他标准划分的权利类型并不是对立的，有时是相互交叉的。也就是讲，一种权利可能归属于多种权利类型。例如，所有权既是财产权，也是绝对权，还是支配权。如果属于形成权的期权符合财产权的标准，自然也可成为财产权的一员。所谓财产权是指具有经济利益的权利。① 期权无疑是具有经济利益的，经济学家已经为此研究出了一套相对成熟的期权定价理论。② 因此，不可否认，期权是具有经济利益的权利，能给权利主体带来经济利益上的满足，符合财产权的标准，故笔者认为期权也是一种财产权。然而，期权虽是财产权，但这并不意味着所有形成权都属于财产权。例如，身份形成权就不属于财产权。权利只有符合财产权的标准才可能属于财产权。

需要注意的是，此处不应把期权所具有之经济利益与期权依权利本质之法力说而具有之“特定利益”相混淆。权利本质之法力说认为权利的本质是主体享受特定利益的法律上之力。③ 权利本质之法力说中的“特定利益”是指权利主体行

---

① 参见王泽鉴：《民法总则》，中国政法大学出版社 2001 年版，第 58 页。财产权概念颇有争议，笔者从法学研究的角度出发，借鉴了王泽鉴先生的定义。与该定义内涵相似的还有：林诚二：《论形成权》，载杨与龄主编：《民法总则争议问题研究》，台湾五南图书出版股份有限公司 1999 年版，第 61 页；孙宪忠：《论物权法》，法律出版社 2001 年版，第 286~287 页；See *BLACK' S LAW DICTIONARY*（8th Edition，2004），Property，p.1252；Property Rights，p.1348.

② 期权定价理论请详见：F. Black and M. Scholes，“The Pricing of Option and Corporate Liabilities”，*Journal of Political Economy，81（May – June 1973），637–659*；*Robert C. Merton，“Theory of Rational Option Pricing”，Bell Journal of Economics and Management Science*，4（Spring 1973），141–183；Robert C. Merton，“Option Pricing When Underlying Stock Returns Are Discontinuous”，*Journal of Financial Economics*，3（January–March 1976），pp.125–144。

③ 龙卫球：《民法总论》，中国法制出版社 2002 年版，第 120 页。

使权利所能得到之“主体满足”，该满足表现为多方面。“特定利益”也是一切权利都具有的，人格权、身份权、财产权等均包含有“特定利益”。有些权利的“特定利益”是可以用经济价值（货币）来衡量的，如财产权所包含之“特定利益”；而有些权利之“特定利益”是无法用经济价值来衡量的，如人格权、身份权所包含的“特定利益”（但这并不排除肖像权、姓名权可以有偿使用转让以及精神损害赔偿）。期权既为权利，依权利本质之法力说，期权必具有特定利益。期权中的该“特定利益”就是权利人对是否就他与相对人之间发生特定关系可自由选择，显然，该自由选择可以满足期权权利主体的特定利益需求。然而，期权所具有之经济利益则是对期权整体所进行的经济价值衡量，具体讲主要就是对期权所包含之“特定利益”的衡量（在其他权利的经济价值衡量中，不但要考虑所保护之“特定利益”，还要顾及“法律之上力”的强度或效力等级），即依期权所享有的自由选择之价格或付出多少对价才能享有该期权之自由选择。可见，期权所具有的经济利益是用货币衡量的期权依权利本质之法力说而具有之“特定利益”，是“特定利益”的货币体现。

既然期权也属于财产权，那么期权合同是否自然就属于权利买卖合同呢？权利买卖合同是双方当事人买卖除所有权以外的其他财产权的合同，一方当事人将其所享有的财产权转移给另一方，而另一方则为此支付约定价金。如前文所提到的，买卖合同的主要法律特征是“转移财产权”，权利买卖合同自然也是一样，而“转移财产权”明显又以合同卖方享有（现在享有或将来享有）其欲转移的财产权为前提，若其根本不可能享有其欲转移的财产权，自然也就谈不上转移财产权了。例如，在债权转让合同中，合同卖方所转让的必然是其已享有的债权或其将来享有的债权，而非其不可能享有的债权（如其宣称对上帝所享有的债权）。那么，欲分析期权合同是否属于权利买卖合同，就必得先分析期权合同是否发生“期权的转移”，而这又得分析期权合同卖方是否享有“期权”。

在期权合同中，期权合同买方在向期权合同卖方支付期权权利金后则取得对卖方的期权，即在特定期间按特定价格向卖方购买或者出售一定数量标的资产的权利。然而，买方所享有的对卖方的期权是由卖方向其转让的吗？换言之，卖方是否原来就享有买方此时所享有的对卖方的期权？这就归结为一个问题，即期权合同卖方是否享有以自己为权利相对人的期权？笔者认为期权合同卖方显然不可能享有以其自己为权利相对人的期权，这可以通过反向推理来证明。假设期权合同卖方享有以其自己为相对人的期权，此时他本人既是期权权利人，也是期权相对人，即其享有在特定期间按特定价格向卖方购买或者出售一定数量标的资产的权利。显然，这种自己向自己购买或者出售标的资产的权利毫无意义，因为权利是向外部主张的，是人对人的，而这种“自己对自己的权利”在法律上没有任何价值，法律上也无此“自己对自己的权利”，由此归谬可见假设的前提是错误的。因此，期权合同卖方并不享有以自己为相对人的期权。既然期权合同卖方并不享有期权，那么合同卖方自然就不可能将期权转让给合同买方，因此，期权合同也就不可能是权利买卖合同。既然合同卖方未将期权转让给合同买方，那么期权合同买方所享有的以卖方为权利相对人的期权又是如何产生的呢?

笔者认为，虽然期权合同卖方不享有以其自己为相对人的期权，但这并不妨碍其赋予期权合同买方享有该期权。按照意思自治原则，任何一个具有行为能力的权利主体均可自主建构自己与他人之间的法律关系，在法律允许的范围内自主创设权利义务，而期权合同正是双方当事人意思一致而自主构建他们之间法律关系和创设权利义务的协议。在期权合同中，合同买方允诺向合同卖方支付一定数额的权利金，合同卖方也由此取得对合同买方的债权，而作为对价，合同卖方同时也允诺赋予合同买方期权，即合同买方取得在特定期间按特定价格向合同卖方购买或出售一定数量标的资产的权利。因此，期权是基于当事人的自主意思产生，当事人有权自主决定受期权约束使自己处于期权相对人的法律地位，而赋予他人对自己享有期权。所以，期权合同不是合同法理论上的权利买卖合同，也不是我国《合同法》中所规定的买卖合同，其应属于无名合同，即法律上尚未明确规定一定名称和规则的合同，且属于纯粹无名合同。[①] 然而，期权合同买方为取得期权必须支付期权权利金，因此，期权合同属于有偿合同。我们忆及我国《合同法》第 174 条规定 :“法律对其他有偿合同有规定的，依照其规定 ; 没有规定的，参照买卖合同的有关规定”，所以，期权合同虽然不属于买卖合同，但其属于有偿合同且法律未对其有明确规定，故对期权合同可以参照买卖合同的有关规定。

既然期权合同不是买卖合同，自然期权合同的双方当事人也就不宜再称为期权买方和期权卖方，因为这容易与买卖合同中的买方与卖方相混淆，使人误认为

① 参见王泽鉴 :《王泽鉴法学全集・第十二卷——债法原理①》，中国政法大学出版社 2003 年版，第 140 页 ; 王利明、崔建远 :《合同法新论・总则》，中国政法大学出版社 2000 年修订版，第 39 页。

期权合同属于买卖合同。然而，考虑到将期权合同当事人称为买方与卖方是国内外习惯做法，① 笔者在本书中仍将期权合同的双方当事人称为买方与卖方，也将取得与赋予期权称作购买与出售期权，但这只是出于尊重习惯用法的考虑，并不代表笔者认为期权合同属于买卖合同。国外也存在对期权合同当事人的另一种习惯称谓，即多头（Long Positions）和空头（Short Positions），其中多头是指通过期权合约而享有期权者，也就是期权权利人，又称作多方，而空头则是指取得期权价格而受期权之拘束者，也就是期权相对人，又称作空方。② 然而，考虑到多头与空头毕竟是经济学、金融学用语，而非法律用语，所以笔者未使用此称谓，但行文中也用做多或做空期权来替代购买或出售期权。

此处需要注意的是，期权合同卖方虽然不可能出售转让以其自己为相对人的期权，但期权合同买方却可以再行出售转让以期权合同卖方为相对人的期权。例如，甲享有以丙为权利相对人的期权，其将该期权转让给乙，而乙为取得该期权则向甲支付了一定的权利金。那么，在此期权转让合同中，甲将其所享有的期权转让给乙，明显发生了财产权的转移，因此，此期权转让合同属于权利买卖合同。然而，在前文所论述的期权合同中，合同买方所取得的是以卖方为权利相对人的期权，而非以第三人为相对人的期权，可见，期权合同不同于期权转让合同。期权合同不属于买卖合同，但这并不影响期权转让合同属于权利买卖合同。

---

① See John C. Hull, *Options, Futures, and Other Derivatives* (6th Edition), Pearson Prentice Hall 2006, pp.181–183; Alastair Hudson, *The Law on Financial Derivatives* (3rd Edition), Sweet & Maxwell 2002, pp.25–26; John F. Marshall, *Futures and Option Contracting*, South-Western Publishing Co. 1989, p.7; Philip R Wood, *Title financial, Derivatives, Securitizations, Set-off and Netting*, Sweet & Maxwell 1995, p.210;[美]唐·M. 钱斯:《衍生金融工具与风险管理》，郑磊译，中信出版社 2004 年版，第 3 页;[美]约瑟夫·A. 沃克:《期权市场运作》，王微等译，清华大学出版社 1998 年版，第 1~3 页;魏振祥:《期权投资》，中国财政经济出版社 2003 年版，第 3 页;刘振亚主编:《美国期权市场》，经济科学出版社 2001 年版，第 9 页。

② See John C. Hull, *Options, Futures, and Other Derivatives* (6th Edition), Pearson Prentice Hall 2006, p.183;[美]唐·M. 钱斯:《衍生金融工具与风险管理》，郑磊译，中信出版社 2004 年版，第 713 页、第 724 页;[加]约翰·C. 赫尔:《期货期权入门》(第 3 版)，张陶伟译，中国人民大学出版社 2001 年版，第 4~5 页、第 180~181 页;*CBOE Options Dictionary*。

二、期权合同与单务合同

国内外有许多观点认为期权合同属于单务合同。有的观点直接认为期权合同在其本质上就是单务合同。[①] 有的观点虽未明确指出期权合同属于单务合同，但其认为在期权合同中，双方的权责关系是：期权买方有权无责，有权即享有在一定期间内决定是否按执行价格买卖某一相关标的资产的权利，无责即他并不承担必须买进或卖出的责任和义务；相反，期权卖方有责无权。[②] 可见，该观点认为期权合同中的义务是单向性的，自然其也是认为期权合同应归属于单务合同。有的观点还认为，在期货选择权交易中，期货选择权合约赋予购买者享有在合约有效期内与出售者签订期货合约的权利，但不负有必须与出售者签订期货合约的义务，所以，期货选择权交易双方的权利义务是不对等的。[③] 当然也有些观点认为期权合同属于双务合同。[④] 那么，期权合同究竟是单务合同还是双务合同呢？下文先介绍单务合同的内涵与特征，再对期权合同与单务合同进行比较分析，探究期权合同是不是单务合同。如果是单务合同，其为何是？如果不是，其为何不是？若不是单务合同，则必为双务合同，那么其又为何属于双务合同？

（一）单务合同

单务合同，是指仅一方当事人对另一方当事人负担合同义务，而另一方当事人对该方当事人并不负担相应合同义务的合同，又称为一方负担合同。[⑤] 此处“相

---

① Keith Evans, “The Law of Options”, *25 Dalhousie L.J. 55–62*; Michael J. Cozzillio, “THE OPTION CONTRACT: IRREVOCABLE NOT IRREJECTABLE”, *39 Cath. U.L. Rev. 506*.

② 参见张邦辉主编:《期货交易大辞典》，中国物价出版社 1994 年版，第 328~329 页。

③ 参见杨永清:《期货交易法律制度研究》，法律出版社 1998 年版，第 68~69 页、第 73 页；谢剑平:《期货与期权》，中国人民大学出版社 2004 年版，第 368~411 页；高如星、王敏祥:《美国证券法》，法律出版社 2000 年版，第 69 页。

④ See Daniel G. Schmedlen, Jr, “BROKER–DEALER SALES PRACTICE IN DERIVATIVES TRANSACTIONS: A SURVEY AND EVALUATION OF SUITABILITY REQUIREMENTS”, *52 Wash & Lee L. Rev. 1443*; 宁敏:《国际金融衍生交易法律问题研究》，中国政法大学出版社 2002 年版，第 22 页；陈宗海:《期权交易的实质评论》，载《经济问题探索》1995 年第 5 期。

⑤ 参见王泽鉴:《王泽鉴法学全集·第十卷——民法概要》，中国政法大学出版社 2003 年版，第 325 页；余延满:《合同法原论》，武汉大学出版社 1999 年版，第 47 页。

应合同义务”是指当事人义务的关联性、相互性，二者义务具有依存关系，而不是指在客观价值上的相应性。[①] 单务合同的典型是赠与合同。在赠与合同中，赠与人负有向受赠人交付赠与物的义务，但受赠人却并不负有向赠与人支付相对应价金的义务，即反过来讲，赠与人只是负有义务却不享有相应权利，受赠人却只享有权利而不承担相应义务。单务合同中这种合同义务的单向性与双务合同中合同义务的关联性、对应性形成鲜明对比。例如，在买卖合同中，卖方负有交付标的物的义务，而买方也负有支付约定价金的义务，二者义务是相互对应的。如果卖方不履行其交付标的物的义务，买方就有权不履行其支付价金的义务，反之亦然。单务合同中并不存在此类相对应的合同义务。

单务合同中合同义务的单向性并不意味着一方当事人不负担任何义务。例如，在赠与合同中，赠与人负有向受赠人交付赠与物的义务，而受赠人在赠与人交付赠与物时也负有接受赠与物的义务，[②] 当然此义务并不是与赠与人转移赠与物所有权相对应的义务。此外，在附义务赠与合同中也是如此，虽然受赠人也负有履行合同规定的某项义务，但该项义务也不是与赠与人转移赠与物所有权相对应的义务，否则该合同就不再是赠与合同而是买卖合同了。

此处应当注意单务合同与单方法律行为的区别。单方法律行为是指仅需当事人一方的意思表示就可成立的行为。[③] 单方法律行为又可分为三类：财产行为（如捐助、抛弃所有权、债务免除等）、身份行为（如认领、遗嘱等）及形成权行使行为（如承认、终止、解除、撤销等）。单方法律行为的本质特征就在于其仅以行为人单方意思表示即可成立，而无须对方当事人为之意思表示，比如债务免除，况且有的单方法律行为根本就无相对人，自然也谈不上对方为之意思表示，如所

---

① 参见韩世远：《合同法总论》，法律出版社 2004 年版，第 33 页。

② 尽管我国《合同法》并未明确规定受赠人的接受义务，但《合同法》第 185 条明确规定：“赠与合同是赠与人将自己的财产无偿给予受赠人，受赠人表示接受赠与的合同。”既然受赠人已经明确表示“接受赠与”，自然其应受其意思表示的约束，在赠与人交付赠与物时负有接受赠与物的义务。退一步讲，受赠人在表示“接受赠与”后即使享有随时拒绝接受赠与的权利，但这并不妨碍其在此期间负有接受赠与物的义务。这与赠与人虽然享有任意撤销权但其在撤销之前仍负有交付义务是具有同样的道理的。受赠人此义务并不与其权利冲突，当赠与人未履行交付义务时，受赠人就可以行使请求赠与人交付的权利，而当赠与人履行其交付义务时，受赠人也应履行其接受的义务。

③ 参见王泽鉴：《王泽鉴法学全集·第十一卷——民法总则》，中国政法大学出版社 2003 年版，第 266 页。

有权之抛弃。虽然单务合同中也是仅由一方当事人承担合同义务，另一方并不承担相应义务，然而单务合同毕竟是合同，其是经由双方当事人意思表示一致而达成合意后成立生效的，若无对方当事人表示同意的意思表示，一方当事人的单方意思表示无法使单务合同成立生效。例如，若受赠人明确表示拒绝接受赠与，即使赠与人明确表示其自愿将自己的财产无偿给予受赠人，二者之间也不成立赠与合同，毕竟“恩惠不得强施”。

合同分类中与单务合同相对应的是双务合同。如前所言，双务合同是指双方当事人互负具有对价意义的债务的合同，或者说双方互负居于给付与对待给付关系之义务的合同。双务合同的特色在于双方的债务间的牵连关系或牵连性。对比而言，单务合同的特色则在于双方义务的单向性或无牵连性，即在单务合同中，只有一方负有合同义务，另一方并不负有义务，或即使双方均负有义务，但双方的义务并不具有对应性或牵连关系。

（二）期权合同与单务合同比较分析

前文中认为期权合同属于单务合同的观点均主张，期权合同买方享有在一定期间内决定是否按执行价格购买或出售某一相关标的资产的权利，且其并不承担必须购买或出售的义务，而期权合同卖方在买方决定购买或出售时则负有必须出售或购买的义务，且无拒绝出售或购买的权利。因此，期权合同中买卖双方的权利义务是不对等的，义务是单向性的，即只有期权合同卖方负有义务，而期权合同买方则只享有权利不负有义务，所以，期权合同应属于单务合同。确实，当期权合同买方享有期权时，其有权自由决定是购买还是不购买，或者是出售还是不出售，而并不负有必须购买或者出售的义务。相反，期权合同卖方必须受买方所享有的期权的约束，当买方决定购买时，卖方就负有出售的义务，而当买方出售时，卖方则就负有购买的义务。然而，问题的关键是这是期权合同的全部吗？若是，以此为期权合同定性自然顺理成章，但若不是，则以此为期权合同定性是否有以偏概全之嫌？

期权合同中双方当事人究竟有哪些权利义务呢？首先，期权合同卖方享有请求期权合同买方支付期权权利金的权利，相应地期权合同买方负有向期权合同卖方支付期权权利金的义务。其次，期权合同买方享有请求期权合同卖方赋予自己期权的权利，相应地期权合同卖方也负有赋予期权合同买方期权的义务。最后，期权合同买方享有以期权合同卖方为权利相对人的期权，在一定期间内其有权决定是否按执行价格向期权合同卖方购买或出售某一相关标的资产。由于期权属于形成权，而形成权无相对应义务观念存在，[①] 形成权相对人并不负有相对应的义务，只是受到拘束，须容忍此项形成及其法律效果，[②] 所以作为期权相对人的期权合同卖方此时对期权合同买方并不负有任何相对应的义务，而只是受期权的拘束，并容忍期权合同买方执行期权所形成的法律效果。我们可以发现在期权合同中，卖方赋予买方期权后，却仍要受期权的拘束，其并未因履行了赋予期权的义务而从期权合同中摆脱出来，这与一般权利买卖合同中卖方的义务是不同的。若期权合同买方执行期权，则买方享有向卖方请求交付标的资产或支付标的资产价金的权利，而卖方则负有出售或购买标的资产的义务，那么该权利义务是否属于期权合同所产生的权利义务呢？

笔者认为，因期权合同买方执行期权而产生的买方的权利和卖方的义务并不属于期权合同所产生的权利义务。如前文所述，期权是一种形成权，且属于形成权中的积极形成权，权利人执行期权将在权利人与期权相对人之间形成一种新的法律关系，具体讲就是在期权合同买方与卖方之间发生买卖标的资产的法律关系，其实也就是二者买卖标的资产的合同。在期权合同中，期权合同卖方并无出售或购买标的资产的义务，其只负有赋予期权合同买方期权的义务，并受该期权的拘束，并接受执行期权所形成的法律效果。若期权合同买方执行期权，在二者之间产生买卖标的资产的法律关系，则期权合同卖方必须接受该法律关系，成为该法律关系的主体，对该法律关系的另一方主体——期权合同买方——负有出售或购买标的资产的义务。若期权合同买方在期权有效期内未执行期权，则期权过期消灭，自然无买卖标的资产法律关系的产生，期权合同卖方也就无须负有出售或购买标的资产的义务。可见，期权合同卖方所负有的出售或购买标的资产的义务并不是由期权合同而产生的，而是由期权合同买方执行期权所产生的买卖标的资产的法律关系产生的。同样，在期权合同中，期权合同买方并不享有直接向期权合同卖方请求交付标的资产或支付标的资产价金的权利，其享有的只是向期权合同卖方购买或出售标的资产的选择权。如果期权合同买方决定选择购买或出售标的

① 林诚二：《论形成权》，载杨与龄主编：《民法总则争议问题研究》，台湾五南图书出版股份有限公司1999年版，第77页。

② 王泽鉴：《王泽鉴法学全集·第十一卷——民法总则》，中国政法大学出版社2003年版，第100页。

资产，即执行期权，则在二者之间产生买卖标的资产的法律关系，而依此法律关系期权合同买方才享有向期权合同卖方请求交付标的资产或支付标的资产价金的权利。如果期权合同买方在期权有效期内未作出选择，则期权将因过期而消灭，期权合同买方将无从取得请求期权合同卖方交付标的资产或支付标的资产价金的权利。因此，期权合同买方请求期权合同卖方交付标的资产或支付标的资产价金的权利也是根据其执行期权所形成的买卖标的资产的法律关系所产生的，而不是依据期权合同产生的。

需要提及的是，期权合同买方执行期权所形成的买卖标的资产的法律关系中双方当事人的权利义务是相互对应的。例如，期权合同买方决定购买标的资产，则期权合同卖方负有交付标的资产的义务（此处举例的期权合同是指实物交割期权合同），但期权合同卖方也享有请求期权合同买方支付该标的资产价款的权利。如果期权合同买方拒绝支付标的资产的价款，自然期权合同卖方也有权拒绝交付该标的资产。当期权合同买方决定出售标的资产时也是一样，期权合同买方虽然享有请求期权合同卖方支付标的资产价款的权利，但其也负有向期权合同卖方交付标的资产的义务，若其拒绝向期权合同卖方交付标的资产，自然期权合同卖方也有权拒绝向其支付标的资产价款。这就是讲，虽然期权合同买方有权依单方面意思自主决定是否在其与期权合同卖方之间产生买卖标的资产的法律关系，然而一旦其决定产生该法律关系，则其在该法律关系中所具有的权利义务也是与期权合同卖方相对应的，并不是其只享有权利而不承担义务。

虽然期权合同的核心在于赋权，[①] 然而，期权合同卖方除负有赋权的义务外也享有请求支付期权权利金的权利，同样，期权合同买方虽享有请求赋权的权利但也负有支付期权权利金的义务。可见，期权合同中双方当事人的义务是相互，且具有牵连关系，因此期权合同应属于双务合同。认为期权合同属于单务合同的观点显然只看到了赋权后二者之间所存在的期权法律关系。在此期权法律关系中，当然是期权合同买方享有期权，而不负有义务，期权合同卖方则必须受期权的拘束，而无相应权利。但期权法律关系并不是期权合同的全部，期权合同中还存在债权债务关系，故不应仅以此来为期权合同定性。况且，期权合同买方执行期权

① See Norman Menachem Feder, "DECONSTRUCTING OVER-THE-COUNTER DERIVATIVES", *2002 COLUM. BUS. L. REV. 694.*

后，期权合同卖方也并不是只负有出售或购买标的资产的义务，其依据新形成的买卖标的资产合同也享有请求期权合同买方支付标的资产价款或交付标的资产的权利。认为期权合同属于单务合同的观点显然只看到了执行期权后期权合同卖方所负有的义务与期权合同买方所享有的权利，而忽视了期权合同卖方同时所享有的权利与期权合同买方同时所负有的义务。实际上，在执行期权所产生的买卖标的资产合同中，双方当事人的权利义务也是相互的，应属于双务合同，而非单务合同。可见，认为期权合同属于单务合同的观点只是片面地看到了期权合同及执行期权所形成的买卖标的资产合同中的部分权利、义务，且还将期权合同与买卖标的资产的合同相混淆，因此得出期权合同属于单务合同的错误结论。

综上所述，笔者认为期权合同属于双务合同。期权合同买方在期权合同中的义务是支付期权权利金，而期权合同卖方与此相关联、相对应的义务则是赋予期权合同买方期权，双方互相履行义务后在二者之间即存在期权法律关系。在期权法律关系中，期权合同买方只享有期权而不负有义务，期权合同卖方则受期权拘束，而无相应权利。执行期权所产生的买卖标的资产合同虽然也属于双务合同，但其已是独立于期权合同之外合同，其包含的权利义务及其自身的性质对期权合同的定性并无影响。必须说明的是，笔者主张期权合同属于双务合同的前提条件是期权合同买方支付期权权利金或负担其他相对应的义务，如果期权合同买方不负担此类义务，期权合同卖方依然自愿赋予期权合同买方期权，则此时期权合同也可成为单务合同。因为任何具有完全行为能力的主体均可自主建构自己的法律关系，期权合同卖方既然自愿在无任何对价的基础上赋予期权合同买方期权（类似于赠与），期权合同买方自然可以不负担任何合同义务而取得期权。那么，在此期权合同中，期权合同卖方负有赋予期权合同买方期权的义务，而期权合同买方却并不负有支付期权权利金的义务，因此，此时期权合同也可为单务合同。

三、期权合同与附条件合同、附期限合同

国内外有许多观点认为期权合同属于附条件合同或附期限合同。有的观点认为期权的目标是成立标的资产的买卖合同，期权合同中规定了买卖合同的内容及成立条件，故期权合同属于附条件合同（conditional contract）。[①] 科宾也认为选择

---

① See Keith Evans, "The Law of Options", *25 Dalhousie L.J. 51–55.*

权合同可以是附条件合同。[①] 国内有的观点认为股票期权授予协议是一种附条件的诺成性的赠与合同。[②] 有的观点则认为认股期权合同是附期限的股份买卖合同，且如果从合同规定的股份买卖发生效力的角度看，也可以将认股期权合同视为一种附始期的民事法律行为。[③] 有的观点还认为股票期权授予协议是附义务的赠与合同。[④] 还有的观点认为股票期权产生的基础是授权协议，其所基于的基础法律关系即公司与经理人员之间的股票买卖契约关系，而股票买卖关系在授权协议生效时即已成立，只是附了一定的期限（等待期）而暂时没有生效，应属附期限的民事合同。[⑤] 也有的观点认为股票期权授予后，劳务提供完成前，选择权合同并未成立，但选择权取得的过程已经开始，只是将其取得附以期限，如果经理人员按照公司授予协议要求持续提供劳务，则选择权的取得就更进一步。经理人员的持续劳务提供并没有成立任何新的合同，而是仅仅使一个既存的合同之债沿着它的道路向前迈进了一步，即将公司以经理人员的持续受聘为条件的义务，转变成不再附有条件的义务。[⑥] 尽管国内这些观点多是就经营者股票期权授予协议论述的，但经营者股票期权授予协议也是一种特殊的期权合同形式，自然这些观点也是认为期权合同是属于附条件合同或附期限合同的。本书以下简要介绍附条件合同与附期限合同的内涵与特征，然后对期权合同与附条件合同、附期限合同进行比较分析。

（一）附条件合同与附期限合同

合同是当事人意思自治的产物，当事人既可以让合同在满足法定生效条件后自动生效，也可以在合同满足法定生效条件后对合同效力的发生与消灭作出特别约定。应当注意的是，此处的“特别约定”是当事人对合同效力的意定限制，是当事人对合同效力进行特别限制的合意选择，属于双方当事人意思表示的一部分，

---

① ［美］A. L. 科宾：《科宾论合同》（一卷版，上册），王卫国、徐国栋、夏登峻译，中国大百科全书出版社 1997 年版，第 94 页、第 463 页。

② 朱红瑛：《股票期权制度法律问题研究》，上海海事大学 2005 届硕士学位论文，第 23 页。

③ 周友苏、罗华兰：《认股期权制度研究》，载《社会科学研究》2003 年第 1 期。

④ 刘爽：《我国推行股票期权制度的法律构想》，载《法律适用》2001 年第 11 期。

⑤ 张士光：《股票期权制度研究》，西南政法大学 2002 届硕士学位论文，第 8~9 页。

⑥ 参见颜延、张文贤：《我国推行股票期权制度的法律问题》，载《中国法学》2001 年第 3 期。

与法律所规定的合同生效的法定条件不同。合同生效的法定条件是由法律强制性规定的，不受当事人约定的影响，其是所有合同生效必须满足的。例如，我国《合同法》第9条规定："当事人订立合同，应当具有相应的民事权利能力和民事行为能力"，无论合同当事人对民事行为能力是否进行了约定，合同当事人都应当具有相应的民事行为能力。如果合同当事人约定一方或双方可以无民事行为能力，则当事人的特别约定将因违反法律对合同当事人民事行为能力的规定而无效，当事人意欲的法律效果将无从发生。因此，当事人限制合同效力的特别约定事项应是合同生效的法定条件以外的事项。

当事人对合同效力进行特定约定限制的方式一般有二：一为附条件，二为附期限。所谓附条件是指当事人以将来客观上不确定事实的发生与否来决定合同效力的发生或消灭，而附期限合同则是指合同当事人将一定条件的成就与否作为合同效力发生或消灭依据的合同。所附条件的核心在于其是将来客观上不确定的事实，即在合同成立时尚未发生，而在将来可能发生，也可能不发生的事实。若所附条件在合同成立时已发生的，如属于生效条件，则合同为无条件；如属于解除条件，则合同无效。若条件在将来客观上是确定的，如约定"一方当事人一口喝干太平洋全部的水"为条件，如属于生效条件，则合同无效；如属于解除条件，则合同为无条件。根据不同的标准可对条件进行不同的分类，其中最为重要者当属将条件分为生效条件与解除条件两类。生效条件是指在条件成就时合同效力发生的条件，由于条件未成就时合同效力处于停止状态，故又称为停止条件。当合同附生效条件时，若条件成就，则合同于条件成就时生效（而非溯及既往地生效）；若条件不成就，则合同一直不生效。解除条件是指在条件成就时合同效力消灭的条件。当合同附解除条件时，若条件成就，则合同效力自始消灭（具有溯及力）；若条件不成就，则合同一直处于有效状态。

所谓附条件，是指当事人以将来确定发生的事实来决定合同效力的发生或消灭，而附期限合同则是指合同当事人将期限届至与否作为合同效力发生或消灭依据的合同。所附期限的核心在于其是将来客观上确定发生的事实。这也是期限与条件的主要区别，条件的核心在于其是将来客观上不确定的事实，即条件的成就具有或然性，而期限则是将来确定要发生的事实，即期限的到来具有必然性。期限的发生虽然是确定的，但何时发生既可以是确定的，也可以是不确定的。例如，期限既可以是某年某月某日之确定期限，也可以是某人死亡之日或下雨之日等虽然将来必定发生但发生时间尚不确定的不确定期限。与条件的分类相似，期限也可以分为生效期限与终止期限两类。生效期限，又称始期，是指当其届至时合同即发生效力的期限，其与生效条件相当。若合同附生效期限时，当期限届至，则合同于期限届至时生效（而非溯及既往地生效），而在期限届至之前，合同则一直尚未发生效力。终止期限，又称终期，是指当期限届满时合同即丧失效力的期限，其与解除条件相当。若合同附终止期限时，当期限届满时，则合同于期限届满时丧失效力，而在期限届满之前，合同则一直处于有效状态。

（二）期权合同与附条件合同、附期限合同比较分析

1. 期权合同与附期限合同

由于期限是将来确定发生的事实，本书先行分析期权合同是否属于附期限合同。主张期权合同属于附期限的民事合同的一种观点认为，股票期权产生的基础是授权协议，其基础法律关系为股票买卖契约关系，当经理人员在等待期届满对公司作出行权表示时，在公司和经理人员之间并没有产生一种新的权利义务关系或使已经存在的权利义务关系发生变动，他们之间的股票买卖关系在授权协议生效时即已成立，只是附了一定的限期（等待期）而暂时没有生效，应属附期限的民事合同。[①] 尽管该观点是针对股票期权（经营者股票期权）而言的，但股票期权也是期权，授权协议也是一种期权合同。固然股票期权是基于授权协议产生，但其基础法律关系却并非是股票买卖契约关系。授权协议是独立于股票买卖契约之外的协议，授权协议中虽然包含股票买卖契约的内容，但股票买卖契约并非于“授权协议生效时即已成立”，股票买卖契约的成立与生效而是取决于享有股票期权的经理人员是否作出行权表示。如果经理人员不作出行权表示，既使已经到了行权期间，股票买卖契约也不可能成立生效。然而，附期限的民事合同只要所附的生效期限届至，其就自动生效（无其他特别约定）而无须当事人再另行发出生效通知。更为关键的是，附期限民事合同中所附的期限是将来确定发生的事实，但经理人员将来是否会行使期权却并不确定，所以，股票买卖契约不可能是附期限合同。在授权协议中，经理人员获得在一定期间后才能行使的股票期权，然而并不能因存在此行权的期间而将授权协议作为附期限合同。授权协议于双方当事

① 张士光：《股票期权制度研究》，西南政法大学 2002 届硕士学位论文，第 9 页。

人意思一致时就已经成立生效，经理人员正是基于有效的授权协议才获得股票期权，授权协议中所规定的期间只是对股票期权行权的限制而非对授权协议效力本身的限制，而附期限则是对合同效力本身的限制，因此，授权协议也不可能是附期限合同。此外，“当经理人员在等待期届满对公司做出行权表示时”，“在公司和经理人员之间”并非“没有产生一种新的权利义务关系或使已经存在的权利义务关系发生变动”，恰恰相反，正是由于经理人员的行权而导致在公司与经理人员之间形成一种全新的权利义务关系，即股票买卖契约关系，如果经理人员不行权，公司与经理人员之间就不可能存在股票买卖契约这种全新的权利义务关系。

主张期权合同属于附期限的民事合同的另一种观点认为，认股期权合同是附期限的股份买卖合同，这里的期限就是“期权期间”。其还进一步认为，如果从合同规定的股份买卖发生效力的角度看，也可以将认股期权合同视为一种附始期的民事法律行为，认股期权合同虽然于公司收到认股期权人的承诺即成立，认股期权人也因此享有了认股期权，但并不等于认股期权人可以立即行使认股期权，而是要至行权日方可行使这一权利。[①] 首先，该观点错误地认为认股期权合同是股份买卖合同。正如前文所论述的，期权合同不是物的买卖合同，也不是权利买卖合同，其只是双方当事人为创设期权而共同达成的协议。该观点显然是将认股期权合同与认股期权人行使期权所形成的股份买卖合同混淆起来。认股期权合同的成立与生效只是使一方当事人享有认股期权，而并不能导致股份买卖合同的成立与生效，后者取决于认股期权人是否行使认股期权。其次，该观点错误地将认股期权合同视为一种附始期的民事法律行为。假设该观点此主张正确，则认股期权合同既然属于一种附始期的民事法律行为，那么在始期届至之前，认股期权合同显然不应发生效力。如果认股期权合同在始期届至之前尚未发生效力，则其只是成立，因此当事人无法依据仅是成立而尚未生效的认股期权合同取得认股期权的。然而，该观点随后认为，“认股期权合同虽然于公司收到认股期权人的承诺即成立，认股期权人也因此享有了认股期权”，即认股期权人仅依成立的认股期权合同便可享有认股期权，这显然与其自己前面主张的观点所推出的结论是自相矛盾的。最后，该观点错误地认为认股期权合同是附期限的股份买卖合同。根据该观点，股份买卖合同所附的期限就是“期权期间”，而“期权期间”则是指成

---

① 周友苏、罗华兰：《认股期权制度研究》，载《社会科学研究》2003 年第 1 期。

立日（公司给予权利人的认股期权并被权利人接受的日期）至行权日（认股期权人行使认股期权权利的日期）的时间。[①]假设认股期权合同是附期限的股份买卖合同，则该股份买卖合同在所附期限届至时就应自动发生效力。在现实中，股份买卖合同确实是在行权日（该观点所谓的期限届至时）发生效力，但这是否就意味着股份买卖合同为附期限合同呢？这就需要分析是什么原因导致股份买卖合同发生效力，是期限届至呢，还是另有其他原因。我们可以发现，如果认股期权人不行使认股期权，即使到了行权日期，认股期权人与公司之间也不会发生股份买卖合同。这就表明股份买卖合同发生效力的真正原因是认股期权人行使认股期权，而非行权日的届至，股份买卖合同在行权日生效只是因为认股期权人选择在该日期行使认股期权而已。此外，倘若认股期权合同为附期限的股份买卖合同，鉴于期限是将来确定发生的事实，则该股份买卖合同必然将发生效力。然而事实情况并非如此，如果在行权日期内公司股票价格一直低于认购价格（执行价格），则认股期权人则不会行使认股期权去认购公司股票，而会选择让认股期权过期作废，这样股份买卖合同在认股期权人与公司就将无从发生。由此可见，认股期权合同并非附期限的股份买卖合同。

2. 期权合同与附条件合同

既然期权合同不属于附期限合同，那么期权合同又是否属于附条件合同呢？主张期权合同属于附条件合同的一种观点认为，“股票授予协议是附条件的赠与合同”。该观点还进一步认为，“在授权的双方签订授权协议时，该合同合法成立。如果所附条件还没有得到满足（即经理人员持续受聘和完成约定的业绩等目标没有完成），则合同只是成立，并未生效。待条件成立时合同生效。……一旦被授予人满足合同中约定的条件，实质性的付出努力或者达到了约定的业绩标准，就视为条件已经满足，合同自然生效。如果被授予人没有按照约定满足授予协议的条件，则公司有权撤回或者撤销赠与。”[②]笔者认为，判断一个期权合同是否属于附条件合同关键在于合同当事人是否约定对合同附加了条件。如果当事人在股票授予协议中明确规定经理人员完成约定的业绩作为合同生效的条件，自然此时股票授予协议属于附条件合同。如果经理人员没有按照约定满足授予协议的条件，

---

① 周友苏、罗华兰：《认股期权制度研究》，载《社会科学研究》2003 年第 1 期。

② 朱红瑛：《股票期权制度法律问题研究》，上海海事大学 2005 届硕士学位论文，第 23 页。

此时股票授予协议并未生效，经理人员将无从取得股票期权，也不会发生该观点所言的“公司有权撤回或者撤销赠与”现象。现实中，当事人往往并未在股票授予协议中规定特别的生效条件，而是规定了经理人员行使股票期权的等待期（自授予日至可以行使股票期权的行权日的期间），[①] 此时股票授予协议并不是附条件合同，其只是对股票期权的行使在时间上进行了限制。可见，股票授予协议并不都是附条件合同，期权合同自然也不都属于附条件合同。此外，根据我国《合同法》第 185 条的规定：“赠与合同是赠与人将自己的财产无偿给予受赠人，受赠人表示接受赠与的合同”，可见，赠与人无偿赠与的必须是“自己的财产”。然而，股票期权虽属于财产权，可以成为财产的一种，但股票期权却并不是公司“自己的财产”，因此，股票授予协议并不是该观点所言的“赠与合同”，只是因为其具有“无偿性”而与赠与合同相似而已。

能否将期权合同视为附有生效条件的标的资产买卖合同呢？例如，股票期权授予协议规定了当事人买卖股票的价格、数量等具体内容，但该股票买卖的生效却取决于股票期权人的行权，而行权则又取决于股票期权人的自主意思，显然具有不确定性，那么，能否以此将股票期权授予协议本身视为附条件的买卖合同呢？笔者认为不应将期权合同视为附条件的标的资产买卖合同。假设股票期权授予协议为附生效条件的股票买卖合同，则股票期权授予协议在条件成就前自然未生效，然而这就出现了一个问题，即股票期权人所享有的股票期权从何而来？其依何有效取得的股票期权？其若是依据股票期权授予协议取得的，但股票期权授予协议仅是成立并未生效，而尚未生效的股票期权授予协议又怎么能有效地授予股票期权呢？显然这是一个悖论，股票期权授予协议不可能是附生效条件的股票买卖合同。那么，又能否将期权合同视为一个独立生效的合同而将标的资产买卖合同视为一个附生效条件的合同呢？假设标的资产买卖合同为附生效条件的合同，显然标的资产的买卖合同已经成立，只是所附生效条件尚未成就而未生效而已，而已成立的合同对当事人是具有约束力的，其可产生先合同义务与缔约过失责任。然而，事实情况是，在期权合同买方行使期权之前，标的资产的买卖合同根本就未成立，双方当事人自然也不受其约束。因此，标的资产的买卖合同也不是附条件

---

① 参见卢岩熠：《股票期权的法律性质与法律调整》，中国农业大学 2005 届硕士学位论文，第 9 页；任丽明：《股票期权激励制度法律研究》，中国政法大学 2002 届硕士学位论文，第 5 页。

合同，因为在行使期权之前，其根本就未成立。退一步讲，既使标的资产买卖合同为附条件合同，也只是其为附条件合同，并不必然导致期权合同也为附条件合同，因为二者是两个相互独立的合同。

此处需要注意的是，笔者只是认为，就一般情况而言，期权合同不是附期限合同、附条件合同，并不是说其不可能为附期限合同、附条件合同。如果当事人对期权合同效力作出了特别约定，附加了期限或条件，期权合同自然也可以成为附期限合同或附条件合同。期权合同一般均未附加期限或条件，而在其成立后自动生效。标的资产的买卖合同虽然在一定期限后生效，但这并不意味着其是附期限合同，因为附期限合同是必然生效的，而标的资产的买卖合同的效力取决于期权合同买方是否行使期权，并不一定生效。期权的行使虽然是标的资产的买卖合同赖以生效的条件，但这并不使标的资产的买卖合同成为附条件合同，因为，标的资产的买卖合同中并没有对其自身的效力约定特别的生效条件，况且期权是期权合同买方从期权合同中取得的权利，与标的资产的买卖合同无关。再者讲，即使标的资产的买卖合同为附期限合同或附条件合同，其也不会影响期权合同的性质，因为期权合同与标的资产的买卖合同是两个相互独立的合同，彼此均无法决定对方的合同性质。由上论述可知，期权合同既不是附期限合同，也不是附条件合同。

四、期权合同与预约

有的观点虽然指出选择权契约（期权合同）与预约存在重要差异，但其认为选择权契约具有与预约类似的功能，当事人取得选择权后，一旦行使此选择权，当事人间又成立另外一个买卖契约，此契约的内容，特别是标的物（某股某数量股票）、价金（约定的执行价格），与权利行使的时点，在前述选择权契约中即已确定。① 有的观点虽未明确指出期权合同属于预约，但其认为，经理人员的行权通知，只能产生使股票买卖预约合同真实成立的作用，并不能导致任何权利义务关系的“发生、变更或消灭”，② 显然其也是认为股票期权授予协议属于股票买卖合同的预约的。那么，期权合同究竟是否属于预约呢？二者又

① 参见陈自强：《民法讲义 I——契约之成立与生效》，法律出版社 2002 年版，第 94 页。

② 参见颜延、张文贤：《我国推行股票期权制度的法律问题》，载《中国法学》2001 年第 3 期。

有哪些不同及相似之处呢？本书先介绍预约的定义与特征，然后再对二者进行比较分析。

（一）预约定义及特征

顾名思义，预约是指预先约定的契约，而该“预先约定”是相对于“事后约定”的本约而言的。按照学理通说，预约是指将来订立一定契约之契约，[①] 而本约则是指预约当事人履行预约而将订立的契约。预约与本约是相对应的称呼，没有预约也就没有本约，没有本约也就无所谓预约。然而，这并不是讲任何合同都必须有预约。例如，当事人根本就未订立预约，而是达成了直接规定当事人之间的具体权利义务的合同，当事人就可以直接依据该合同主张权利和履行义务，自然该合同就无预约，其也不应被称为本约。因为只有有预约的合同才能被称为本约，当事人直接订立的具有具体权利义务内容的合同因不是基于预约而订立的，则其不应称为本约。

当事人并不是为预约本身而订立预约，其订立预约的目的是按照预约订立本约。那么，当事人为何不直接订立本约，又何必多此一举而订立预约呢？当事人之所以不直接订立本约，多是因为缔结本约尚不可能，如法律条件或事实条件不成熟，或者当事人出于其他方面的自身原因的考虑，然而当事人又恐订约机会擦肩而过，因而先行确立含有订立本约的具有约束力的法律关系，以确保本约的订立。可见，预约是本约订立的前奏，当事人是为了订立本约才订立预约的。然而，应当注意的是，本约与预约并不是包容关系，即预约并不属于本约订立过程的一个部分，而是独立于本约之外的一个合同。二者也不是主从关系（主合同与从合同），因为预约成立生效时，本约根本就不存在，所以预约是能够在本约之外独立存在的，预约的效力也是独立于本约的效力的，即使本约无效，一般也不影响预约的效力。

预约的效力主要体现为当事人负有订立本约的义务。至于该义务的具体内容，目前理论界主要有两种观点。一种观点认为，当事人之间一旦缔结预约，双方就

---

① 参见史尚宽：《债法总论》，中国政法大学出版社 2000 年版，第 13 页；王泽鉴：《王泽鉴法学全集·第十卷——民法概要》，中国政法大学出版社 2003 年版，第 328 页；林诚二：《民法债编总论——体系化解说》，中国人民大学出版社 2003 年版，第 46 页；黄立：《民法债编总论》，元照出版有限公司 2000 年版，第 48 页；崔建远主编：《合同法》（第 3 版），法律出版社 2003 年版，第 31 页。

负有在未来某个时间为达成本约而进行磋商的义务，但当事人也仅负有磋商的义务，只要当事人为缔结本约进行了磋商就履行了预约的义务，是否最终缔结本约则非其所问，该观点被称为“必须磋商说”；另一种观点则与之相反，其认为当事人仅仅为缔结本约而磋商是不够的，还必须达成本约，否则预约毫无意义，而且还容易诱发恶意缔约的道德风险，该观点被称为“必须缔约说”。[①] 笔者赞同“必须磋商说”。首先，将预约当事人的义务确定为谈判磋商义务更符合预约的本意。如果采用“必须缔约说”，则预约当事人最终必定缔结本约，实际上也就是当事人缔结了预约也就相当于缔结了本约（尽管本约的内容可能相对于预约有所扩展）。然而，现实情况却是，当事人在缔结预约时并不一定想缔结本约（比如个人出于时间、机遇等方面的考虑而主观上只愿订立预约），因为其若是想缔结本约，其根本无须缔结预约，而订立一个附期限或附条件的合同就可以了。“必须缔约说”显然有可能违背当事人缔结预约的原意，而“必须磋商说”更为符合当事人缔结预约的本意，其只是为缔结本约作准备，使双方负有义务通过谈判磋商订立合同，至于是否能缔结本约则取决于当事人谈判磋商的结果。其次，预约的内容也显示当事人负有谈判磋商的义务。预约一般不具有本约的全面性、实质性内容，当事人为缔结本约还得在预约的基础上继续进行谈判磋商。若采用“必须缔约说”，则当事人在谈判磋商后必须缔结本约。然而，当事人在谈判磋商中未达成一致又怎么办？此时当事人又如何“必须缔约”？“必须缔约说”显然无法解决这些问题。有的观点采取了折中说，主张预约依其是否具备未来本约的主要条款为标准分别具有不同的效力，具体地说，若预约包含本约的主要条款，则采用“必须缔约说”；若不包含本约的主要条款，即当事人之间对本约主要内容还没有形成明确的共识，则采用“必须磋商说”。[②] 如果预约已经对未来本约的内容作了全面性的明确规定，已无将来再另行订立本约之必要，笔者认为此时与其对其采用“必须缔约说”，还不如将其认为是当事人直接订立的合同。因为当事人的约定是否为预约不是以当事人是否使用预约的字眼为唯一判断的依据，而是契约解释的问

① 参见韩强：《论预约的效力与形态》，载《华东政法学院学报》2003 年第 1 期；张玲、郭佳宁：《预约法律问题探析》，载《甘肃政法成人教育学院学报》2005 年第 1 期；张燕玲、白帮武：《预约合同相关问题探讨》，载《山东社会科学》2005 年第 2 期。

② 参见韩强：《论预约的效力与形态》，载《华东政法学院学报》2003 年第 1 期。

题。[①] 若当事人双方已就本约中的主要条款，如标的物的数量、价格等，达成一致，甚至本约的其他相关内容也已明确详细地规定于合同之中，则该合同纵然有“预约”字眼，其也不应被认为是预约，而应被认为是当事人直接订立的合同。最后，主张预约当事人负有谈判磋商义务更符合合同自由原则。合同毕竟是当事人意思自治的产物，合同的订立应当充分尊重当事人的自主意思。若采用“必须缔约说”，则当事人在谈判磋商而不能达成一致意见后仍得缔结本约，这显然有悖于合同自由原则。相反，“必须磋商说”则比较符合合同自由原则，充分体现了对当事人自主意思的尊重。

预约效力的另一个主要体现就是违反预约的法律责任。由于预约在本质上属于合同，自然违反预约所承担的法律责任属于违约责任，而违约责任又主要有实际履行、损害赔偿等具体形式。对于违反预约的法律责任是否应包括实际履行，目前法学界主要有两种观点。一种观点认为，预约虽然仅使当事人负有订立本约的义务，但也是一种契约。如果预约的一方当事人不履行其订立本约的义务，则另一方有权请求法院强制其履行义务及承担违约责任。[②] 另一种观点则认为，如果因一方当事人违反预约而导致本约不能订立，若按照实际履行的要求，违约当事人则必须得按照预约规定的义务订立本约，但这样将使预约最终产生与本约相同的结果，违反法律限制某些契约成立的初衷，也有悖于意思自治原则。[③] 笔者赞同第二种观点，违反预约的法律责任不应当采取实际履行的形式。上述两种观点均是在“必须缔约说”范围内讨论的，由此才能得出实际履行必将导致缔约的结论。笔者认为，在预约当事人仅负有谈判磋商义务时，违反预约的法律责任形式也不应采取实际履行。因为谈判磋商本就应基于当事人自愿、诚意，只有这样

---

① 参见陈自强：《民法讲义Ⅰ——契约之成立与生效》，法律出版社2002年版，第88页。

② 参见王利明、崔建远：《合同法新论·总则》，中国政法大学出版社2000年修订版，第48页。相似观点还可参见石晓莉、毛建军：《预约合同制度探究》，载《四川师范大学学报》(社会科学版)2006年第4期。

③ 参见王新、秦芳华：《论预约及其责任》，载《律师世界》1998年第4期。相似观点还可参见刘俊臣：《合同预约若干法律问题初探》，载《法律适用》2002年第4期；黄正江：《合同预约研究》，载《广西政法管理干部学院学报》2002年第8期；陈玉祥：《论预约》，载《盐城工学院学报》(社会科学版)2004年第1期；张燕玲、白帮武：《预约合同相关问题探讨》，载《山东社会科学》2005年第2期；张玲、郭佳宁：《预约法律问题探析》，载《甘肃政法成人教育学院学报》2005年第1期；裴慧敏：《试论预约合同基本问题》，载《前沿》2005年第4期。

当事人才能真正地达成合意而缔结本约，如果强制当事人进行谈判磋商，其结果自然可想而知。

与其他合同相比而言，预约最重要的特征就是其乃以订立另外一项合同为标的的合同。[①] 在一般合同中，当事人之间存在实体上的权利义务，比如一方当事人有权要求另一方当事人交付货物或提供劳务等，而另一方当事人也有权要求对方支付价金或其他对价等。然而，在预约中，当事人之间不存在实体上的权利义务关系，而仅存在订立本约的权利义务关系。依预约的约定而享有请求他方订立本约的权利的当事人为预约权利人，而负有与他方订立本约的义务的当事人则为预约义务人。其中，双方当事人均得请求他方订立本约的预约为双务预约，而仅一方当事人有请求订立本约权利的预约则为单务预约。然而，预约权利人仅享有请求对方履行订立本约义务的权利，而无权直接请求对方按照预约中所含有的本约的具体内容履行义务。同样，预约义务人也仅负有与对方订立本约的义务，其并无履行预约中所含有的本约的具体内容的义务。可见，预约虽然可能存在包含本约的具体内容的条款，比如本约中标的物的数量、价格等，但其只是作为将来订立本约的依据，并不能据此认定本约已经成立，自然也不能要求当事人按照此类条款履行义务，而当事人所负有的仅是订立包含此类条款本约的义务。如果预约权利人能直接请求预约义务人按照预约中所含有的本约的内容履行义务，则该“预约”也就不是真正的预约了，而应属于当事人直接订立的合同，因为预约中当事人的义务本就是订立本约，而非其他。

（二）期权合同与预约比较分析

期权合同与预约存在一定程度上的相似之处。在时间上，本约产生于预约之后，标的资产的买卖合同也是产生于期权合同之后。在内容上，预约规定了本约的相关内容，期权合同中也规定了将来可能产生的标的资产买卖合同的内容。在当事人权利义务上，预约当事人不能直接请求对方按照预约中所含有的本约的具体内容履行义务，期权合同当事人也无权直接请求对方按照标的资产买卖合同的具体内容履行义务。在效力关系上，预约是独立于本约之外的合同，其效力不受

---

① 参见韩强：《论预约的效力与形态》，载《华东政法学院学报》2003 年第 1 期；张燕玲、白帮武：《预约合同相关问题探讨》，载《山东社会科学》2005 年第 2 期。

本约的影响，期权合同也是在标的资产买卖合同之外的一个独立的合同，其效力也不受标的资产买卖合同的影响。此外，在采纳“必须缔约说”和实际履行责任形式的前提下，单务预约中的预约权利人只要行使其订立本约的权利，本约就必然能缔结，这也与期权权利人行使期权而产生标的资产的买卖合同非常相似。尽管期权合同与预约在很多方面颇为相似，但期权合同与预约还是存在本质上的不同，主要体现在以下几个方面。

首先，预约所产生的仅是订立本约的请求权，而期权合同产生的则是属于形成权的期权。请求权乃要求特定人为特定行为（作为、不作为）之权利。[①] 可见，预约权利人在行使其预约中的权利时得请求预约义务人订立本约，即其在行使订立本约的请求权时必须得有预约义务人的参与，其个人无法单独完成。然而，形成权权利人在行使权利时并不需要形成权相对人的参与。[②] 形成权赋予了权利人一种单方面的形成权力，使权利人有权以单方意思使自己与他人或他人与他人之间的法律关系发生变动。尽管形成权相对人没有通过法律行为参与这种法律关系的变动之中，但其必须接受形成权权利人作出的决定，即必须接受形成权权利人自己法律地位的变更，受变动后的法律关系的约束。[③] 因此，期权权利人在行使期权时，无须期权相对人的参与，期权权利人以自己的单方意思就可使标的资产的买卖合同成立生效。由于预约所产生的仅是订立本约的请求权，其行使必须有预约义务人的参与，所以此时本约仍是在双方意思表示一致的基础上而成立生效的。既使在采纳“必须缔约说”和实际履行责任形式的前提下，订立本约的请求权虽可以强制履行，但该强制履行也是由法院命令预约义务人为订立本约的意思表示，或在其仍不为意思表示的情况下，视同自判决确定时已为意思表示。[④] 这表明即使预约中订立本约的请求权可以强制履行，本约的订立也是建立在双方当事人意思表示一致的基础上，而非仅预约权利人单方意思表示就可以使本约成立生效。然而，期权合同所产生的期权属于形成权，期权权利人行使期权无须期权相对人的参与，其以自己单方意思表示就可以使标的资产

① 参见王泽鉴:《王泽鉴法学全集·第十卷——民法概要》,中国政法大学出版社 2003 年版,第 41 页;［德］迪特尔・梅迪库斯 :《德国民法总论》，邵建东译，法律出版社 2000 年版，第 67 页。

② 参见［德］迪特尔・梅迪库斯 :《德国民法总论》，邵建东译，法律出版社 2000 年版，第 74 页。

③ 参见［德］迪特尔・梅迪库斯 :《德国民法总论》，邵建东译，法律出版社 2000 年版，第 75 页。

④ 参见王泽鉴:《王泽鉴法学全集·第十卷——民法概要》,中国政法大学出版社2003 年版,第329页。

的买卖合同以预定的内容成立生效。由上可见，预约与期权合同各自所产生权利的性质不同，而正是由于权利性质的不同，当事人在行使权利而进一步订立合同的独立性也不同。

其次，预约中当事人的义务是订立本约，其目的是为了将来成立本约，而期权合同中当事人的义务是支付期权权利金与赋予期权，其目的并不是为了在将来成立标的资产的买卖合同，而是一方取得期权，另一方取得期权权利金。如前所言，当事人并不是为预约本身而订立预约，其订立预约的目的是按照预约订立本约。自然，当事人在预约中的主要义务就是通过谈判磋商以订立本约。此外，预约中一般不涉及一方向另一方支付价金的义务，若存在支付价金的情形，所支付的金额一般作为定金处理。例如，《澳门民法典》第 435 条明确规定，在买卖的预约中，预约买受人向预约出卖人交付的全部金额推定为定金，而且，即使这些给付是以提前履行或首期价金的名义给付的,亦不影响其作为定金的推定。[①]然而，期权合同的目的并不是为了将来订立标的资产的买卖合同，当事人的义务也不是通过谈判磋商以订立标的资产的买卖合同。期权合同卖方订立合同的目的是取得期权权利金，其为此就负有赋予期权合同买方期权的义务，而期权合同买方订立合同的目的则是取得期权，其为此也就负有向期权合同卖方支付期权权利金的义务。尽管期权合同买方取得的期权是一种在特定期间向期权合同卖方按特定价格购买或出售特定数量标的资产的权利，但购买或出售标的资产本身并不是期权合同买方的目的，其目的在于获得这种购买或出售的权利，使其在特定期间有权自由决定究竟是购买还是不购买或者是出售还是不出售。由此可见，预约与期权合同的目的存在根本的不同，而目的的不同也导致当事人合同义务的迥异。

最后，预约的违约责任形式一般是排除实际履行的，而期权合同的违约责任形式一般并不排除实际履行。预约中当事人的义务是订立本约，而本约的成立生效必是建立在当事人意思表示一致的基础上。如果预约的违约责任采取实际履行形式，则法官的判决将拟制违约当事人的意思表示，即法官将替代当事人决定是否缔约以及所将订立的本约的内容为何。这显然是违背言论自由与契

---

① 中国政法大学澳门研究中心、澳门政府法律翻译办公室编：《澳门民法典》，中国政法大学出版社 1999 年版，第 111 页。

约自由的，意思表示具有极强的人身性，当事人意思表示的自由是不可替代（既使是代理，代理人的意思表示仍然是代理人的，而不能成为本人的意思表示，只不过是代理人意思表示的法律效果可以归属于本人而已，且这种效果归属还是经本人意思表示所认可的）、强制和剥夺的。若预约义务人不愿意作出订立本约的意思表示，法律就不应强制其作出同意的意思表示或拟制其同意的意思表示，而应当采取其他责任形式以追究预约义务人的违约责任。期权合同中当事人的义务是支付期权权利金与赋予期权，而这两类义务是可以实际履行的。如果期权合同买方取得期权后拒绝向期权合同卖方支付期权权利金，期权合同卖方显然可以请求法院强制期权合同买方履行支付期权权利金的义务。同样，如果期权合同卖方取得期权权利金后拒绝赋予期权合同买方期权，期权合同买方自然也可以请求法院强制期权合同卖方履行赋予期权的义务，以取得以期权合同卖方为相对人的期权，使期权合同卖方受到期权的约束。当然，期权合同的违约责任也不排除损害赔偿等其他责任形式。由上可知，预约与期权合同的违约责任形式也存在差异。

五、期权合同与证券

尽管有不少观点认为期权合同是一种合同，[①]但也有一些观点认为期权合同是一种证券。[②]那么，期权合同属于证券吗？若不属于，二者又有什么联系和区别呢？在对期权合同与证券进行比较分析之前，本书先介绍证券的概念及特征，只有明确了什么是证券，才能有助于我们更好地判断期权合同是否为证券。

---

① See John C. Hull, *Options, Futures, and Other Derivatives* (6th Edition), Pearson Prentice Hall 2006, pp.183, 187; Alastair Hudson, *The Law on Financial Derivatives* (3rd Edition), Sweet & Maxwell 2002, pp.13, 214-217; John F. Marshall, *Futures and Option Contracting*, South-Western Publishing Co. 1989, pp.7, 28-29;[美]唐·M. 钱斯:《衍生金融工具与风险管理》，郑磊译，中信出版社 2004 年版，第 3 页。

② 参见[美]罗伯特·A. 斯特朗:《衍生产品概论》，王振山等译，东北财经大学出版社 2005 年版，第 3 页;[美]约瑟夫·A. 沃克:《期权市场运作》，王微等译，清华大学出版社 1998 年版，第 2 页;[英]约翰·伊特韦尔、[美]默里·米尔盖特、[美]彼得·纽曼编:《新帕尔格雷夫经济学大辞典》(第三卷:K—P)，经济科学出版社 1992 年版，第 798 页、第 804 页。

（一）证券定义及特征

有人曾这样说过："下列事物的共同性是什么？苏格兰威士忌，自行改善的跑道，化妆品，蚯蚓，河狸，麝鼠，兔子，灰鼠，渔船，真空吸尘器，一小块墓地，牛胚胎，灌制原版唱片合同，动物饲养计划，诉讼共同基金，和果树。答案是它们都被判决认定为联邦证券法意义上的证券。"[①] 可见，"证券"一词的定义可有非常宽泛的外延。虽然"证券"一词的含义随着时代的进步而不断丰富和扩展，但证券一般是指以证明或设定权利为目的所作成的凭证，即证明持券人拥有某种特定权利的凭证。[②] 证券本身并非权利，其只是为证明或设定权利而存在的。权利是证券的实质性内容，证券是权利的载体形式，是权利的证明和表征。

广义的证券包括金额证券、资格证券、证据证券及有价证券，而有价证券又可分为物权性财产证券、货币证券和资本证券，[③] 但我们通常所说的证券则是指证券法规定的有价证券，本书也是取此含义。各国证券法对证券范围的规定不尽相同。美国证券法中所规定的证券的范围最为广泛。美国《1933 年证券法》第 2（a）（1）条规定："'证券'一词，系指任何票据、股票、国库券、security future、债券、无抵押债券、债权凭证、利益证明或参与某种利益分配协议的证明、担保信托凭证、公司组建前证明或认股权证、可转让股份、投资合同、股权信托证书、证券提存证书、石油、天然气或其他矿产开采权未分配部分的权益、任何证券、存款证明、证券组合或证券指数（包括其中任何利益或以其价值为基础）的卖权（put）、买权（call）、双向期权（straddle）、期权（option）、特权（privilege）或者在全国性证券交易所内与外汇有关的卖权（put）、买权（call）、双向期权（straddle）、期权（option）、特权（privilege）、一般还包括通常被认为是'证券'的任何权益、凭证、或者任何权益证明、任何参与收取、保证、担保、订购、购买任何上述内容的临时性、中介性的证明。"[④] 显然，美国证券法证券的范围是包括以证券、证

---

① ［美］托马斯·李·哈森：《证券法》，张学安等译，中国政法大学出版社 2003 年版，第 23 页。

② 参见王志华：《中国近代证券法》，北京大学出版社 2005 年版，第 4 页；谢怀栻：《票据法概论》，法律出版社 1990 年版，第 2 页；杨志华：《证券法律制度研究》，中国政法大学出版社 1995 年版，第 1~2 页。

③ 参见王宇、黎莉、刘芙、张敬春：《证券法律制度研究》，东北大学出版社 2003 年版，第 1~2 页。

④ See *Securities Act of 1933* Section 2（a）（1）. This document is available at the website：https：//sec.report/Form/Securities-Act-of-1933.pdf.

券指数或外汇为标的资产的期权合同。

我国 2019 年修订的《证券法》第 2 条规定："在中华人民共和国境内，股票、公司债券、存托凭证和国务院依法认定的其他证券的发行和交易，适用本法；本法未规定的，适用《中华人民共和国公司法》和其他法律、行政法规的规定。政府债券、证券投资基金份额的上市交易，适用本法；其他法律、行政法规另有规定的，适用其规定。资产支持证券、资产管理产品发行、交易的管理办法，由国务院依照本法的原则规定。在中华人民共和国境外的证券发行和交易活动，扰乱中华人民共和国境内市场秩序，损害境内投资者合法权益的，依照本法有关规定处理并追究法律责任。"可见，我国证券法并未对"证券"进行明确定义，只是规定了证券法的适用范围。证券法调整的"证券"包括股票、公司债券、存托凭证、上市交易的政府债券、证券投资基金份额、资产支持证券、资产管理产品和国务院依法认定的其他证券，并未明确包括期权合同，只是国务院依法认定的其他证券存在包含相关期权合同的可能性。

尽管各国证券法对"证券"的定义不尽一致，但还是可以总结出证券的一般特征。首先，证券具有权利性，是一种权利凭证。证券本就是为证明或设定权利而作成的书面凭证，其载明证券权利人所享有的特定权利，直接体现权利人的物质利益。证券与其所证明或设立的权利是一体的，密不可分的，证券是权利的载体形式，而权利则是证券的本质内容。证券权利人欲行使其证券上的权利，其必须得持有证券，否则其无法行使。证券的转让、赠与、抵押、被继承等必将引起证券上所载明权利的转移与变动。

其次，证券具有要式性，是一种要式凭证。证券是当事人为法定目的而依法律规定的条件作成的，因此证券的形式必须符合法律对其的规定。例如，证券的格式、证券的券面记载内容、证券的印刷方式等均应符合法律要求。此外，证券必须采用书面形式或法律规定的其他形式表现出来。

再次，证券具有收益性和风险性。证券既然是证明或创设一定权利的凭证，自然其所载明的权利可以为证券持有人带来收益。例如，股东既可以从公司领取股息或红利，也可以在股票市场上将股票转让而获取差价收入。然而，证券同时也具有风险性。因为，证券虽然体现着权利人特定的利益，但证券毕竟是资本的一种虚拟形式，其并不在生产过程中发挥直接作用，即证券价格的升高并不意味着社会财富的真正增长。证券必须通过生产过程中实物资源的有效配置和使用才能实现社会财富的增长，才能使自己内在的价格得以增长。正是由于证券的这种虚拟性，一旦经营者或市场发生不利变动，证券就可能达不到预期收益，从而给权利人带来重大损失。例如，股东就面临着股票价格暴跌为零的风险，而债券权利人也面临着债务人破产而本息难收的风险。

最后，证券是一种流通凭证，具有流动性、可转让性、变现性。证券的流动性是证券的本质法律特征之一，证券若不具有流动性，其也就不为证券了。此外，证券的流动性也是证券的生命力所在。各国法律均承认证券的流动性，允许权利人转让其所持有的证券。证券权利人也只有在证券市场将证券转让，其才能使自己对证券的预期收益变为现实。

（二）期权合同与证券比较分析

期权合同，尤其是场内期权合同，与证券存在很多相似之处。场内期权合同均是标准化的，证券也是标准化的。场内期权合同具有流动性，当事人可以自由转让其所订立的期权合同，证券也具有流动性，证券权利人可自由转让其所持有的证券。期权合同的买方需要支付一定数额的期权权利金，证券的买方也需要支付一定的价金。期权合同买方通过期权合同取得了期权，证券买方也通过证券取得了一定的权利。尽管如此，笔者认为，期权合同并不是证券，期权合同与证券仍存在本质的不同。

首先，期权合同归根到底毕竟是一种合同，而证券并不是一种合同，其仅是一种证明或设定权利的凭证。场内期权合同虽然高度标准化，但其只是为了方便当事人订立和转让期权合同，降低交易成本，并不意味着期权合同变成了证券。期权合同仍然是基于买卖双方当事人的合意而订立的，缺少任何一方当事人的意思表示都不可能成立期权合同。证券本身并不是合同，其只是为证明或设立权利而存在的。证券本身的作成并不需要双方当事人的合意，只是证券交易（买卖证券）才需要双方当事人的合意。例如，股票本身只是表明股东对公司享有股权，并不是股东与公司之间的合同，而仅仅是股东享有股权的证明。公司发行（作成）股票时并不需要取得市场上股票投资者的同意，只是在股票交易中，二者才需要就股票买卖合同达成合意。

也许有人会讲，美国证券法还不是一样将"投资合同"（investment contract）与期权（option）归属于证券？这又应如何解释呢？美国联邦最高法院在证券交易委员会诉豪易公司案中对“投资合同”（investment contract）作了精辟的阐述。美国联邦最高法院认为，证券法中的投资合同是指当事人将钱投资到一项共同事业并期望完全依赖发起人或者其他人的努力来赢利的一项合同、交易或计划（an investment contract for purposes of the Securities Act means a contract，transaction or scheme whereby a person invests his money in a common enterprise and is led to expect profits solely from the efforts of the promoter or a third party）。美国联邦最高法院采用了重经济现实轻法律术语、重内容轻形式的分析方法下此定义，亦即只要投资者的投资所产生的经济现实与证券一致，其就应归属于证券，而无论投资者在这项共同事业中的份额是用一张正式的证书来表示还是采取简单记账方式予以记录，或者是以合同的形式存在。[①] 可见，美国证券法主要是从经济效果的角度而将投资合同归属于证券，而并非按严格的法律术语推演的。因此，美国证券法将“投资合同”（investment contract）与期权（option）归属于证券并不意味着二者在法律本质上就属于证券。

其次，期权合同中不仅包含着当事人的权利，同时也包含着当事人的义务。例如，期权合同买方虽然享有请求赋予期权的权利，并可因此而享有期权，但其同时也负有支付期权权利金的义务。然而，就证券本身而言，证券权利人只是因为持有证券而享有权利，并不负有任何相应义务。例如，债券持有人持有债券只是表明持有人对债务公司享有债权，债券本身并未要求持有人对债务公司负任何义务。期权合同买方根据期权合同而取得了期权，证券权利人虽然也是因为持有证券而可主张权利，但证券权利人取得证券又是依据什么呢？证券权利人自然不可能是基于证券本身取得证券，而是基于证券买卖合同取得证券。证券权利人根据证券买卖合同取得证券，而证券又是权利的载体和证明，其取得了证券自然也就意味着其取得了证券上的权利。此外，证券可能给予证券权利人多种权利，比如股票就赋予股东投票权、收取股利权等。然而，期权合同所赋予的期权只是使买方享有买还是不买或卖还是不卖的选择权，买方对标的资产本身并不享有任何权利。期权合同买方只能通过标的资产的价格变动而获利，而证券权利人往往从证券本身即能获利。

---

① See SECURITIES AND EXCHANGE COMMISSION v. W. J. HOWEY CO., 328 U.S. 293（1946），this case is available at the website：http：//caselaw.lp.findlaw.com/scripts/getcase.pl?court=US&vol=328&invol=293.

再次，期权合同总是有一定有效期间的，到期日后期权合同将自动失效，而证券并非都有有效期间。无论是场内期权合同，还是场外期权合同，均是存在到期日的。期权合同买方必须在到期日之前（美式期权，包括到期日当天）或到期日当天（欧式期权）执行期权，否则期权于到期日之后将不复存在。证券并不一定存在过期失效的问题。例如，就微软公司所发行的流通股而言，只要微软公司不解散或破产倒闭，微软公司的股票就长期有效，表明股东对微软公司的权利。此外，证券的发行数量一般是固定的，比如微软公司的股票总量是固定的，即使微软公司再发行新股，其新股的发行也是按计划进行的，而非朝令夕改的。然而，期权合同的数量并不是固定的，其是根据买卖双方当事人的需求而随时变化的。期权合同的数量与现实中标的资产的实际数量并无直接关系，期权合同中的标的资产的数量完全可以远远超过现实中标的资产的实际数量。例如，假设微软公司股票总共为 10 亿股，而已成交的以微软公司股票为标的资产的股票期权合同中所包含的微软公司股票数量却可达 20 亿股。这是因为绝大部分期权合同都因对冲而消灭，并不实际履行，所以标的资产的实际数量并不限制期权合同的成交数量。

最后，并不是所有的期权合同都是高度标准化合同，场外期权合同虽有标准化趋势，但却远非标准化合同。场外期权合同均是当事人根据自己个人需要而经过私下协商谈判达成的，必然深深烙上当事人个人的特色。因此，场外期权合同不可能像场内期权合同那样内容和格式均是标准化的，其内容将因当事人需求的不同而不同。然而，正是因为场外期权合同是为满足当事人各自的特殊需要设计的，可能并不符合其他人需要，所以当事人很难将其转让出去，场外期权合同的流动性自然也就比较差。证券总是标准化的，均具有高度的流动性。此外，当事人虽然可以自由场内期权合同，但当事人是通过再重新订立一个反向的期权合同而转让的。然而，证券本身的转让总是与证券上记载的权利的转让结合在一起的，不可能仅转让证券本身而不转让证券所载明的权利。

第三节 期权合同与相近似概念比较分析

前节主要将易与期权合同相混淆的概念同期权合同进行了比较分析，充分阐明期权合同不属于那些合同，从反面显示期权合同的法律性质。然而，本节则对与期权合同相近似的概念同期权合同进行比较分析，详尽剖析期权合同与相关概念的相同与不同之处，进一步凸显期权合同的法律性质。

一、期权合同与赌博合同

有许多观点认为期权合同具有射幸性质，属于射幸合同，[①] 甚至还有的观点认为期权合同与差价合同（赌博合同的一种特殊形式）相似，[②] 那么，期权合同与属于射幸合同的赌博合同究竟又有哪些区别和联系呢？

（一）赌博合同定义及特征

在界定赌博合同之前，本书有必要先介绍一下射幸合同。以合同订立时当事人的权利义务是否确定为标准，合同可分为实定合同与射幸合同。实定合同，是指在合同订立时，当事人权利义务已经确定的合同；射幸合同（aleatory contract），则是指在订立合同时，当事人一定的权利义务依然具有不确定性的合同。[③] 在实

① 参见黄风:《射幸契约与衍生金融工具交易》，载杨振山、[意]桑德罗·斯奇巴尼主编:《罗马法·中国法与民法法典化——物权和债权之研究》，中国政法大学出版社 2001 年版，第 597 页；宁敏:《国际金融衍生交易法律问题研究》，中国政法大学出版社 2002 年版，第 111~115 页；王前锋、张卫新:《论金融衍生交易的法律性质》，载《政法论丛》2004 年第 6 期；黄琨、黄琳:《国际金融衍生交易协议法律性质和效力初探》，载《社科纵横》2006 年第 1 期。

② See Lynn A. Stout, “WHY THE LAW HATES SPECULATORS: REGULATION AND PRIVATE ORDERING IN THE MARKET FOR OTC DERIVATIVES”, 48 *Duke L.J.* 715.

③ 参见林诚二:《民法债编总论——体系化解说》，中国人民大学出版社 2003 年版，第 32~33 页；崔建远主编:《合同法》（第 3 版），法律出版社 2003 年版，第 31 页；See *BLACK'S LAW DICTIONARY* (8th Edition 2004), p.342。

定合同中，当事人的权利义务在合同订立时就已经确定，并不依赖于特定偶然性事件的发生。然而，在射幸合同中，当事人的权利义务却具有不确定性，有赖于特定偶然性事件的发生。现实中，大多数合同，如买卖、租赁、承揽、运输等，均属于实定合同。射幸合同一般包括保险合同、赌博合同、航海冒险借贷、终身定期金契约及有奖抽奖或有奖销售合同等。在众多射幸合同中，保险合同最受法律肯定，而赌博合同最受限制。由于下文将专门论述保险合同与期权合同的关系，故本部分则着眼于赌博合同与期权合同的关系。

赌博合同顾名思义就是当事人为赌博所签订之合同，而赌博则是指当事人针对某一游戏或事件的结果进行相反的对赌，并且约定赌输者向赌赢者支付一定的钱财的行为。[①] 要构成一份赌博合同，必须包含四个要件：一是必须以某个不确定的事件为标的；二是该事件的发生与否不受当事人的控制或影响；三是双方因为事件的发生与否而得到或失去作为赌注的财物；四是以作为赌注的财物作为合同的唯一的利益。[②] 差价合同，是指合同当事人约定不通过实际交付作为合同标的的商品来履行合同，而是通过支付作为合同标的的商品的约定价格与履行时的市场价格之间的差价来履行合同。[③] 由于差价合同当事人的目的并不在于取得作为合同标的的商品，而在于取得商品的差价，即其是对在未来的商品价格下赌注，故通常也被认为属于赌博合同。[④] 赌博合同均为“零和博弈”，一方当事人的获利必然是另一方当事人的损失，其只会怂恿当事人投机，而不会对整体社会财富的增长作出任何实质性有益的贡献。鉴于其消极后果，绝大多数国家法律一般都拒绝承认赌博合同的法律效力。

与其他合同相比，赌博合同主要有以下特征。首先，射幸性或机会性是所有赌博合同的本质特征。赌博合同之所以属于射幸合同，就是因为其具有射幸性或机会性。赌博合同以不确定事件为合同标的，双方当事人均无法单方或双方共同

① 参见黄风:《射幸契约与衍生金融工具交易》，载杨振山、[意]桑德罗·斯奇巴尼主编:《罗马法·中国法与民法法典化——物权和债权之研究》，中国政法大学出版社 2001 年版，第 599 页。

② 何宝玉:《英国合同法》，中国政法大学出版社 1999 年版，第 412 页。

③ See Lynn A. Stout，“WHY THE LAW HATES SPECULATORS: REGULATION AND PRIVATE ORDERING IN THE MARKET FOR OTC DERIVATIVES”，48 *Duke L.J.* 715.

④ See Lynn A. Stout，“WHY THE LAW HATES SPECULATORS: REGULATION AND PRIVATE ORDERING IN THE MARKET FOR OTC DERIVATIVES”，48 *Duke L.J.* 716.

控制该事件发生与否。一旦不确定事件发生，主张事件发生者将赢得对方所下的赌注，而持相反意见的对方则将丧失其所下的赌注。如果不确定事件未发生，则主张未发生者赢得对方所下的赌注，而持相反意见的对方将丧失其所下的赌注。当事人在下赌注时，并不能确定作为合同标的的事件在将来是否发生，其所赌的就是一个机会，即发生的机会或不发生的机会。

其次，赌博合同当事人对作为合同标的的不确定事件并不具有利益，即若无赌博合同的存在，该不确定事件的发生既不会造成当事人损失，也不会使当事人获利，是当事人自己人为地将自己的利益与该不确定事件发生与否联系起来。在保险合同中，投保人必须对保险标的具有保险利益，否则保险合同无效，[①] 这就表明如果保险事故发生就可能损害投保人对保险标的所享有的利益。然而，赌博合同当事人对合同标的并不具有法律承认的利益，当事人是让毫不关己的偶然性事件决定自己损失或获利。此外，保险合同中的保险事故均是现实中客观存在的风险事故，而赌博合同中的合同标的并不一定是现实中客观存在的风险，还有可能是当事人人为制造的风险，例如，当事人通过扔骰子比大小赌输赢。

最后，赌博合同中当事人的判断和希望截然相反，即若一方判断并希望偶然性事件发生，另一方肯定判断并希望其不发生。其他合同中当事人的判断和希望虽然有可能相反，但其不如赌博合同中当事人的判断和希望总是相反。例如，投保人为自己的房屋投火灾险，其虽然是因判断可能发生火灾而投保，但这并不意味着其就希望火灾发生以获得保险赔偿。其实，投保人在投保后并不一定希望保险事故发生，因为保险的补偿性原则使其不可能通过保险而获利，最终承受损失仍是其自己。然而，赌博合同并不是如此，因为当事人对合同标的并无相关利益，按照其希望的结果发生只会给其带来赌注利益，而不会造成其任何损失。此外，赌博合同中合同标的虽然是不确定的，但当事人的损失或获利却是确定的。因为赌博合同中当事人所下的赌注一般都是确定的，输者只是丧失赌注，不会再有其他损失，而赢者也只是获得赌注，也不会有多余的收入。

（二）期权合同与赌博合同比较分析

期权合同与赌博合同显然存在一定程度上的相似之处。例如，买权合同的买

---

① 《保险法》（2015 年修正）第 12 条。

方之所以买入买权正是因为其预料标的资产的价格将要上升，即其在赌标的资产的价格是上涨的，而卖方的预期则与买方相反，即其在赌标的资产的价格是下跌的，如果事实如此，其就可以白白地得到期权权利金。由于标的资产将来的价格具有不确定性，所以买方是否执行期权也具有不确定性，这与赌博合同的射幸性十分相似。此外，期权合同买方也需要向卖方支付一定数额的期权权利金，而赌博合同中也需要支付一定数额的赌金。

期权合同与赌博合同虽然存在相似之处，但二者仍存在本质的不同。第一，期权合同并不具有射幸性，也并不像多数观点所认为的属于射幸合同，自然与属于射幸合同的赌博合同截然有别。在判断期权合同是否属于射幸合同之前，我们先回顾一下射幸合同的本质内涵。首先，射幸合同中当事人的一定权利义务因特定事件的不确定性而具有不确定性。例如，在保险合同中，保险事故发生前投保人并不享有请求支付保险金的权利，保险人也不负有支付保险金的义务，但由于保险事故可能发生，故此权利义务的发生也具有可能性。只是在保险事故发生前，此权利义务处于不确定状态而已。其次，射幸合同中当事人的权利义务虽然在特定事件发生前具有不确定性，但在事件发生后却具有了确定性。同样在保险合同中，保险事故的发生必然引起投保人和保险人权利义务的发生。最后，特定事件发生后所确定的权利义务仍然是基于射幸合同产生的。例如，保险事故发生后投保人取得保险金请求权及保险人负有支付保险金的义务，但此权利义务仍是基于保险合同产生的，而非基于侵权或其他合同。

期权合同中当事人的权利义务具有确定性，并非是不确定的。在期权合同中，买方负有支付期权权利金的义务，同时享有请求赋予期权的权利，而卖方享有请求支付期权权利金的权利，也负有赋予期权的义务。可见，期权合同双方当事人的权利义务是明确的，并非具有不确定性。期权合同中唯有具有不确定性的就是期权合同买方对期权的行使，买方将根据标的资产价格的变化来确定是否行使期权，由于将来的价格走势具有不确定性，自然买方对期权的行使也具有不确定性。然而，买方对其所享有的期权的行使却并不属于期权合同中当事人权利义务的一部分，因为权利主体在权利的有效期间对权利的自由行使本来就属于权利的应有之意，如果权利主体无权自主决定行使所享有的权利，那么其享有权利还有什么意义？如同买卖合同中买方取得标的物所有权后行使所有权一样，买方的所有权虽然是依据买卖合同取得的，但买方取得所有权后对所有权的行使却并不属于买卖合同的内容，而是其享有所有权的应有之义。同样，在房屋租赁合同中，当出租人出卖租赁房屋时，承租人在同等条件下享有优先购买的权利，[①] 承租人此时对优先购买权的行使显然也具有不确定性，但并不能因此不确定性而将房屋租赁合同视为射幸合同。由上可见，标的资产价格的走势并不影响期权合同中当事人权利义务的确定，而只是影响买方对期权的行使，所以，期权合同中当事人的权利义务并非是不确定的，即不具有射幸性，自然也不属于射幸合同。

期权合同中标的资产的价格变动虽然会影响买方是否作出执行期权的决定，但其并无法直接引起新的权利义务的产生，新的权利义务的最终产生仍然取决于买方是否决定执行期权。例如，在买权合同中，即使标的资产的价格高于了期权合同中规定的执行价格，其并不自动就引起卖方交付标的资产的义务。然而，在赌博合同中，合同标的一旦发生，其就自然引起了赌博合同当事人的权利义务。标的资产的市场价格高于执行价格只是为买权合同中的买方执行期权创造了良好的条件，但是否执行仍得有买方自由决定。买方可能选择执行期权，也可能不执行期权，而选择等待一段时间，以期标的资产的市场价格攀升的更高后再执行期权。不确定事件的发生只会影响到期权合同买方对期权的行使，但其作用也只是影响，是否行使仍然由买方依自己的独立意志而自由决定，然而，不确定事件的发生却可直接引起射幸合同中当事人的权利义务，其是取决于射幸合同本身的规定。

由前可知，期权合同中买方执行期权后所引起的交付标的资产的权利义务并不是基于期权合同而产生，而是基于新产生的标的资产的买卖合同而产生。买方执行期权后，期权虽因执行而消灭，但执行期权却使期权合同买方与卖方之间产生了一个新的法律关系，即以标的资产为合同标的的买卖合同。依据该新成立的买卖合同，期权合同买方享有请求卖方交付标的资产的权利（此时假设期权合同为买权合同），同时负有按执行价格向卖方支付标的资产价金的义务，而期权合同卖方虽负有向买方交付标的资产的义务，但也享有请求买方按执行价格支付标的资产价金的权利。然而，射幸合同中不确定事件发生所引起的权利义务仍然是基于射幸合同所产生的。比如，保险事故发生后，投保人取

① 《合同法》第 230 条。

得保险金请求权是根据保险合同的规定，保险人负有支付保险金的义务也是根据保险合同的规定，而非根据其他规定，赌博合同中也是如此。可见，不确定事件发生后，当事人在期权合同中的权利义务与在射幸合同中的权利义务产生的基础也是不同的。

由以上分析可知，期权合同中当事人的权利义务是确定的，并非具有不确定性，只是买方对期权的行使具有不确定性。不确定事件的发生并不能直接引起期权合同当事人新权利义务的产生，而只是为买方行使期权创造了条件，新权利义务产生的最终决定权仍保留在买方手中。此外，新权利义务的产生也并非基于期权合同，而是基于新成立的标的资产买卖合同。因此，期权合同并不具有射幸性，不属于射幸合同，与赌博合同截然有别。

第二，期权合同当事人并非对标的资产都不具有法律上的利益，只是当事人在使用期权合同进行投机时对标的资产不具有利益，而当事人在使用期权合同进行套期保值时，当事人对标的资产就具有利益。例如，甲持有 100 股 A 公司股票，股票现在的市场价格为每股 100 美元。虽然目前股票行情不错，但甲为了防止股票价格下跌买入了有效期为 6 个月执行价格为每股 100 美元 A 公司股票卖权，卖权权利金为每股 5 美元，故甲需要向卖权卖方支付权利金 500 美元。如果六个月内 A 公司股票价格一直飙升至每股 160 美元，甲自然不会执行自己虽享有的卖权而将股票以每股 100 美元的价格卖出，而会选择任卖权过期消灭，损失卖权权利金 500 美元。如果 6 个月内 A 公司股票价格一直暴跌至每股 60 美元，甲显然将选择执行卖权而以每股 100 美元的价格卖出 A 公司股票，除去所支付的每股 5 美元的权利金，甲在市场暴跌的情况下依然保障了 A 公司股票每股 95 美元的收益。可见，在使用期权合同进行套期保值中，当事人对标的资产具有利益，而赌博合同当事人对合同标的却均不具有法律上的利益。此外，期权合同中当事人所面临的风险在现实中均是客观存在的，当事人订立期权合同只是为了将客观存在的风险进行转移而已，[①] 即只是对客观存在的风险的承担进行了重新的分配，而赌博合同中当事人面临的风险却并不都是客观存在的，而有可能是当事人人为制造所产生的。

① 参见王文宇:《民商法理论与经济分析（二）》，中国政法大学出版社 2003 年版，第 195~196 页、第 208~209 页。

第三，期权合同中当事人的判断与希望并不一定总是相反的。比如在上例中，卖权的卖方肯定是判断 A 公司股票价格上涨并且也希望该股票也是上涨的，因为只有如此作为卖权买方的甲才有可能不执行卖权，卖方才能不需要再付出任何代价而获得卖权权利金。甲虽然是判断 A 公司股票价格可能下跌，若非如此，其就不需要买入卖权了，但甲并不只是希望 A 公司股票价格下跌，其也希望股票上涨，且上涨的越高越好。因为 A 公司股票价格上涨虽然可能导致其不执行卖权，丧失卖权权利金，但股票价格的上涨却可能给甲所持的股票带来更多的增值，更符合甲自身的利益。甲买入卖权并不是希望股价下跌，其只是在股价万一下跌时锁定股价下跌给自己的造成的损失，但同时又不影响股价上涨给自己带来的收益。可见，期权合同中当事人的愿望可能是一致的，而赌博合同中当事人的愿望却总是相反的。

此外，期权合同中当事人的收益和损失是不确定的。虽然期权合同买方的最大损失与卖方的最大收益是确定的，即为期权权利金，但买方的收益与卖方的损失却是不确定的。例如，甲乙之间订立一份 A 公司股票的买权合同，其中甲为买方，乙为卖方，权利金为每股 5 美元，共为 100 股，执行价格为每股 100 美元，有效期为 6 个月。对于甲来讲，在这 6 个月内，无论 A 公司股票价格如何下跌，即使跌得一文不值，股价为零，其遭受的最大损失也就是其所支付权利金 500 美元，而股价的上涨却直接关系着其收益多少。如果股价上涨为每股 120 美元，甲净收益就为 1500 美元［（120 － 100）× 100 － 5 × 100］，而如果股价上涨为每股 180 美元，甲的净收益就为 7500 美元［（180 － 100）× 100 － 5 × 100］。可见，甲的最大损失也就是 500 美元，而收益却是随股价的上涨而递增。相反，对于乙而言，在这 6 个月内，无论 A 公司股票价格如何下跌，即使跌得一文不值，股价为零，其获得的最大收益也就是其所收取的权利金 500 美元，而股价的上涨却直接决定着其损失多少。如果股价上涨为每股 120 美元，乙净损失就为 1500 美元［（120 － 100）× 100 － 5 × 100］，而如果股价上涨为每股 180 美元，乙的净损失就为 7500 美元［（180 － 100）× 100 － 5 × 100］。可见，乙的最大收益也就是 500 美元，而损失却是随股价的上涨而扩大。这显然不同于当事人的最大损失和最大收益均是固定的赌博合同。

二、期权合同与保险合同

期权合同与保险合同在很多方面存在相似之处，甚至期权合同中的期权权利金与保险合同中的保险费在英文中都是用的同一个词“premium”,[①] 然而期权合同与保险合同又有哪些区别呢？本书先行界定保险合同的定义与特征，然后再比较分析期权合同与保险合同的相同与不同之处。

（一）保险合同定义及特征

本书在界定保险合同之前，有必要先介绍保险的内含与功能。我国《保险法》（2015 年修正）第 2 条规定：“本法所称保险，是指投保人根据合同约定，向保险人支付保险费，保险人对于合同约定的可能发生的事故因其发生所造成的财产损失承担赔偿保险金责任，或者当被保险人死亡、伤残、疾病或者达到合同约定的年龄、期限等条件时承担给付保险金责任的商业保险行为。”保险（insurance）其实是一种分散风险损失和经济补偿制度，由面临同类风险的人共同筹集资金而组成团体，于个体遭遇此类风险而受损时，团体共同承担此损失，而使个体损失得以分散消解。保险以多数人的互助共济为基础，通过聚合多数人的资金而建立集中的保险基金，用以补偿少数人遭受的损失，充分体现“我为人人，人人为我”之精神。保险的功能在于分散风险，消化损失，使个体能更好地应对风险。

保险合同，是指投保人与保险人之间设立、变更、终止保险权利义务关系的协议。投保人在保险合同中负有支付保险费的义务，而在约定保险风险发生时或人身保险事件出现或期限届满时享有请求保险人支付保险金的权利；保险人在保险合同中享有收取保险费的权利，而在约定保险风险发生时或人身保险事件出现或期限届满时则负有向投保人支付保险金的义务。保险合同虽属于民事合同的范畴，但与一般民事合同相比，其还具有以下主要特征。

1. 射幸性

保险合同（尤其是财产保险合同）是典型的射幸合同。保险合同的射幸性是由保险合同中约定的保险事故发生的偶然性所决定的。保险合同所约定的保险事故是一种不确定事件，在保险期间该保险事故既可能发生，也可能不发生，

① 参见宁敏：《国际金融衍生交易法律问题研究》，中国政法大学出版社 2002 年版，第 119 页。

即保险事故的发生具有偶然性，且保险事故发生所造成的损失也具有偶然性。正是保险事故发生的偶然性使得保险合同中当事人的权利义务的不确定性。在保险合同订立后，投保人负有向保险人支付保险费的义务，但并不享有请求保险人支付保险金的权利，同样，保险人此时只是享有请求投保人支付保险费的权利，而并不负有支付保险金的义务。至于投保人是否能取得请求保险人支付保险金的权利以及保险人是否承担给付保险金的义务则均取决于保险事故是否发生。如果保险事故在保险期间发生，投保人则取得保险金请求权，其获得的保险金可能远远大于其向保险人支付的保险费；保险人则将承担给付保险金的义务，其所赔偿的保险金额可能大幅度超出其向投保人收取的保险费。如果保险事故在保险期间没有发生，投保人无法取得保险金请求权，其支付的保险费也将无从返还；保险人则无须承担支付保险金的义务，而将净获得投保人所支付的保险费。

此处需要说明的是，保险合同虽然具有射幸性，属于射幸合同，但其与同属于射幸合同的赌博合同不同，后者常被认为是非法合同，而保险合同却是公认的合法合同。因为，保险合同中投保人必须对保险标的具有保险利益，否则保险合同无效，正是可保利益将保险合同与赌博合同在本质上区分开来。赌博合同中当事人对合同标的则无实际相关利益，是人为地产生风险，而保险合同则分散现实中客观存在的风险。

2. 最大诚信性

合同均要求诚实信用，但保险合同尤为强调诚实信用。保险人主要依据保险事故的发生概率及损失范围决定是否承保及保险费率的大小。保险事故的发生除受客观因素影响外，还与投保人、被保险人及受益人主观上的道德品质有关，且保险人也主要根据投保人对保险标的的告知来判断保险事故的发生概率。事实上，投保人或被保险人往往对保险标的的状况比较清楚，甚至有些关于保险标的或被保险人的情况只有投保人或被保险人个人知道，而保险人则对此并不一定了解。如果投保人隐瞒或欺诈，保险人就可能对此判断失误而上当受骗。因而，保险合同要求当事人具有超出一般合同关系的最大诚意。保险合同最大诚信性的具体体现是如实告知义务的确立。投保人应当如实告知保险标的及保险人询问的有关情况，而保险人则应如实说明保险合同的条款内容，尤其是免责条款。

3. 属人性

保险合同具有强烈的属人性。保险人通常会考察投保人或被保险人的个人情况，例如法人的组织方式、经营内容、信用记录，个人的性别、年龄、种族、嗜好、文化程度等。这些因素均会影响保险人是否决定承保，若承保则采用何种保险条款及收取多少保险费率。这种对合同对方个人情况的了解和认知是一般民事合同所不具有的。因为，保险人的义务取决于保险事故是否发生，而保险事故的发生概率的大小不仅与具体的客观情况息息相关，也与投保人和被保险人的主观因素密切相关。这样，保险人就需要了解投保人或被保险人是什么样的一个人，因为与行事谨慎的人签订保险合同和与粗心大意、行事莽撞的人签订保险合同所带来的风险是不同的。

4. 补偿性

保险合同的补偿性主要是指财产保险合同的补偿性，人身保险合同一般不具有补偿性，而归属于定额给付性保险合同。财产保险合同的补偿性是由保险的经济补偿职能所决定的。保险合同的补偿性主要体现为以下几点。首先，被保险人只有在保险期间受到了约定的保险事故所造成的损失，才能得到补偿。如果在保险期间外,即使发生了保险事故并造成了损失,保险人对此损失也不予补偿。同样，即使在保险期间内发生了保险事故，但被保险人并未因此遭受损失，其也无权请求保险人给予补偿。其次，当发生约定保险事故并使被保险人遭受损失时，保险人必须对此损失进行补偿。最后，保险人仅需在其所承担的保险责任范围内进行补偿，其所补偿的金额必须等于或小于被保险人遭受的实际损失，对于保险金额超过保险价值的，超过部分无效。被保险人依据保险合同所获得的补偿只是使其恢复到损失发生前的经济状况，而不应优于或超过这种经济状况，即被保险人不能通过保险而获得额外利益。保险合同这种补偿性不仅增强了投保人或被保险人抗御风险的能力,也有助于督促投保人或被保险人谨慎行事以防止保险事故发生。因为保险只是补偿损失，投保人或被保险人并不能通过保险赚钱，一旦保险事故发生，其同样也要承担部分损失。如果允许超越保险合同的补偿性，使投保人或被保险人可获得超过其实际损失的保险金额，显然将鼓励投保人或被保险人放任保险事故发生，这明显不符合保险合同的本意。

（二）期权合同与保险合同比较分析

期权合同与保险合同存在很多相似之处，尤其是用于套期保值的期权合同与财产保险合同。首先，期权合同也可具有保险功能。例如，甲拥有房产，但又恐房产价格下跌，于是其就买入该房产的卖权。如果在卖权有效期内房产的市场价格低于卖权中的执行价格，甲显然将执行卖权，以高于市场价格的执行价格将房产出售，这就在一定程度上保险了其房产价值。如果在卖权有效期内房产的市场价格高于卖权中的执行价格，甲显然不会执行卖权。甲此时虽然丧失了卖权权利金，但其权利金却并不是没用，因为其保障了甲房产价值在执行价格之上。这与甲为其房产投火灾险是极为相似的。如果火灾发生，甲则获得赔偿；如果不发生，甲虽丧失保险费，但却保障了房产安全。可见，期权合同一样可具有与保险合同相似的保险功能。其次，期权合同与保险合同中当事人所面临的风险都是客观存在的，而非人为制造的。当事人所面临的风险虽然是不确定的，但却是现实中客观存在的。当事人为了分散风险或转移风险的承担才订立保险合同与期权合同。再次，期权合同与保险合同中当事人一定权利义务的引起都取决于特定偶然性事件的发生。在期权合同中，如果市场形势发展对期权合同买方不利，期权合同买方就不会执行期权，而只有在对其有利时期权合同买方才会执行期权，要求期权合同卖方给付。同样，如果保险事故不发生，投保人也不会请求保险人支付保险金，也只有在保险事故发生时投保人才会请求保险人支付保险金。最后，期权合同与保险合同均要求一方当事人先行支付一定金额的费用。在期权合同中，期权合同买方需要向卖方支付期权权利金，而在保险合同中，投保人则需要向保险人支付保险费。况且，无论将来偶然性事件是否发生，期权权利金与保险费都不具有返还性，即二者均是支付其当事人获得一定“机会”的成本。

尽管期权合同与保险合同一定程度上存在相似之处，但二者仍存在本质的不同。首先，期权合同不仅具有保险功能，还具有投机功能。例如，甲预测某股票将涨价，但购买该股票的成本又太高，于是其就可以用较低的成本购买该股票的买权。如果该股票果然暴涨，甲自然将执行买权，以较低的执行价格购买该股票。这样甲就可获得暴涨之后的价格与执行价格之间的差价利润，而甲投机获得的利润也就是卖出股票买权一方所遭受的损失，但这显然是保险合同所不具有的。

其次，期权合同与保险合同中当事人一定权利义务的引起虽然都取决于特定偶然性事件的发生，但二者中当事人权利义务的引起与偶然性事件的发生的关系不同。在期权合同中，即使出现了对期权合同买方有利的形势，但其并不是一定要立即执行期权，只要期权还有有效期，其就可以不执行期权而继续等待更有利的形势出现（例如，买权中价格升得更高，卖权中价格降得更低）。这就是讲，在期权合同中，偶然性事件的发生并不必然产生新的权利义务，其只是为期权合同买方作出决定造就了条件。至于新的权利义务是否产生，期权合同买方仍保留着最终决定权。然而，在保险合同中，约定保险事故的发生却可直接引起权利义务的产生。投保人虽支付了保险费，但在保险事故发生前其对保险人并不享有保险金请求权，保险人对投保人也不负有支付保险金的义务。一旦保险事故发生，投保人（或被保险人、受益人）就负有及时通知保险人的义务，并向保险人提出给付保险金的请求，保险人也就因保险事故发生而负有了支付保险金的义务。投保人不可以持观望状态而等待更为糟糕、严重的保险事故发生，然后再通知保险人并提出更大数额的保险金请求。

再次，期权合同在其有效期间均具有流动性，而保险合同则不具有自由流动性。在期权有效期间，期权合同买方可自由转让期权合同，甚至期权合同卖方也可以通过对冲而转让期权合同。然而，在保险事故发生前，若无相关当事人（如投保人、保险人及被保险人等）同意，投保人与保险人均无权转让保险合同。在保险事故发生后，受益人对保险人享有保险金请求权，而该保险金请求权属于债权。既然属于债权，自然可以转让（但具有人身性质的债权除外，如人身保险合同产生的债权），但保险人此时仍然不可自由转让其所承担的债务。可见，保险合同并不具有期权合同所具有的流动性。

最后，期权合同与保险合同中当事人一定权利义务产生的基础不同。期权合同买方虽然是依据期权合同取得期权，但其在执行期权后所享有的向期权合同卖方请求交付标的资产的权利却并非基于期权合同，而是基于执行期权所产生标的资产的买卖合同。期权合同卖方在期权合同中并不负有交付标的资产的义务，而是在执行期权所产生标的资产的买卖合同中才负有此义务。然而，投保人在保险事故发生后所享有的保险金请求权却仍是基于保险合同取得，而非其他。正是如此，投保人在保险事故发生后并不需要再继续向保险人支付对价就可取得保险金请求权，因为其在保险合同中已经为取得保险金请求权支付了保险费。期权合同买方为了获得标的资产仍需按执行价格付出对价，因为其在期权合同中支付的权利金只是期权的对价，而非标的资产的对价。

三、期权合同与期货合同

尽管多数观点认为期权合同不同于期货合同，[①]但也有些观点认为期权合同应属于期货合同。[②]那么仅一字之差的期权合同与期货合同究竟有哪些区别和联系呢？本书先介绍期货合同的定义与特征，然后再对期权合同与期货合同比较分析。

（一）期货合同定义及特征

期货合同（futures contract）虽然已经在诸多国家和地区扎根发芽并茅壮成长，但各国和地区对期货合同的界定却不尽一致。例如，我国台湾地区《期货交易法》第 3.1 条规定："期货契约：指当事人约定，于未来特定期间，依特定价格及数量等交易条件买卖约定标的物，或于到期前或到期时结算差价之契约。"[③]新加坡《期货交易法》第 2 条规定："'商品期货合同'是指具有如下效果的一项合同：（a）根据商品期货交易所或商品交易市场的交易规则或惯例规定的条件和期限，一方当事人同意在将来某一特定期间按约定价格向另一方当事人交付特定商品或一定数量的特定商品；（b）当事人同意通过支付一定数量的特定商品在合同成立时与将来某一特定期间的差价来解除双方在合同项下的义务，此差价根据商品期货交易所或订立合同所在的商品交易市场的交易规则或惯例确定，且包括商品期货期

---

① See John C. Hull，*Options，Futures，and Other Derivatives*（6th Edition），Pearson Prentice Hall 2006，pp.7，181；Alastair Hudson，*The Law on Financial Derivatives*（3rd Edition），Sweet & Maxwell 2002，p41；Philip R Wood，*Title financial，Derivatives，Securitizations，Set-off and Netting*，Sweet & Maxwell 1995，p.211；[美] 罗伯特 · A. 斯特朗：《衍生产品概论》，王振山等译，东北财经大学出版社 2005 年版，第 2 页、第 151 页；[美] 唐·M. 钱斯：《衍生金融工具与风险管理》，郑磊译，中信出版社 2004 年版，第 274 页。

② 参见杨永清：《期货交易法律制度研究》，法律出版社 1998 年版，第 71~72 页；王智勇：《期货合同立法之建议》，载《郑州航空工业管理学院学报》（社会科学版）2004 年第 3 期。

③ 源自网页：https：//db.lawbank.com.tw/FLAW/FLAWDAT0201.aspx?lsid=FL007731，最后访问日期：2020 年 9 月 26 日。

权交易。”[①] 各国学者对期货合同的界定更是各显特色，[②] 可见，对期货合同下一个清晰明确的定义绝非易事。笔者无意再给出一个全新的期货合同定义，为论述需要而采纳了芝加哥期货交易所（Chicago Board of Trade，CBOT）对期货合同的定义。期货合同，是指在期货交易所的交易大厅内订立的在将来某个时间购买或出售商品或金融工具的一项具有法律约束力的协议。期货合同在每一商品的质量、数量、交付时间和地点方面均是标准化的。唯一的变项就是价格，其形成于交易所交易大厅。[③]

期货合同的核心是当事人约定在将来按约定的价格买卖商品，实质上属于远期合同（forward contract）。期货合同本就是在远期合同的基础上发展形成的，不过期货合同是高度标准化合同，是在期货交易所内通过公开竞价而订立，然而，远期合同并不是高度标准化合同，其是当事人私下协商而订立的。[④] 与一般合同相比，期货合同具有以下特征。

第一，期货合同是高度标准化的合同。在期货合同中，只有标的资产的价格是变项，其是通过当事人在期货交易大厅内公开竞价而产生。期货合同的其他条款，例如，商品质量、数量、交割地点、日期、保证金数额等，都是由期货交易所统一规定制作的。期货合同的高度标准化是其区别于远期合同的关键特征之一。

第二，期货合同具有高度流动性。期货合同的高度标准化的重要动因之一就

---

① See Singapore *Commodity Trading Act*, this document is available at the website : http : //www.iesingapore.gov.sg.

② 相关观点请参见杨永清：《期货交易法律制度研究》，法律出版社 1998 年版，第 30~31 页；[美] 罗伯特•A. 斯特朗：《衍生产品概论》，王振山等译，东北财经大学出版社 2005 年版，第 2 页、第 151 页；[美] 唐•M. 钱斯：《衍生金融工具与风险管理》，郑磊译，中信出版社 2004 年版，第 274 页；John C. Hull, *Options, Futures, and Other Derivatives* (6th Edition), Pearson Prentice Hall 2006, pp.6, 21 ; Philip R Wood, *Title financial, Derivatives, Securitizations, Set-off and Netting*, Sweet & Maxwell 1995, p.207.

③ See *CME Glossary.*

④ 期货合同与远期合同的差别请参见杨永清：《期货交易法律制度研究》，法律出版社 1998 年版，第 18~26 页；文海兴：《期货交易法律关系研究》，法律出版社 1995 年版，第 20~27 页；[美] 罗伯特•A. 斯特朗：《衍生产品概论》，王振山等译，东北财经大学出版社 2005 年版，第 152 页；[美] 唐•M. 钱斯：《衍生金融工具与风险管理》，郑磊译，中信出版社 2004 年版，第 274 页 ; John C. Hull, *Options, Futures, and Other Derivatives* (6th Edition), Pearson Prentice Hall 2006, pp.21, 40–41.

是实现期货合同的高度流动性。在期货合同规定的交割日期前，任何一方期货合同当事人都可以选择对冲结算（offsetting or closing out）其在期货合同中的头寸（positions）。当事人对冲结算的方式就是以相反的身份重新进入一个与原期货合同一样的期货合同。[①] 例如，其在原期货合同中为买方，那么其若欲对冲结算其头寸，其就应在新期货合同中为卖方。当事人实际上是在转让期货合同中的权利义务，但与一般合同转让不同，期货合同的转让并不需要征得对方当事人的同意。

第三，期货合同双方当事人必须向期货清算所交付保证金，即期货合同的履行是由双方当事人的保证金担保的。因为期货合同中双方当事人都负有合同义务，而在市场价格朝不利于当事人方向变化时，当事人履行其所承担的合同义务愿望和能力将不无疑问，为确保期货合同在交割期到来时能够得到切实履行，缴纳保证金自然是必要之举。保证金分为初始保证金（initial margin）、维持保证金（maintenance margin）及变动保证金（variation margin）。[②] 初始保证金是当事人在交易当日按期货合同的规模价值所存入的保证金，而维持保证金则是在每日的交易后当事人所必须维持的最低资金数额的保证金。如果当日结算后账户实际剩余的保证金少于维持保证金，当事人将被要求存入变动保证金，即为使保证金重新达到初始保证金而额外存入的保证金。

第四，期货合同由期货清算所逐日结算（daily settlement）。虽然期货合同当事人直至合同规定的交割日才进行实物交割或现金结算，但期货清算所却每日均对期货合同当事人的收益和损失进行结算。逐日结算是通过调整期货合同当事人的保证金账户来实现的。例如，甲乙于 2006 年 12 月 12 日订立一份买卖标的资产 A 的期货合同，其中甲为买方，乙为卖方，标的资产 A 的期货价格为每件 100 美元，共 100 件，合同初始保证金为 5000 美元，维持保证金为 3000 美元，甲乙双方此时都须存入初始保证金 5000 美元。假设在 12 月 13 日，标的资产 A 的期货价格跌为每件 95 美元，则甲将损失 500［（100 − 95）× 100］美元，而乙则将收益 500 美元。甲的 500 美元损失将从甲的初始保证金账户扣除，余额为 4500 美元，而扣除的金额则贷记到乙的初始保证金账户，余额为 5500 美元，对于

① John C. Hull，*Options，Futures，and Other Derivatives*（6th Edition），Pearson Prentice Hall 2006，p.23.

② 参见［美］唐・M. 钱斯：《衍生金融工具与风险管理》，郑磊译，中信出版社 2004 年版，第 290~292 页。

多出初始保证金数额的 500 美元收益，乙可以从账户中提取变现，也可以不提取。12 月 14 日标的资产 A 的期货价格暴跌至每件 75 美元，则甲又损失 2000［（95 － 75）×100］美元，而乙则相应收益 2000 美元。此时，乙的账户余额为 7500 美元，而甲的保证金账户余额将仅有 2500（4500 － 2000）美元，已经低于维持保证金 3000 美元，甲将被要求再次存入变动保证金 2500 美元，以使其账户恢复至其初始保证金数额。谁知市场风云莫测，12 月 15 日标的资产 A 的期货价格飙升至每件 150 美元，甲自将获利 7500［（150 － 75）×100］美元，乙则相应损失 7500 美元。此时，甲的账户余额为 12,500 美元，而乙的保证金账户余额则为零（7500 － 7500），乙自然必将被要求再次存入变动保证金 5000 美元，以达到初始保证金的数额。可见，期货合同当事人的损益是逐日结算的，这也为期货合同的自由流动奠定了基础。

（二）期权合同与期货合同比较分析

期权合同，尤其是场内期权合同，无疑与期货合同存在很多相似之处。首先，场内期权合同与期货合同均是在交易所内订立的高度标准化合同。期权合同中除权利金外的其他条款内容也是由交易所统一制作的，这与期货合同是一致的。其次，场内期权合同也具有高度的流动性。在期权到期前，双方当事人均可自由转让、对冲其所在的期权合同。再次，期权合同与期货合同都具有套期保值、价格发现的经济功能。例如，甲拥有玉米 5000 吨，现价为每吨 100 美元。甲为避免价格波动而给其造成损失，就可以作为卖方订立一份期货价格为每吨 100 美元 3 个月后到期交割的玉米期货合同。因此，无论 3 个月后玉米的价格如何下跌，甲都保证了其玉米可以按每吨 100 美元的价格出售，达到了套期保值的目的。同样，甲如果在将来需要采购大量原材料，其也可以通过订立该原材料的期货合同来锁定原材料价格上涨的风险。最后，场内期权合同也是由清算所逐日结算的。当事人在订立场内期权合同后，其损益也是由清算所逐日进行结算的。

期权合同与期货合同仅一字之差，现实中极易混淆，尽管二者存在很多相似之处，但笔者认为期权合同与期货合同仍然存在本质的不同。

第一，期权合同与期货合同权利义务内容不同。在期权合同中，买方的权利是请求卖方赋予期权，其义务是支付期权权利金，而卖方的权利是请求买方支付期权权利金，其义务是赋予买方期权。可见，期权合同并不是当事人就标的资产的买卖而达成的协议，而是当事人就期权赋予而达成的协议。期权合同买方只是为了取得期权，即在将来购买或出售标的资产的选择权，而并非标的资产本身，同样，卖方也只是为了取得期权权利金，并不是为了出售或购买标的资产。然而，在期货合同中，买方负有在将来交割日期按约定价格支付标的资产价金的义务，也同时享有请求卖方交付标的资产的权利，而卖方则享有请求买方按约定价格支付标的资产价金的权利，也负有交付标的资产的义务。可见，期货合同是当事人为买卖标的资产而达成的协议，只不过该协议的实际履行不是现在进行而是将来才发生而已。

第二，期权合同与期货合同当事人在将来的义务不同。由于期权合同买方享有的期权是权利，自然其在将来并不负有必然购买或出售的义务。期权合同买方可以选择执行期权，以购买或出售标的资产，也可以选择不执行期权，这样标的资产的买卖就无从发生。期权合同卖方无权要求买方购买或出售标的资产，只有买方自己才有权决定是否购买或出售。然而，如果期货合同买方没有对冲结算其在期货合同中的头寸，期货合同卖方在交割日期到来时就可要求买方购买标的资产，买方此时必须履行购买标的资产的义务。可见，在期货合同到期时，当事人交割标的资产的权利义务是必然发生的，但期权合同中并不必然发生当事人交割标的资产的权利义务。例如，甲作为买方与乙分别订立了一个股票买权合同和一个股票期货合同，在股票买权合同中，甲在 3 个月内有权按每股 100 美元的价格向乙购买 100 股 A 公司股票，而在期货合同中甲乙约定 3 个月后按每股 100 美元的价格买卖 A 公司股票。若 3 个月后，A 公司股价上涨为每股 110 美元，甲此时将执行股票买权，向乙购买 A 公司股票，然而，若 3 个月后，A 公司股价下跌至每股 90 美元，甲此时自然不会执行股票买权，甲乙之间就不会发生 A 公司股票买卖，但甲此时仍然得履行其在期货合同中的义务，即按每股 100 美元的价格向乙购买 100 股 A 公司股票。

此外，在期权合同中，只有买方才有权提起标的资产的交割，因为只有买方享有期权，卖方无权提起。然而，在期货合同中，虽然双方当事人都可提请标的资产交割，但一般均由卖方在交割日期到来时提请。[①] 此处还需注意的是，期权

① John C. Hull, *Options, Futures, and Other Derivatives* (6th Edition), Pearson Prentice Hall 2006, p. 23.

合同当事人在将来因执行期权而产生的买卖标的资产的权利义务并不是在期权合同内产生的，而是依据标的资产的买卖合同而产生的。标的资产的买卖合同是因期权合同买方执行期权而在买卖双方当事人之间产生的一个新的合同关系，独立于双方当事人之间先前存在的期权合同关系。然而，期货合同当事人所负有的将来买卖标的资产的权利义务仍然是基于期货合同发生，而非产生于期货合同之外的其他法律关系。

第三，期权合同与期货合同当事人公开竞价的对象不同。在期权合同中，买卖双方当事人所公开竞价的是期权权利金，而非标的资产在将来的执行价格。因为，期权合同本就是当事人就期权赋予而达成的协议，买卖双方自然要对期权权利金的多少而展开讨价还价。至于标的资产执行价格则由期权交易所根据一定的机制统一规定，在一定时期内是不变的，期权合同当事人并不对此讨价还价，而只是在标的资产执行价格的基础上对期权权利金展开竞价。然而，期货合同当事人所公开竞价的是标的资产的期货价格，即标的资产在将来进行交割时的价格。因为，期货合同中当事人在将来买卖的是标的资产（并不排除当事人订立期货合同是为了转让、对冲，而非为实际交割标的资产），其自然要对标的资产在将来交割时的价格展开讨价还价。标的资产的期货价格是随当事人需求、将来市场行情的预测等因素而变动的，但其最终趋势是与标的资产的现货市场价格一致。

第四，期权合同与期货合同对存入保证金的要求不同。在期权合同中，由于期权合同买方享有的是购买或不购买或者出售或不出售的权利，若其没有足够的财力执行期权，其可以选择转让或放弃执行期权，所以，一般情况下期权合同买方在将来交割时不存在违约问题。因此，买方在支付期权权利金后无须向期权清算所再缴纳额外的保证金。期权合同卖方由于受期权的拘束，在买方行权时其必须出售或购买，因此，为确保其履约，卖方需要向期权清算所缴纳一定数额的保证金，且保证金数额随逐日结算而调整。然而，在期货合同中，买方负有将来支付标的资产价金的义务，而卖方则负有将来交付标的资产的义务。因此，为确保双方当事人在将来能按约履行其合同义务，双方均需要向期货清算所缴纳保证金。

第五，期权合同与期货合同当事人的风险收益机会不同。在期权合同中，买方最大损失也就是其所支付的期权权利金，而其收益则可能是无限的，相反，卖方的最大收益则是有限的，即买方所支付的期权权利金，但其损失却可能是无限的。应当说，从经济效果上看，期权合同给买卖双方当事人所带来的损益空间是不一致的。然而，在期货合同中，买卖双方当事人的损失和获利都可能是无限的。例如，甲乙订立一份3个月后交割的黄金期货合同，其中甲为买方，乙为卖方，黄金期货价格为每盎司400美元，共100盎司。如果3个月后黄金价格变为每盎司4400美元，甲就可获利400,000［（4400 – 400）×100］美元，乙则相应损失400,000美元。由于黄金的价格在理论上具有无限的上升空间，自然若3个月后黄金的价格不是前面所假设的每盎司4400美元，而是更高，则甲的收益在理论上也是无限的，自然乙的损失在理论上也是无限的。同样，若黄金价格于3个月后暴跌至每盎司250美元，则甲将损失15,000［（400 – 250）×100］美元，乙则将获利15,000美元。如果黄金价格下降的更多，甲损失的也就更多，乙相应获利的也就更多。可见，期货合同买方并不能像期权合同买方那样锁定自己的最大损失，期货合同卖方的最大收益也不是像期权合同卖方那样是固定的，而是不确定的。

第六，并不是所有的期权合同都是标准化的和具有流动性的，但所有的期货合同却都是高度标准化的和具有流动性的。在期权合同分类中，只有场内期权合同才是高度标准化的和具有流动性的，而场外期权合同并不具有高度标准化及流动性的特征。场外期权合同是当事人根据自己的个人需要而协商达成的，而需求是多样化的和不同的，因此场外期权合同内容是各异的，显然不具有高度标准化的特征。由于场外期权合同都是当事人根据自己的个人需求设计的，并不一定符合他人的需求，所以当事人很难将其转让出去，故场外期权合同的流动性比较差。场外期权合同不经过期权清算所结算，自然无须向期权清算所缴纳保证金（并不排除当事人提供其他形式的担保）。然而，期货合同均是在交易所内成立并由期货清算所统一结算，合同双方当事人都需要存入一定的保证金。

四、期权合同与格式合同

场内期权合同均是标准化合同，场外期权合同也出现了标准化趋势，这又是否意味着期权合同是格式合同呢？二者又有何联系与区别呢？本书先介绍格式合同的概念与特征，再对二者进行比较分析。

（一）格式合同定义及特征

格式合同（standard formal contract，adhesion contract），又称定式合同、附合

合同、标准合同、定型化契约、一般交易条件合同，是指主要或全部合同条款由一方当事人为重复使用而预先拟定，对方当事人只能就该拟定好的内容全部接受或全部不予接受而不能再对此内容进行协商谈判的合同。[①] 与一般合同相比，格式合同具有如下法律特征。

首先，格式合同的内容是由合同的一方当事人单方面预先拟定的。根据合同自由原则，一般合同的内容均是由双方当事人通过谈判协商而确定的。格式合同内容的确定却出现了对合同自由原则一定程度上的悖离。格式合同的内容并不是双方当事人通过共同谈判协商确定的，而是一方当事人单方面预先拟定的。实践中，格式合同内容多是由提供服务或商品的一方当事人拟定，也有些是由某些处于双方当事人利益之外的社会团体或政府授权的机关拟定，但无论如何对方当事人均无法直接参与格式合同内容的拟定。

其次，一方当事人拟定的格式合同的内容作为要约是向不特定的多数人发出的。一般而言，要约总是向特定的相对人发出的，然而，作为要约的拟定的格式合同的内容却是向不特定的多数人发出的。因为，一方当事人之所以拟定格式合同的内容，主要是为了在与不同的人缔约时能够重复使用其预定的内容，免去每次与人缔约均需重新谈判协商合同内容的麻烦。

再次，格式合同具有标准化、定型化、不变性。拟定格式合同内容的一方当事人多是将所拟定的内容明确印刷于一定文件之上，使格式合同的内容定型化、标准化。任何相对人如欲订立格式合同，都必须接受已经标准化、定型化的格式合同内容，而不能再就此内容谈判协商，以改变定型化的合同内容。

最后，拟定格式合同内容的一方当事人只有处于法律上或事实上的垄断地位，其才有可能排除与对方就合同内容进行谈判协商的可能性，进而使自己预先拟定的合同内容让对方接受。相对人在格式合同中处于附从地位，其虽然可以拒绝接受格式合同，但其拒绝接受后又将如何获得其所必需的商品或服务？相对人面对另一方当事人的垄断优势，其没有谈判的实力，也没有选择的余地，只有放弃自己决定合同内容的自由，而接受拟定的格式合同。

---

① 参见王泽鉴：《王泽鉴法学全集·第十卷——民法概要》，中国政法大学出版社 2003 年版，第 113 页；崔建远主编：《合同法》（第 3 版），法律出版社 2003 年版，第 46 页；see *BLACK' S LAW DICTIONARY*（8th Edition 2004），p.342.

（二）期权合同与格式合同比较分析

期权合同与格式合同虽然在一定程度上都是标准化合同，但二者仍存在本质的不同，主要区别如下：

第一，期权合同并不都是标准化合同，而格式合同则均是标准化合同。虽然场内期权合同都是标准化合同，场外期权合同也出现了标准化趋势，但场外期权合同毕竟是双方当事人根据各自的实际需要，而由合同双方当事人私下协商而达成的。因为各个人的需求并不相同，所以场外期权合同并不具有统一的格式。因此，双方达成的场外期权合同具有个人特色，多不具有标准化特征。况且，即使是标准化的场内期权合同，期权合同买方与卖方依然可以对期权权利金进行讨价还价，而格式合同一般并无讨价还价的余地，只能全部同意或全部拒绝（take it or leave it）。

第二，期权合同的内容并不是由一方当事人单方面预先拟定的。尽管期权合同的内容是标准化的，但却不是一方当事人拟定的，而是期权交易所拟定。一方当事人预先拟定格式合同内容的一个重要目的就是维护自己的利益以及限制对方当事人的权利。然而，拟定期权合同内容的期权交易所并不是期权合同的直接主体，其也不代表任何一方当事人的利益。期权交易所事先拟定期权合同内容只是为了使期权合同当事人在交易所内更为方便地进行交易，增加期权的流动性，降低交易成本，而不是为其自身订立期权合同的需要而拟定期权合同的内容。

第三，期权合同双方当事人一般经济地位平等，并无一方处于垄断地位的现象。格式合同之所以出现的一个重要原因就是一方当事人处于法律或事实上的垄断地位，使其可以凭借自己的垄断地位而让对方当事人接受自己拟定的合同内容。然而，期权合同中一般不存在该问题，场内期权合同的当事人均是平等的投资者，而场外期权合同当事人都是相互了解对方的经济实力、信誉，一般也不会有太大差距。

第四，期权合同与格式合同的标准化虽然都被用来降低交易成本，但期权合同标准化的一个重要作用还在于促进期权合同的可转让性。如果期权合同均像场外期权合同那样属于具有个人特色的合同，期权合同就很难转让。因为，场外期权合同既然是出于个人需要而订立的，而个人的需要又不尽相同，那么其自然就不一定能满足其他人的需要，也就很难转让出去。然而，如果期权合同标准化，那么期权合同在一定程度上便具有同质性，就如同变成了等价流通物一样，比较容易转让出去。格式合同标准化一般并不具有增加其流动性的作用。

五、期权合同与附解约定金条款的民事合同

有的观点认为，期货选择权合同类似于有解约定金条款的民事合同。[①] 那么，期权合同与附解约定金条款的民事合同究竟又有哪些相似之处与区别呢？

（一）附解约定金条款的民事合同含义

在明确附解约定金条款的民事合同含义之前，本书认为有必要先介绍定金的概念。定金是指契约一方当事人为确保契约的履行，而于契约履行前预先交付于对方的金钱或其他代替物。[②] 定金属于合同担保中的金钱担保，按照定金的作用不同，其又可分为立约定金、成约定金、证约定金、违约定金和解约定金。其中解约定金是指合同当事人为取得单方解除合同的权利而交付和收取的定金。虽然我国《民法通则》《担保法》《合同法》都规定了定金，但并未明确规定解约定金，直至最高人民法院《关于适用〈中华人民共和国担保法〉若干问题的解释》（以下简称《担保法解释》）才明确承认了解约定金。《担保法解释》第117条规定："定金交付后，交付定金的一方可以按照合同的约定以丧失定金为代价而解除主合同，收受定金的一方可以双倍返还定金为代价而解除主合同。"当事人可以就约定的解除定金另行订立一个单独的合同，也可以在主合同中规定一个解约定金条款。由此可见，附解约定金条款的民事合同是指当事人通过支付和收取定金而保留解除合同权利的民事合同。根据《担保法》第5条规定："担保合同是主合同的从合同，主合同无效，担保合同无效"，所以解约定金条款虽然是附于民事合同的一个条款，但其是不同于民事合同而又从属于民事合同的一个合同，即其与民事合同之间是从合同与主合同的关系。

在附解约定金条款的民事合同中，当事人都享有解除民事合同的权利，但其各自解除权的行使均需付出一定代价。其中支付定金的一方当事人如果解除合同，其将丧失定金的返还请求权，即在此情况下收取定金的当事人将无须返还定金。然而，如果收取定金的一方当事人欲解除民事合同，其就得按照已收取定金的双

---

① 杨永清：《期货交易法律制度研究》，法律出版社1998年版，第72页。

② 参见王泽鉴：《王泽鉴法学全集·第十卷——民法概要》，中国政法大学出版社2003年版，第379页；崔建远主编：《合同法》（第3版），法律出版社2003年版，第155页。

倍数额返还给支付定金的当事人，否则其就无权解除民事合同。附解约定金条款的民事合同与一般民事合同不同的是，当事人在附解约定金条款的民事合同中享有解除民事合同的权利，该权利是当事人基于定金合同而约定产生的，然而当事人在一般民事合同中并不享有解除民事合同的约定权利，仅是享有法律规定的法定解除权。在一般民事合同中，当事人虽然也可以拒绝履行合同债务而导致合同权利义务终止，但这并不是违约方当事人解除合同权利的行使，而是其违约行为。违约方所支付的违约金也不属于定金的双倍返还，而是其承担违约责任中的损害赔偿形式。在附解约定金条款的民事合同中，当事人行使解除权利的代价虽然看似不同，其实是一样的。收取定金的一方当事人虽然在解除合同时需要返还所收取定金的双倍数额，但在这返还的双倍数额定金中有一部分定金本就是属于欠支付定金的一方当事人的（在支付定金的当事人未解除合同的情形下，其就所支付的定金对收取定金的当事人享有债权，可以请求返还，而收取定金的当事人就所收取的定金则负有债务）。因为，如果支付定金的当事人未解除合同，定金就应当返还给支付定金的当事人，而在收取定金的当事人解除合同时，支付定金的当事人所支付的定金更应当返还，所以收取定金的当事人返还的双倍定金仅有一部分是其解除合同所付出的纯代价，而另一部分本就是属于支付定金一方当事人的。可见，附解约定金条款的民事合同中当事人行使解除合同权利的代价是相同的，均为定金的数额。此外，在附解约定金条款的民事合同中，当事人双方均享有解除民事合同的权利，即收取定金的一方当事人也享有解除合同的权利，而非仅支付定金的一方当事人。

由前文可知，在附解约定金条款的民事合同，当事人双方均享有解除合同的权利。既然双方均有权解除合同，自然双方有权解除的民事合同是成立生效的，否则又怎会有“解除”之说？况且，解约定金条款属于民事合同的担保合同，二者属于从合同与主合同关系，而从合同的效力又以主合同的效力为前提，所以只有民事合同的成立生效才有附解约定金条款的成立生效，否则其无约可以解除。既然附解约定金条款的民事合同是成立生效的，当事人自然有权请求对方履行民事合同中的义务。只是由于此民事合同附有解约定金条款，当事人如果不愿意履行合同义务，那么，其就可以通过付出一定代价来行使解除权，而将民事合同解除，自然其就不必再履行合同义务。当事人行使解除权不是对民事合同权利义务的否定，恰恰相反，当事人有权解约肯定了当事人合同权利义务的存在，因为当事人解约的目的就是终止其之间已存在的合同权利义务。

（二）期权合同与附解约定金条款的民事合同比较分析

期权合同与附解约定金条款的民事合同表面上存在一定相似之处。首先，期权合同买方负有向期权合同卖方支付期权权利金的义务，而期权权利金表现为一定数额的金钱，同样，附解约定金条款的民事合同的一方当事人也负有向另一方当事人支付定金的义务，而定金通常也表现为一定数额的金钱。其次，期权合同买方有权选择向期权合同卖方购买或出售标的资产，此时卖方负有相应的义务，也有权选择不向期权合同卖方购买或出售标的资产，此时卖方就不负有相应的义务。同样，附解约定金条款的民事合同中支付定金的一方当事人既可以选择履行民事合同，不行使解除权，此时收取定金的合同当事人负有相应的合同义务，也可以选择行使解除权，而解除民事合同，此时收取定金的合同当事人则不负有合同义务。况且，期权合同中买方所享有的期权与附解约定金条款的民事合同中当事人所享有的解除权都属于形成权。最后，期权合同买方选择不购买或不出售标的资产时丧失期权权利金，而附解约定金条款的民事合同中支付定金的一方当事人选择解除民事合同时也丧失了定金的返还请求权。[①] 况且，如果期权合同买方选择购买或出售标的资产，则其负有履行标的资产买卖合同中的义务，而附解约定金条款的民事合同中支付定金的一方当事人选择不解除民事合同，则其也负有履行民事合同中规定相应的义务。

期权合同与附解约定金条款的民事合同尽管存在相似之处，但更存在本质上的不同，主要有以下几点：

第一，期权合同买方所享有的期权只是能使标的资产买卖合同成立生效，而不能解除标的资产买卖合同，因为在期权合同买方行使期权之前标的资产买卖合同根本就不存在，但附解约定金条款的民事合同中当事人的解除权只能使已存在的民事合同消灭，而非使其成立生效。期权合同仅是一个合同，并不包括当事人行使期权所产生的标的资产的买卖合同，二者之间也不具有主从或从主关系。在期权合同成立生效时，标的资产的买卖合同尚不存在，只有期权合同买方行使根据有效期权合同而取得的期权时，标的资产买卖合同才得以成立生效。如果期

① 参见杨永清：《期货交易法律制度研究》，法律出版社 1998 年版，第 72~73 页。

权合同买方在期权的有效期间不执行期权，则标的资产买卖合同就不会发生，自然也不存在解除合同问题。然而，附解约定金条款的民事合同中却存在两个合同，一个是以解约定金条款形式存在的担保合同，另一个是作为担保合同的主合同的民事合同。作为主合同的民事合同的成立与生效自然是作为担保合同的解约定金条款的成立与生效的前提条件，如果民事合同未生效，解约定金条款就不可能生效，当事人也就不可能享有解除权。即尽管当事人的解除权是基于解约定金条款产生的，但由于解约定金条款的效力又以民事合同的效力为前提，所以当事人的解除权也以民事合同的生效为前提。对比而言，期权合同买方享有期权并不以标的资产买卖合同生效为前提，期权合同的效力也不以标的资产买卖合同的效力为前提。此外，虽然期权与解除权均属于形成权，但期权属于积极形成权，行使其可以创设某种法律关系，而解除权则属于消极形成权，行使其则将消灭既存的法律关系。

第二，期权合同中由于买方向卖方支付了期权权利金，故只有买方才享有期权，而卖方并不享有期权，即只有买方才有权决定标的资产的买卖合同是否成立生效，双方是否需要再履行买卖合同中的权利义务，卖方则无此权利。然而，附解约定金条款的民事合同中虽然也是仅由一方当事人支付了定金，但并非仅由支付定金的一方当事人独享解除权，而是双方当事人都享有解除权，均可按合同约定在付出相应代价的前提下依自己的独立意志解除合同。

第三，在期权合同中，无论期权合同买方是否选择行使期权，期权权利金均是不予退还的，而在附解约定金条款的民事合同中，如果支付定金的一方当事人未选择解除合同，而是选择履行民事合同，则其所支付的定金是应如数返还的或抵作价款。期权合同中的期权权利金是作为期权合同买方取得期权的对价而支付的，因此，只要期权合同买方已经取得了期权，则无论其是否行使，其为取得期权所支付的期权权利金均不予退还。然而，附解约定金条款的民事合同中当事人支付的定金虽然为当事人保留了解除权，但其功能却是为民事合同的履行提供担保。如果支付定金的当事人未选择解除而选择履行民事合同，则当事人由于履约而未解除合同就没有违反定金担保，故应如数返还给支付方或抵作合同价款，但如果支付定金的当事人拒绝履行民事合同而选择了解除合同，则支付方由于解除合同而未履约就违反了定金担保，故丧失了作为金钱担保的定金的返还请求权。

第四，在期权合同中，如果期权合同卖方拒绝履行赋予期权的义务，其也只是退还所收取的期权权利金及给予期权合同买方相应损害赔偿，而非双倍返还期权权利金。况且，即使在期权合同买方行使期权后，期权合同卖方拒绝履行标的资产买卖合同中的义务，其也只是按照买卖合同承担违约责任，亦非双倍返还期权权利金于期权合同买方。因为期权合同中的期权权利金只是买方为取得期权而支付的对价，并不是为合同履行提供担保，更不属于定金，自然定金罚则中的双倍返还对其也不适用。因此，期权合同卖方违反期权合同或标的资产买卖合同时，期权合同买方只能按照法律规定或合同约定追究其违约责任，而不能要求其双倍返还期权权利金。然而，附解约定金条款的民事合同中的定金却是为合同履行提供担保，适用定金罚则中的双倍返还规定。如果附解约定金条款的民事合同中收取定金的一方当事人拒绝履行民事合同义务而选择解除合同，则其必须按所收取定金的双倍数额返还。

六、期权合同与选择权合同

期权合同与选择权合同的英文原文都是“option contract”，况且国内有的论著也直接将国际金融衍生品交易中的期权合同称为“选择权合同”，[①]可知二者之间密切相关，但二者是否完全相同呢？又有无不同之处呢？下文将详述之。

（一）选择权合同定义及特征

由前文可知，“选择权”是指受要约人在要约的有效期内对有效的或不可撤销的要约所享有的进行承诺的选择权，而“选择权合同”则是指受要约人支付一定对价使得一项要约在一定时间内持续有效，以便其在此期间决定是否选择承诺该要约的合同。选择权合同应属于英美法中特有的概念，大陆法系中并不存在选择权合同。因为，在大陆法系中，生效后的要约既具有实质拘束力，又具有形式拘束力。要约的实质拘束力是指要约在生效后，一旦为受要约人承诺，合同即为成立的效力，又称为要约的承诺能力或承诺适格。[②]要约具有实质拘束力乃是要约的本质属性，如果要约失去其实质拘束力，则相对人承诺将无从成立合同，要

---

① 例如杨永清：《期货交易法律制度研究》，法律出版社 1998 年版，第 53~79 页；文海兴：《期货交易法律关系研究》，法律出版社 1995 年版，第 34 页。

② 参见王泽鉴：《王泽鉴法学全集·第十二卷——债法原理①》，中国政法大学出版社 2003 年版，第 207 页；陈自强：《民法讲义 I——契约之成立与生效》，法律出版社 2002 年版，第 62 页；韩世远：《合同法总论》，法律出版社 2004 年版，第 95~96 页。

约本身亦即无复存在。要约的形式拘束力是指要约一经生效，要约人即受到要约的拘束，要约人在要约的有效期间内不得将要约撤回、撤销或变更，又称为要约的不可撤销性。[①] 要约的形式拘束力并非要约的本质属性，不同国家法律对此存在不同的规定。大陆法系国家合同法一般规定要约具有一定程度上的形式拘束力。由于要约具有一定程度上的形式拘束力，故要约人应受生效要约的拘束而不得任意撤回、撤销或变更要约。要约人在要约生效后虽不得撤回其要约，但一般仍有权撤销要约，然而，如果要约规定了承诺期限或明示不可撤销或受要约人信赖不可撤销并为此行动，要约人则不得撤销要约。[②] 可见，由于大陆法系一般承认要约的形式拘束力，因此，要约人一般情况下均受其要约的拘束，故受要约人根本无须为要约生效付出专门的对价。既然受要约人无须额外对价就可使要约当然地在特定时间内对要约人具有拘束力，受要约人自然不会多此一举而订立选择权合同。

与大陆法系的合同法相反，英美合同法一般并不承认要约具有形式拘束力，却存在对价制度。由于在英美法中要约自身并不具有形式拘束力，当事人若欲使要约具有形式拘束力就应为此支付相应对价，允诺（要约）若无对价，即无约束力，[③] 要约人在承诺前可以随时撤销要约。亦即如果受要约人未对要约支付对价，要约则对要约人无约束力，即使要约规定了承诺期限，要约人仍然可以随时撤销要约。[④] 因为要约人未收到受要约人提供的对价，其不应当受其要约的单方面拘束。受要约人可以选择在要约人撤回、撤销或变更要约前立即进行承诺，以在二者之间成立合同，也可以选择向要约人支付一定对价使要约持续生效。现实中，受要

---

① 参见王泽鉴：《王泽鉴法学全集・第十二卷——债法原理①》，中国政法大学出版社 2003 年版，第 207 页；陈自强：《民法讲义 I ——契约之成立与生效》，法律出版社 2002 年版，第 62 页；韩世远：《合同法总论》，法律出版社 2004 年版，第 94 页。

② 参见王泽鉴：《王泽鉴法学全集・第十二卷——债法原理①》，中国政法大学出版社 2003 年版，第 206~210 页；韩世远：《合同法总论》，法律出版社 2004 年版，第 93~96 页；《中华人民共和国合同法》第 19 条。

③ ［美］A.L. 科宾：《科宾论合同》（一卷版，上册），王卫国、徐国栋、夏登峻译，中国大百科全书出版社 1997 年版，第 215 页。

④ See *Restatement of the Law of Contracts* （*Second*），Article 24 comment；also see Michael J. Cozzillio，"THE OPTION CONTRACT：IRREVOCABLE NOT IRREJECTABLE"，*39 Cath. U.L. Rev. 499*.

约人有时并不想立即对要约进行承诺，而只是想使要约在一定时间内持续生效，以便自己在该段时间内根据具体情况决定是否选择承诺。然而，由于该要约本身无对价，要约人有权随时撤销该要约，即该要约对要约人并不具有约束力，其效力处于不确定状态。受要约人欲使该要约持续生效，具有约束力，其就必须对使该要约持续生效本身提供对价（切记，此处对价是针对使要约生效的对价，而非针对要约内容本身的对价，否则就成为对要约的承诺而成立合同了）。这样，要约人与受要约人就使要约在特定时间内持续生效达成了一个新的合同，亦即所谓的“选择权合同”。根据该合同，要约人保证在特定期间不撤销其要约，而使其出现生效，受要约人则为此持续生效的保证提供对价。

选择权合同最重要的特征就是其乃为使一项要约在特定时间内持续生效的合同。受要约人支付对价的目的并不是为了取得承诺选择权。因为要约一经生效，受要约人就具有承诺的资格或承诺的权利，其并不需要为取得该资格或权利再另行付出对价，况且让受要约人具有承诺的资格或承诺的权利属于要约的实质拘束力。然而，受要约人所具有的承诺的资格或承诺的权利并不稳定，可能因要约人撤回、撤销或变更要约而随时丧失。如果受要约人想要获得稳定的承诺资格或承诺权利，其就需要使要约在特定期间持续生效，而为使要约在特定期间持续生效，其就需要另行向要约人支付对价。可见，受要约人支付对价的目的是为了使要约在特定期间持续生效，拘束要约人在特定期间不得任意撤回、撤销或变更要约，以使自己在特定期间享有对要约的承诺选择权。因此，选择权合同并不是如其名称所显示的关于选择权赋予、转移的合同，而是使要约在特定期间持续生效的合同，即受要约人签订选择权合同并不是为了取得承诺选择权，而是为了使要约在特定期间持续生效，使自己获得在特定期间持续有效的承诺选择权。

要约持续有效的一个重要的法律后果就是受要约人享有在特定期间持续有效的承诺选择权，其可在此期间自由选择是否承诺而决定是否成立合同，这是选择权合同的另一个重要特征。选择权合同使受要约人原本就享有的承诺选择权的效力具有了持续性，受要约人不再有要约人随时撤回、撤销或变更要约之忧虑，而可在要约持续生效期间从容不迫地决定是否对要约进行承诺。如果受要约人决定进行承诺，则受要约人与要约人之间依要约承诺的内容成立一个新的合同。如果受要约人不对要约进行承诺，则要约过期后失去效力，二者之间就不会成立新的合同。可见，受要约人在选择权合同中所享有的承诺选择权也属于形成权，其可决定合同成立生效与否。

选择权合同此外还极大地强化了要约的效力。一般情况下，要约都会因拒绝、反要约、撤销等法律事实而消灭，英美法系与大陆法系中均是如此。然而，英美法中的选择权合同却大大提升了要约的效力，使要约并不因上述原因而消灭。例如，《合同法重述（第二次）》第 37 条就规定："除非满足解除合同义务的要求，否则选择权合同项下的承诺权不因拒绝，反要约，撤销，或要约人的死亡或丧失行为能力而终止。"[①] 亦即即使受要约人拒绝了要约或对要约人发出了反要约，要约依然有效，并不因受要约人的上述行为丧失效力。要约不因上述法律事实而失效的主要原因就是使要约持续有效已成为要约人的一项合同义务，只要不存在法定或约定原因而解除当事人双方的合同义务，那么要约人就应继续履行其合同义务，使要约在特定期间持续生效。因此，只要要约人使要约持续生效的合同义务未解除或终止，要约自然就持续生效，并不因受要约人的相关行为而消灭。

选择权合同是要约人与受要约人就要约的形式拘束力所订立的一个独立的合同，与当事人基于要约的实质拘束力而成立的合同不同，二者在效力上是彼此独立的。要约人在选择权合同中的权利是请求受要约人支付为使要约持续生效所需的相应对价，而其义务则是在特定期间保证要约持续有效，以方便受要约人进行承诺。受要约人在选择权合同中的权利是请求要约人使要约在特定期间一直有效，而其义务则是向要约人支付一定的对价。此外，要约人撤回、撤销或变更要约的权利的行使受到了选择权合同的拘束，其在选择权合同中接受对价的法律后果就是丧失了此类权利，这也构成了其合同义务的一个组成部分。选择权合同的双方当事人并不能直接请求对方依照要约的内容履行，只有在受要约人承诺要约而成立合同时，双方当事人才能依据新成立的合同请求对方履行合同义务。

（二）期权合同与选择权合同比较分析

期权合同与选择权合同存在许多相似之处。首先，期权合同买方在期权合同中所享有的期权是一种形成权，其可以决定是否与期权合同卖方成立标的资

① See *Restatement of the Law of Contracts*（*Second*），Article 37. Different opinions see Michael J. Cozzillio，"THE OPTION CONTRACT：IRREVOCABLE NOT IRREJECTABLE"，*39 Cath. U.L. Rev. 491.*

产的买卖合同，而选择权合同受要约人所享有的承诺选择权也属于形成权，其也可以通过是否承诺来决定是否与要约人成立合同。其次，期权合同买方需要支付一定数额期权权利金，且无论其是否行使期权，期权权利金均不予返还，而选择权合同的受要约人也需要向要约人支付一定的对价以使要约持续有效，且无论其是否对要约进行承诺，其所支付的对价也不会予以返还。再次，期权合同买方所享有的期权有一定的存续期间，且过期失效，而选择权合同受要约人因有效的要约所享有的承诺选择权也存在一定的有效期间，且也是过期消灭。最后，期权合同中包含标的资产买卖合同的内容，且二者在效力上是独立的，而选择权合同中也包含有基于要约将成立的新合同的内容，且彼此的效力也是相互独立的。确实，类比看来，期权合同中标的资产买卖合同的内容可视为期权合同卖方为订立标的资产买卖合同所发出的要约，期权合同买方所享有的期权进而可视为对期权合同卖方所发出的订立标的资产买卖合同要约的承诺选择权，而期权权利金则也可视为期权合同买方为使要约持续生效而向期权合同卖方所支付的对价。既然如此，为何不将期权合同归属于选择权合同呢？二者又有何区别呢？

本书在剖析期权合同与选择权合同差别之前，有必要先比较区分期权与承诺权。受要约人的承诺权，又称受要约人的承诺地位或承诺资格，是指在要约生效后受要约人所获得的对要约进行承诺的权利或承诺的资格、地位。英美法一般明确承认受要约人享有承诺权，例如，《合同法重述（第二次）》第 35 条规定："一项要约给予了受要约人通过承诺要约以达成明示合意的持续性权利。"① 大陆法系中各国虽未在法律中将受要约人的承诺资格明确规定为一种权利，但法学理论一般都承认受要约人的承诺权，② 当然也有的观点认为受要约人取得的承诺资格乃属自由，而非权利。③ 笔者赞同德国目前之通说，即受要约人取得的对要约为承诺

---

① See *Restatement of the Law of Contracts*（*Second*），Article 35.

② 参见［德］迪特尔·梅迪库斯：《德国民法总论》，邵建东译，法律出版社 2000 年版，第 272 页；梅仲协：《民法要义》，中国政法大学出版社 1998 年版，第 123 页；王利明、崔建远：《合同法新论·总则》，中国政法大学出版社 2000 年修订版，第 147~148 页；张俊浩主编：《民法学原理》（下册），中国政法大学出版社 2000 年修订版，第 738 页。

③ 参见林诚二：《民法债编总论——体系化解说》，中国人民大学出版社 2003 年版，第 62 页。

之法律地位是权利，且属于形成权，[①] 只是该形成权乃为对要约进行承诺与否之选择权。

期权与承诺权（承诺之地位）既然同属于形成权，自然在性质上有相通之处，但二者仍存在重大区别。首先，期权合同买方取得期权是基于期权合同双方当事人的合意。虽然期权的行使属于单方法律行为，但期权的取得却非基于单方法律行为。如果期权合同买方拒绝同意接受期权，期权合同卖方是无法将以自己为相对人的期权单方面赋予买方的。因为，即使是赠与合同，赠与人的赠与也是要取得受赠人的同意的。然而，受要约人取得承诺权却是基于要约人单方意思表示。要约人向受要约人发出要约并不需要经受要约人同意，受要约人也无法阻止要约的发出与生效。要约到达生效后就具有了实质拘束力，使受要约人享有了承诺权。由于要约人可以自由决定是否发出要约，自然其也可以凭单方意思决定是否让受要约人享有承诺权。受要约人对此无能为力，其既无权命令要约人向自己发出要约，也无权限制要约人向自己发出要约，即使其可以通过拒绝要约消灭承诺权，而在消灭之前其已享有承诺权。正是由于期权的产生是基于是否当事人的合意，故期权的存续期间也是由双方当事人协商而定，即期权相对人也可参与决定期权存续期间的长度。然而，承诺权之存续期间，即要约的有效期间，主要由要约人决定，其可自由决定要约有效期间的长度。[②] 若要约人未明确确定，法律规定为“合理期间”。可见，一般情况下，受要约人均无权参与决定承诺权存续期间的长度。

其次，期权合同买方取得期权是基于双方约定而由期权合同卖方赋予的。期权合同卖方在期权合同中的义务就是将期权赋予买方，使买方享有以卖方为相对人的期权，即期权是由期权合同卖方特意赋予买方的。然而，受要约人取得承诺权却并不是由于要约人特意赋权于他，而是基于法律规定之反射而取得。法律一般并未规定受要约人享有承诺权，只是规定要约人得受其要约之拘束而受要约人并无承诺之义务，此之效果与受要约人享有承诺权无异，故并不是要约人专门赋予受要约人承诺权，而是要约人发出的要约根据法律规定具有实质拘束力，使受

① 参见王泽鉴：《王泽鉴法学全集・第十二卷——债法原理①》，中国政法大学出版社 2003 年版，第 211 页。

② 参见［德］迪特尔・梅迪库斯：《德国民法总论》，邵建东译，法律出版社 2000 年版，第 274~275 页；王泽鉴：《王泽鉴法学全集・第十二卷——债法原理①》，中国政法大学出版社 2003 年版，第 217~219 页。

要约人基于法律规定所产生的反射法律效果而取得承诺权。即使法律规定了受要约人的承诺权，其也是规定该承诺权是由要约而给予的，[①] 而非由要约人赋予的。可见，要约人只是向其发出了有效的要约，有效要约所具有的实质拘束力的法律效果使受要约人具有承诺权。因此，受要约人取得承诺权是因为要约具有实质拘束力，而非由要约人专门赋予。

再次，期权的拘束力源自期权权利本身，而要约人受到的拘束却并非源自受要约人的承诺权。期权合同卖方之所以受到期权的拘束是因为期权合同买方享有以卖方为权利相对人的期权，正是买方所享有的期权自身对卖方产生了法律拘束力。然而，要约人所受到的拘束力是来自其要约，而非受要约人所享有的承诺权。要约生效后具有实质拘束力，要约人必须受要约实质拘束力的拘束，[②] 而不应妨碍受要约人依其承诺而使契约成立。可见，要约人所受到的拘束力是源自要约自身，而非受要约人之承诺权。正如上所述，要约人所受要约之拘束和受要约人不负承诺之义务使处于承诺之地位之受要约人在法律效果上如同受要约人享有承诺权一样，故进而认为受要约人之承诺地位为承诺权，即受要约人享有承诺权也是源于要约对要约人的拘束力。因此，若认为要约人所受到的拘束力是源自受要约人之承诺权，便本末倒置、倒果为因了。

最后，期权作为期权合同卖方赋予的一种独立的权利，其具有流动性。期权权利人有权转让、对冲其所享有的期权，而无须征得权利相对人同意。然而，受要约人的承诺权却不具有流动性，非经要约人同意，受要约人不得将其所享有的承诺权转移给第三人。[③]

明确期权与承诺权的区别之后，本书认为期权合同与选择权合同区别如下：

首先，期权合同中期权合同买方的目的是取得期权，但选择权合同中受要约人的目的却并不是取得承诺权，而是使要约在特定期间持续生效，即持续有效的承诺权。若没有期权合同，期权合同买方就不可能享有期权，期权的取得是基于

---

① See *Restatement of the Law of Contracts* (*Second*), Article 35.

② 参见王泽鉴：《王泽鉴法学全集 · 第十二卷——债法原理①》，中国政法大学出版社 2003 年版，第 207 页；陈自强：《民法讲义Ⅰ——契约之成立与生效》，法律出版社 2002 年版，第 62 页；韩世远：《合同法总论》，法律出版社 2004 年版，第 95~96 页。

③ 参见王泽鉴：《王泽鉴法学全集 · 第十二卷——债法原理①》，中国政法大学出版社 2003 年版，第 207 页。

期权合同。然而，受要约人在订立选择权合同之前就已经享有承诺权，其并不是基于选择权合同取得承诺权，而是基于有效的要约取得承诺权。任何生效的要约都具有实质拘束力，否则其就不为要约了，而正是要约的实质拘束力使得受要约人享有承诺权，只是该承诺权并不具有持续有效性。因为要约不具有形式拘束力，要约人在承诺前可以随时撤回、撤销或变更要约，故受要约人欲获得持续有效的承诺权，其得就要约的效力专门与要约人订立选择权合同。可见，受要约人订立选择权合同的目的是使要约在特定期间持续生效，以获得在特定期间持续有效的承诺权，而非为取得承诺权，因为其已经取得了承诺权，只是该承诺权的效力不具有持续性。也许有人会讲，如果选择权合同中规定要约人负有向受要约人发出一定内容要约并使要约在特定期间持续生效的义务，即将要约的发出并入选择权合同，此时又如何？即使如此，要约人也只是负有发出要约并使要约持续生效的义务，而不负有将承诺权直接赋予受要约人的义务，受要约人仍是基于生效的要约才取得承诺权。

其次，期权合同中买方所享有的期权是一种独立的权利，买方可以自由转让或对冲，甚至期权合同卖方也可以对冲平仓自己在期权合同中的法律地位。然而，如上所言，受要约人所享有的承诺权并不具有流动性，其不得自由转让承诺权。受要约人虽享有承诺权，但其承诺权却源自要约，而要约成立的基本构成要件之一就是要约人向一定的受要约人发出。可见，只有受要约人对要约享有承诺权，其他人对要约并不具有承诺权，即使其他人同意要约的内容并通知要约人，其通知并不构成承诺，因为要约人根本未向其发出要约，也未想与其订立合同。如果受要约人可以将承诺权自由转让，实质上也就是受要约人有权决定要约人应与谁缔约，而不是由要约人自己自由决定与谁缔约，这明显违反合同自由原则。因此，未经要约人同意，受要约人无权转让其享有的承诺权。假设期权合同中标的资产买卖合同的内容为期权合同卖方为订立标的资产买卖合同所发出的要约，而期权合同买方所享有的期权则为对期权合同卖方所发出的订立标的资产买卖合同要约的承诺选择权，那么，期权合同买方自然无权转让其所享有的承诺选择权。然而，事实情况并非如此，期权交易中期权是自由流动的，期权合同买方转让、对冲期权根本无须取得卖方同意，甚至卖方对冲平仓其在期权合同中的法律地位也无须取得买方同意。这只能说明假设是错误的，期权合同中标的资产买卖合同的内容并非要约，期权也并非承诺选择权。

最后，期权合同与选择权合同当事人对订立合同的主观愿望不同。选择权合同中要约人既然向受要约人发出了要约，表明其具有与受要约人订立合同的主观愿望。若要约人不打算与受要约人订立合同，其是不会向受要约人发出订立合同的要约的。恰恰相反，期权合同中卖方并无与买方就标的资产订立买卖合同的主观愿望，确切地讲，卖方并不希望在将来与买方就标的资产订立买卖合同。因为，无论是否订立标的资产的买卖合同，卖方都将保留其已收取的期权权利金，故不订立合同并不影响其利益。况且，期权合同买方享有是否订立标的资产买卖合同的决定权，只有在对买方有利的情况下，其才会行使期权而选择订立标的资产的买卖合同。订立标的资产买卖合同既然对买方有利，必然对卖方不利，故期权合同卖方没有订立标的资产买卖合同的主观愿望。相反，期权合同卖方希望期权过期失效，标的资产的买卖合同无法订立，这样其就可以净赚一笔期权权利金。

本章小结

本章着重梳理、分析和批判了目前存在的对期权合同法律性质认识的误区，并进一步剖析了期权合同与相似概念之间的区别和联系，以澄清和凸显期权合同的特性，主要观点有以下几方面：

第一，期权合同并不属于买卖合同。首先，期权合同不属于物的买卖合同。因为物的买卖合同的核心在于“转移标的物所有权”，但期权合同中并不发生“转移标的物所有权”的问题，期权合同买方支付期权权利金只是为了取得对卖方的期权，而期权作为权利显然不是所有权，其只是权利人是否购买或者出售标的资产的选择权。其次，期权合同也不属于权利买卖合同。因为期权合同卖方不可能享有以自己为权利相对人的期权，自然其无权将自己不可能享有的权利转让。期权合同卖方只是将以自己为权利相对人的期权赋予买方，使自己处于受拘束的法律地位。最后，期权合同属于纯粹无名合同，但期权合同同时又属于有偿合同，故期权合同也可适用买卖合同的相关规定。

第二，期权合同不是单务合同，而是双务合同。在期权合同中，期权合同买方享有请求卖方赋予期权权利，同时也负有支付期权权利金义务；期权合同卖方享有请求买方支付权利金的权利，也负有赋予买方期权的义务。因此，双方当事人在期权合同中权利义务是对等的，并不存在权利义务的不对等。况且，即使在行使期权而成立的标的资产的买卖合同中，双方当事人的权利义务依然是对等的。期权合同法律关系中唯一不对等的就是期权法律关系，但期权法律关系并不是期权合同内容的全部。整体而言，双方当事人在期权合同中的权利义务仍然是对等的。因此，期权合同应属于双务合同，而非单务合同。

第三，期权合同既不属于附条件合同，也不属于附期限合同。首先，期权合同不属于附条件的标的资产的买卖合同。如果将期权合同视为附条件合同，则在条件成就之前期权合同不可能生效。然而，所附的条件又是什么呢？一般认为所附条件是标的资产价格变化而引起的期权合同买方对期权的行使。但问题是，如果期权合同尚未生效，期权合同买方依据什么有效取得期权？若其尚未取得期权，其又如何能行使期权而使标的资产买卖合同生效？可见，假设是错误的，期权合同不属于附条件合同。其次，期权合同也不属于附期限的标的资产的买卖合同。因为附期限合同是肯定要生效的，但标的资产买卖合同并不一定，其生效与否取决于期权合同买方的单方意志。最后，除非期权合同当事人明确附加了条件或期限，期权合同一般自当事人合意成立时便生效，自然期权合同不属于附条件或附期限合同。

第四，期权合同不属于预约。因为预约产生的只是请求对方订立本约的请求权，预约权利人并不能凭单方意思而使本约成立。然而，期权合同产生的期权则属于形成权，期权合同买方如果决定执行期权就可以凭单方意志使标的资产买卖合同成立，卖方必须接受买方的行权决定，成为买卖合同的一方当事人，受买卖合同约束。

第五，期权合同也不属于证券。期权合同归根结底属于合同，其是基于双方当事人合意的基础上而成立的。当事人在期权合同既享有权利，也负有义务。然而，证券并不是合同，其只是一种证明或设立特定权利的凭证，其的作成并不需要双方当事人的合意。证券本身只赋予证券持有人权利，并不使其负有义务。此外，期权合同均含有有效期限，逾期将自动失效，而证券一般无时效限制。

第六，期权合同不属于射幸合同，也不同于赌博合同。在期权合同中，当事人的权利义务是确定的，而非不确定的。唯一不确定的就是期权合同买方对期权的行使，但所有权利人对权利的行使都具有不确定性，所以期权的行使具有不确定性并不代表着期权合同中权利义务本身具有不确定性。射幸合同中偶然性事件的发生将必然引起新的权利义务产生，但期权合同中偶然性事件的发生并不必然引发新权利义务产生，是否产生新的权利义务关系还取决于买方的单方意思。可见，期权合同不具有射幸性，不属于射幸合同。期权合同双方当事人的判断和愿望可能是一致的，且期权合同卖方的损失可能是无限的，而赌博合同双方当事人的判断和愿望总是相反，最大损失也仅为赌注数额，所以，期权合同也不同于赌博合同。

第七，期权合同虽然有套期保值的经济功能，但其也不同于保险合同。期权合同不仅具有套期保值功能，还具有投机功能。如果当事人使用期权合同进行投机，就有可能获得高额利润。然而，保险合同不具有投机功能，保险合同的赔偿原则使当事人不可能通过保险合同获得额外利益。保险事故的发生必然导致保险合同当事人新权利义务的产生，而偶然性事件的发生并不必然导致期权合同当事人之间产生新的权利义务关系。此外，期权合同一般均具有流动性，而保险合同则不具有流动性。因此，期权合同也不同于保险合同。

第八，尽管期权合同与期货合同在很多方面存在相似之处，但期权合同是当事人就期权交易而达成的协议，在本质上不同于期货合同。在期权合同中，买方是为了取得期权，即购买或出售标的资产的选择利，而非标的资产本身。然而，在期货合同中，买方则是为了在将来按约定价格（期货价格或交割价格）获得标的资产本身，而非购买或出售标的资产的选择权。因此，期权合同买方并不负有将来购买或出售标的资产的义务，只有在市场行情对其有利时，其才会选择执行期权而购买或出售标的资产，若市场行情对其不利，其自然就不会执行期权，买卖标的资产的交易自然也无从发生。然而，如果期货合同买方在交割日期之前未对冲结算其在期货合同中的头寸，则此时无论市场行情对其是否有利，期货合同买方在交割日期到来时都负有购买标的资产的义务，而不能像期权合同买方那样选择不购买。由上可知，期权合同也不同于期货合同。

第九，期权合同虽然具有标准化特征，但此一标准化特征并不使其属于格式合同。并不是所有的期权合同都具有标准化特征，场外期权合同就不是标准化合同，但格式合同均是标准化合同。期权合同双方当事人中并无一方处于垄断地位，其内容也非由一方预先拟订的，而格式合同的内容则是由处于垄断地位的一方当事人事先拟订的。期权合同的标准化不仅仅是为了重复使用而降低成本，更重要的是增加期权合同的流动性，但格式合同的标准化主要是为了重复使用而降低成本并维护拟订方当事人利益，并无增加格式合同流动性的功能。

第十，期权合同买方虽然可以放弃执行期权而不购买或出售标的资产，但期权合同并不同于附解约定金条款的民事合同。期权合同买方所享有的期权只是使标的资产买卖合同成立生效，而非使其消灭，但附解约定金条款的民事合同中支付解约定金的一方当事人所享有的解除权只是使既存的合同消灭，而非使其成立生效。期权合同中只有买方才能享有期权，但附解约定金条款的民事合同中买卖双方都可以成为解除权权利人。无论期权合同买方是否行使期权，其所支付的期权权利金都是不退还的，但如果解除权权利人不行使解除权，则其支付的解约定金是予以退还的或充作货款。

第十一，期权合同中的期权虽然也赋予了权利人选择权，但期权合同不同于民法中使要约持续生效的选择权合同。期权合同买方订立期权合同是为了取得期权，而选择权合同中的受要约人订立选择权合同并不是为了取得承诺权。因为受要约人自要约生效时就已经取得了承诺权，其订立选择权合同的目的是使要约具有形式拘束力，即使要约在特定期间持续生效，而要约持续生效的法律后果是使受要约人享有了在特定期间持续有效的承诺权。期权合同具有流动性，而选择权合同并不具有流动性，未经要约人同意，受要约人不得将选择权合同转让给第三人。此外，期权合同卖方并不希望将来成立标的资产买卖合同，但选择权合同中的要约人既然向受要约人发出了要约，就表明其是愿意与受要约人就要约的内容订立合同的。

由上可知，期权合同不是证券，而是一种合同。其是基于双方当事人之间所形成的赋予期权的合意而成立的合同。双方当事人在期权合同中互负权利义务，且一般并未就权利义务附加任何条件或期限，所以，期权合同不属于买卖合同、单务合同，也不属于附条件或附期限合同以及预约。此外，期权合同并不具有射幸性，双方当事人在期权合同中的权利义务是确定的，而非不确定的。综上论述，期权合同在法律性质上属于无名合同、双务合同及实定合同。

第三章 期权合同主体与客体

期权合同关系即双方当事人之间所存在的权利义务关系，由期权合同关系主体、客体及内容三部分组成。本章主要研究期权合同关系中的两个构成要素，即期权合同主体和客体。本书首先对期权合同主体进行确定，因为期权合同订立的过程中有多个民事主体参与，但究竟哪个主体才是期权合同法律上的真正合同主体呢？本书然后对期权合同关系客体进行剖析，期权合同关系客体又是什么呢？权利？货物？抑或合同？

第一节 期权合同主体

期权合同主体是期权合同法律关系的重要组成部分，是指在法律上能够以自己名义直接承受期权合同中权利义务的民事主体。也许有人会讲，期权合同主体不就是期权合同买方与卖方吗？即使二者再重要，又有多少研究深度和价值呢？其实期权合同主体相当复杂，尤其是场内期权合同主体，并不是任何民事主体都可以成为期权合同主体的。例如，期权交易所只允许其会员进入交易所内竞价并达成场内期权合同，其他不具有会员资格的其他民事主体是无权进入期权交易所而订立场内期权合同的。那么，一般意义而言的期权投资者可以成为期权合同主体吗？什么样的民事主体可以成为期权合同主体呢？带着这些疑问，本节着重研究期权合同主体的内涵及确定。

一、期权合同主体内涵

期权合同是合同的一种，期权合同主体自然也是合同主体的一种，但什么为合同主体呢？合同主体，又称合同当事人，是指缔结合同的双方或多方民事主体。自然而然，期权合同主体也就是指缔结期权合同的双方或多方民事主体。然而，问题的关键在于究竟谁能缔结期权合同？期权投资者个体能直接订立期权合同吗？就场外期权合同而言，答案是肯定的。期权投资者个体之间可以直接订立场外期权合同，此时期权投资者当然为场外期权合同主体。期权投资者个体也可以委托代理人代理其订立场外期权合同，由于代理的法律效果直接归属于本人，所以此时通过代理订立场外期权合同的期权投资者仍然为期权合同主体。然而，此处应当说明的是，2002 年 ISDA 主协议禁止代理。2002 年 ISDA 主协议第 3（g）条明确规定："其作为本人而非任何人或机构的代理人订立本协议。"[①] 因此，期权投资者个体若采用 2002 年 ISDA 主协议订立场外期权合同，其均被视为场外期权合同的直接主体。

与场外期权合同的肯定回答相比，场内期权合同的答案就并非如此了。期权投资者个体一般都不具有期权交易所会员资格，而期权交易所均是规定只有具有会员资格的民事主体才能进入交易所开展期权交易。例如，《芝加哥期权交易所规则》第 5.80 条规定："只有经批准的交易员可以在交易所大厅内进行交易，但本规则另有明确规定除外。"[②] 因此，期权投资者个体欲参与场内期权交易则必须通过期权交易所成员进行，但此时场内期权合同的主体究竟是期权投资者个体还是期权交易所成员呢？在剖析场内期权合同主体之前，本书有必要先行介绍一下场内期权交易与清算流程。

当前 A 公司股票价格为每股 100 美元，期权投资者甲预期 A 公司股票价格在未来 6 个月内将上涨，于是作为买方打算在期权交易所订立一份来年 6 月到期

---

① See *ISDA 2002 Master Agreement*，Article 3（g）.

② See *CBOE Rules*，Rule 5.80.

的执行价格为每股 100 美元的 A 公司股票买权合同，即其欲购买六月份到期的执行价格为每股 100 美元的 A 公司股票买权。由于甲不具有期权交易所会员资格，其必须委托具有会员资格的期权经纪商丙（option broker-dealers）代其进行，于是其应先在期权经纪商丙处开立期权交易账户。因为，《芝加哥期权交易所规则》第 9.1（a）条明确规定："除非依据本规则的规定为进行期权交易的客户账户已经被批准，任何成员组织均不应接受客户购买或销售期权合同的交易指令。"[①] 期权投资者甲在开立期权交易账户后便可向买方期权经纪商丙发出交易指令，其交易指令为限价指令（limit order），要求买权权利金不得高于每股 6 美元。由于买方期权经纪商丙具有交易所会员资格，其将要求其在交易所内的场内经纪商（Floor Brokers）执行客户甲的交易指令。然而，期权投资者乙对 A 公司股票价格走向的看法却相反，预期 A 公司股票价格在未来 6 个月内将下跌。因此，期权投资者乙打算在期权交易所内卖出 6 月到期的执行价格为每股 100 美元的 A 公司股票买权。由于乙也不具有期权交易所会员资格，其也得按照与甲一样的步骤在卖方期权经纪商丁处开立期权交易账户并发出交易指令。乙的交易指令也为限价指令，要求买权权利金最少不得低于每股 6 美元。

甲乙双方各自的期权经纪商将按照客户的交易指令在交易所大厅内公开竞价，其中买方所报出的价格为竞买价（Bids），卖方所报出的价格为竞卖价（Offers）。在所有的竞买价中，报价最高的竞买价具有优先性；如果竞买价相同，客户的竞买价具有优先性；如果均为客户的竞买价，先发出的竞买价具有优先性；如果发出时间相同或无法合理确定发出时间顺序，则竞买价的优先性按比例平均分配。对比而言，在所有的竞卖价中，报价最低的竞卖价具有优先性，出现等价情况时，处理规则与竞买价相同。由于甲乙就买权权利金报出的最高价和最低价正好相同，那么，甲乙双方的期权经纪商将以自己的名义按照每股 6 美元的期权交易指令价格达成 A 公司股票买权合同。达成交易的双方的场内经纪商将分别向各自的期权经纪商报告所达成的期权合同，买卖双方期权经纪商再向其各自客户报告已达成的期权合同等情况。购买股票买权的期权投资者甲将把买权权利金存入其在买方经纪商丙处开立的期权交易账户，而出售股票买权的乙则将保证金存入其在卖方经纪商丁处所开立的期权交易账户。

---

① See *CBOE Rules*，Rule 9.1（a）.

期权经纪商丙丁之间成立的 A 公司股票买权合同将提交期权清算所清算，而只有期权清算所成员才有资格通过期权清算所清算。因此，如果丙丁都具有期权清算所成员资格，那么丙丁便可以自己名义通过期权清算所清算，而若不具有清算成员资格，其还必须通过具有清算成员资格的主体才能在期权清算所清算。假设期权经纪商丙丁都具有期权清算所成员资格，那么期权清算所在接受清算成员丙丁之间的 A 公司股票买权合同之后将分别与二者成立一份 A 公司股票买权合同，而丙丁之间原有的 A 公司股票买权合同则因被这两份 A 公司股票买权合同所取代而消灭。[①] 此时，期权经纪商丙丁作为期权合同买方和卖方的法律地位没有改变，但二者之间不再具有直接的期权合同合同关系，而分别与期权清算所具有直接的期权合同关系，期权清算所则成为买方的卖方，卖方的买方。期权清算所将直接从买方清算成员（purchasing clearing member）丙的账户中扣除 600 美元的买权权利金，并为其增加一个 6 月到期执行价格为每股 100 美元的 A 公司股票买权；同时将 600 美元的买权权利金划入卖方清算成员（writing clearing member）丁的账户，并记录其卖出一个 6 月到期执行价格为每股 100 美元的 A 公司股票买权，此外还应从卖方清算成员丁的账户中扣除保证金。

如果 6 个月后买权到期时，A 公司股票价格果然如期权投资者甲所料，股价涨至每股 110 美元。甲此时可以通过执行买权获取收益。甲应先通知其经纪商丙执行买权，买方经纪商丙再向期权清算所发出执行通知（an exercise notice）。[②] 期权清算所在接受执行通知后可以按照既定程序指定代表系列期权（the series of options，系列期权是指具有相同执行价格和到期日的同一种类的所有期权合同）[③] 卖方的清算成员执行期权。此处切记，期权清算所指定的承担执行期权任务的卖方清算成员并不一定就是作为卖方清算成员的期权经纪商丁，其可以是任何一个

---

① See *OCC Rules*, Rule 404 and Rule 405；*CCASS General Rules*, Rule 3301, *HKCC Rules & Procedures*, Rule 309, *SEOCH Options Clearing Rules*, First Schedule, and those documents are available at the website：http：//www.hkex.com.hk；*CME Rulebook*, Rule 804, this document is available at the website：https：//www.cmegroup.com/rulebook/CME/；*CBOT Rulebook*, Rule 804, this document is available at the website：https：//www.cmegroup.com/rulebook/CBOT/.

② See *CBOE Rules*, Rule 6.20 and Rule 6.21.

③ See *CBOE Rules*, Rule 1.1 Definitions.

在期权清算所收到执行通知后仍然与被执行期权属于相同系列的卖方清算成员。[①]被分派执行的卖方清算成员然后按照“先进先出”（first in，first out）或“自动随机选择”（automated random selection）的方法将执行期权的任务指定给卖方经纪商，而卖方经纪商再依照“先进先出”或“随机选择”或交易所规定的其他手动随机选择方法（manual random selection）确定执行期权的投资者卖方。[②]被选定执行的期权投资者将按照期权清算公司规定时间、地点交付A公司股票，自然甲也应同时按执行价格支付A公司股票对价。此处应当注意的是，尽管被选定执行的卖方清算成员向买方清算成员实际履行，但买方清算成员丙仍是向期权清算所按执行价格购买A公司股票，被选定的卖方清算成员只不过是代表期权清算所实际履行而已。[③]

从上述场内期权交易和清算的过程中，我们可以看出期权合同的订立和清算过程中涉及众多民事主体，但谁才是真正法律意义上期权合同主体呢？期权投资者买方与卖方？买方经纪商与卖方经纪商？买方清算成员与卖方清算成员？还是买方经纪商和卖方经纪商分别与期权清算所？抑或买方清算成员和卖方清算成员分别与期权清算所？

二、期权合同关系主体的确定

由上文可知，场外期权合同主体相对简单明确，一般比较容易确定。因此，鉴于场内期权合同主体的复杂性，下文将主要研究场内期权合同主体的确定。

（一）期权投资者

虽然笔者在前文中将期权投资者个人称为期权合同买方和期权合同卖方，但此称谓只是为行文方便而省略了其他主体的介入（而此省略对本章论证的逻辑性并无任何不利影响），并不意味着笔者认为期权投资者个人就是期权合同法律上的合同主体。尽管期权投资者甲和期权投资者乙具有一般民事权利能力和民事行为能力，但其并不一定具有期权交易所成员资格。然而，期权交易所均规定在交易所内开展期权交易是其成员的专有权利，只有期权交易所会员才有资格进入交

① See *OCC Rules*，Rule 803 Assignment of Exercise Notices to Clearing Members.

② See *OCC Rules*，Rule 804；*CBOE Rules*，Rule 6.21.

③ See *OCC By-Laws*，Article VI Section 9，Section 15 and Section 16.

易所大厅开展期权交易，其他主体不得在期权交易所内进行期权交易。[①] 因此，期权投资者欲参加场内期权交易只有委托具有交易所成员资格的期权经纪商代其进行。然而，具有交易所会员资格的期权经纪商在竞买价和竞卖价时并不表明其代表哪一个客户，其以自己的名义在期权交易所内独立从事期权交易，订立期权合同。可见，期权投资者个人显然不可能为期权合同主体，那么，这是否就意味着具有交易所会员资格的期权经纪商为期权合同的主体？

（二）期权交易所成员

期权交易所成员必然都是经纪商（a broker or dealer），[②] 但并不是所有的经纪商都是交易所成员。如果不具有交易所会员资格的经纪商欲进行场内期权交易，其与一般期权投资者一样也必须委托具有交易所会员资格的经纪商代其进行（故以下若无相反说明，“期权经纪商”一般是指具有交易所会员资格的期权经纪商）。期权交易所会员在交易所内有权以自己名义发出竞买价和竞卖价，如果竞买价等于竞卖价，则由此成立期权合同。[③] 期权交易所成员是以自己名义成立期权合同，其本人作为合同主体，并受期权合同约束。[④] 因此，期权交易所成员可以成为期权合同主体，然而，所有的场内期权交易都必须提交期权清算所进行清算，那么期权交易所成员在期权合同清算中仍然为期权合同主体吗？

如前所述，只有期权清算所成员才有资格通过期权清算所清算，不具有清算成员资格的期权交易所成员必须通过具有期权清算所成员资格的清算成员才能在期权清算所清算。因此，如果期权交易所成员同时具有期权清算所成员资格，那么其自然有资格以自己名义向期权清算所提交清算。此时，期权清算所登记场内期权合同的主体为该具有清算成员资格的期权交易所成员，所以，该期权交易所成员依然为期权合同主体。然而，如果期权交易所成员并不具有期权清算所成员资格，那么该期权交易所成员必须与具有清算成员资格的期权清算所成员签订

---

① See *CBOT Rulebook*，Rule 502；*CBOE Rules*，Rule 5.80.

② See *CBOE Rules*，Rule 3.2 and Rule 3.3.

③ See *CBOE Rules*，Rule 5.11.

④ See *CCASS General Rules*，Rule 3301；*SEOCH Options Clearing Rules*，Rule 203 and Rule 207.

"清算协议"（clearing agreement），[①] 由清算成员代其向期权清算所提交清算。况且，许多期权交易所也都明确规定，不具有清算成员资格的期权交易所成员在期权交易所内从事期权交易时必须有期权清算公司成员的授权函或保证函（letters of authorization or letters of guarantee），否则不得在交易所内开展任何期权交易。[②] 可见，期权交易所成员若无期权清算所清算成员的授权函或保证函，其就无权在交易所内开展任何期权交易。期权交易所会员对其达成的每一个期权交易均必须向期权交易所报告，而向期权交易所报告交易信息的必备内容之一就是买方清算成员和卖方清算成员的身份（the identity of the purchasing clearing member and the writing clearing member）。[③] 期权清算所清算成员必须对其提供授权函或保证函的交易所成员所达成的所有场内期权合同负责清算，而清算成员在将非清算成员所达成的期权合同提交清算时是以自己的名义进行的。[④] 因此，场内期权合同的清算结账首先是由期权清算所清算成员负责的，即清算成员对其担保的期权交易所成员达成的所有场内期权交易承担财政责任（financial responsibility）。由此可见，不具有清算成员资格的期权交易所会员并不直接承担被提交清算的期权合同中的义务（这并不妨碍其间接承担该被清算的期权合同中的义务），而是由期权清算公司清算成员来直接承担被提交清算的期权合同中的义务，那么，这是否就意味着期权清算所清算成员为期权合同主体呢？

（三）期权清算所清算成员

期权清算所清算成员确实享有期权合同中的权利和负有期权合同中的义务。例如，《期权清算公司章程细则》第 6 条第 3 款规定了买方清算成员负有向期权清算公司支付期权权利金的义务，[⑤] 而《期权清算公司规则》第 801 条则规定了买

---

① See *HKCC Rules & Procedures*, Rule 314 and Rule 317; *SEOCH Options Clearing Rules*, Rule 429; *SEHK Options Trading Rules*, Rule 302 (4) (b), this document is available at the website: http://www.hkex.com.hk.

② See *CBOE Rules*, Rule 3.61.

③ See *CBOE Rules*, Rule 6.1 and Rule 6.2.

④ See *HKCC Rules & Procedures*, Rule 308A (a) (ii).

⑤ See *OCC By-Laws*, Article VI Section 3.04.

方清算成员向期权清算公司发出行权通知而执行期权的权利。[①] 可见，清算成员既然能行使期权，其自身必然首先是享有期权的。此外，买方清算成员（purchasing clearing member）的定义也就是在期权交易中作为或代表（acting as，or on behalf of）期权合同买方的清算成员，而卖方清算成员（writing clearing member）的定义也为在期权交易中作为或代表期权合同卖方的清算成员。[②] 况且，清算成员是以自己的名义独立地享有权利和承担义务，并不表明其所代表的期权经纪商的身份。[③] 所有这些规定似乎都显示买方清算成员和卖方清算成员分别为期权合同的买方和卖方，然而，这种观点却面临着一些无法解释的问题。例如，买方清算成员是向期权清算公司履行支付期权权利金的义务（shall be obligated to pay the corporation the amount of the premium），并非直接向卖方清算成员支付期权权利金，而卖方清算成员也是向期权清算公司发出行权通知（shall submit exercise notices to the Corporation），而非直接向买方清算成员发出行权通知。[④] 况且，《期权清算公司规则》第 404 条和第 405 条规定，期权清算公司应当向卖方清算成员支付期权权利金，并应增加买方清算成员所持期权合同的多头头寸。[⑤] 可见，买方清算成员和卖方清算成员都是向期权清算公司履行义务和行使权利，再由期权清算公司分别向买方清算成员和卖方清算成员履行义务和行使权利。若认为期权合同主体仅为买方清算成员和卖方清算成员，那么期权清算公司的角色如何解释？期权合同的相对性原则又应如何解释？

再者讲，卖方清算成员可以通过购买平仓交易而使自己不再受期权的拘束，[⑥] 而购买平仓交易则是指卖方清算成员通过作为买方订立一个与其原来作为卖方的同样的期权合同减少自己所持的期权空头头寸。[⑦] 可见，卖方清算成员实际上是概括转让了其在期权合同的权利义务，完成了期权合同主体的变更。卖方清算成员在概括转让其权利义务和变更合同主体时并不需要取得买方清算成员的同意，

---

① See *OCC Rules* Rule 801.

② See *OCC By-Laws*，Article I Definitions.

③ See *OCC By-Laws*，Article VI Section 3 and *OCC Rules* Rule 804.

④ See *OCC Rules* Rule 403 and Rule 801.

⑤ See *OCC Rules*，Rule 404 and Rule 405.

⑥ See *OCC By-Laws*，Article VI Section 12，Section 13，Section 15 and Section 16.

⑦ See *OCC By-Laws*，Article VI Section 16 Closing Purchasing Transactions.

而我国《合同法》第88条规定，当事人概括转让合同权利义务的必须取得对方当事人同意。因此，若将买方清算成员和卖方清算成员视为期权合同主体，又如何解释卖方清算成员无须征得买方清算成员同意即可通过对冲平仓而不再受期权拘束的现象呢？唯一的解释就是买方清算成员和卖方清算成员并不是法律上期权合同的直接主体，那么，期权合同的主体又为何者呢？

（四）本书观点

笔者认为，欲确定期权合同的主体必得先明确期权合同成立和清算过程。如上所言，期权合同确实是由期权交易所成员在交易所内订立，但由于所有场内期权合同都必须提交期权清算所清算，而提交清算又必须通过期权清算所清算成员进行。因此，原来作为期权合同主体的期权交易所成员将被期权清算所成员取代，于是期权合同成为清算成员之间的合同，而期权交易所成员与清算成员之间又分别成立一份与原期权合同内容相同的期权合同（当然此处并不排除期权交易所成员依据其与清算成员之间存在的"清算协议"直接以清算成员名义成立期权合同，而并不再与清算成员成立与原期权合同内容相同的期权合同）。双方清算成员将其之间存在的期权合同提交清算时，期权合同却因期权清算公司的介入而一分为二，即该期权合同又被分成两个相同的期权合同。在这两个期权合同中，原来作为期权合同买方的清算成员依然为买方，而原来作为期权合同卖方的清算成员也依然为卖方，但期权清算公司却分别成为原期权合同买方的卖方及原期权合同卖方的买方。

由上可见，有的期权交易所成员是直接以为其提供担保或对其授权的清算成员名义成立期权合同，此时期权合同的主体自然应为该清算成员，而非期权交易所成员。即使经由买方清算成员和卖方清算成员授权或担保的期权交易所会员有权以自己名义在交易所内成立期权合同，而依据期权交易所成员与清算成员之间的清算协议，该期权合同将因被清算成员之间相同内容的期权合同取代而消灭。清算成员之间存在的期权合同亦将因提交清算而被取代消灭，结果变成清算成员之间也不再存在期权合同关系，但双方清算成员却分别与期权清算所成立一份相同内容的期权合同。期权交易所内有效存在的期权合同其实也就是清算成员与期权清算所之间的期权合同。综上论述，笔者认为，期权交易所成员在特定阶段可以成为期权合同主体，但一般有效期权合同的主体应为买方清算成员、卖方清算成员与期权清算所。然而，也许有人会讲，期权清算公司一直都是作为期权合同买方和卖方的中介人而保证期权合同的履行，[①]那么，期权清算公司又是怎么就分别成了期权合同买方最后的卖方及期权合同卖方最后的买方呢?

笔者认为，期权清算所确实具有担保期权合同履行的功能，使期权合同买卖双方都不必再关注对方当事人的履行能力，但这并不妨碍期权清算公司成为期权合同买卖双方的对手。我们忆及《期权清算公司规则》第 401（g）条规定，一旦期权清算公司接受一项场内交易，通过新合同取代旧合同，期权清算公司取而代之成为每一个卖方的买方和每一个买方的卖方，双方当事人在此项交易中的权利应当仅限于向期权清算公司提出权利请求，且期权清算公司应当依据《期权清算公司章程细则》和《期权清算公司规则》条款的规定而对双方当事人负有义务。[②]可见，期权合同无疑是由代表买卖双方当事人的期权交易所成员在交易所内达成的，然而一旦为期权清算公司所接受，买卖双方当事人就只能向期权清算公司提出权利请求，即买方清算成员只能向期权清算公司主张行使期权，而卖方清算成员也只能向期权清算公司请求支付期权权利金。

《期权清算公司规则》第 403 条相应地规定了买方清算成员向期权清算公司支付期权权利金的义务，而第 404 条则规定了期权清算公司向卖方清算成员支付期权权利金的义务。因此，只要一项场内期权交易为期权清算公司所接受，买卖双方当事人在该期权交易中的权利义务关系便因期权清算公司的介入而中断，即买卖双方不再与对方具有直接的权利义务关系，而是转与期权清算公司发生直接的权利义务关系。还应提及的是，一项场内期权交易自其开始时就被认为已为期权清算公司所接受，这就意味着期权清算公司自动介入每一项场内期权交易，期权清算公司的接受并不需要特别的程序。由上可知，期权交易所内达成的每一项交易均为期权清算公司所自动接受，而期权清算公司的接受将割断买方清算成员

① See *OCC Who We Are*, this document is available at the website：http：//www.optionsclearing.com.

② See *OCC Rules*, Rule 401（g）："Upon the acceptance of a confirmed trade by the Corporation, the Corporation shall be substituted through novation as the buyer to the seller and the seller to the buyer, the rights of the parties to such transaction shall be solely against the Corporation and the Corporation shall be obligated to the parties in accordance with the provisions of the By-Laws and the Rules."

和卖方清算成员之间的权利义务关系，使买卖双方当事人均只得向期权清算公司提出权利请求，期权清算公司也将分别对买卖双方当事人负有义务。

如果说《期权清算公司规则》第 401 条、第 403 条和第 404 条还只是规定了期权清算公司在事实上的权利义务关系，并未将期权清算公司明确规定为原期权合同买方的卖方和卖方的买方。那么，《期权清算公司规则》第 405 条对此却作出了明确规定。《期权清算公司规则》第 405 条规定：“期权清算公司应当成为确认交易中所购买的所有的清算合同的发售者（the issuer）。”① 由此可知，期权清算公司是所有期权合同的卖方，期权合同买方在期权交易中所面对的并不是期权合同卖方，而是期权清算公司。② 更为重要的是，第 405.01 条进一步规定：“通过新合同取代旧合同，期权清算公司取而代之成为每一个卖方的买方和每一个买方的卖方，及成为在规则中规定的范围内对在清算合同中持有头寸的当事人负有义务的义务人。（The Corporation is substituted through novation as the buyer to every seller and the seller to every buyer and is the obligor to the extent set forth in the Rules with respect to obligations owing to persons having positions in cleared contracts.）”③ 可见，该条款明确将期权清算公司规定为期权合同主体。

如果说上述还只是期权清算公司自己的规定，可能为一家之言，那么其实众多交易所或清算所均对期权清算所通过替代而成为期权合同主体作出了明确规定。例如，《芝加哥商业交易所规则》第 804 条明确规定，清算所应通过替代而成为场内合同买方的卖方及卖方的买方，每一个清算成员均应当被认为是向清算所出售或购买场内合同。④《芝加哥期货交易所规则》第 704.00 条也明确规定，当期货合同或期权合同通过清算服务提供者清算时，清算服务提供者应当被视为已替代成为买方的卖方及卖方的买方，应当对原当事人享有此提交清算的合同中的所有权利和承担所有义务。⑤ 如果说上述规则还只是规定期权清算所通过替代而成为原来期权合同买方的卖方及卖方的买方，而并未明确规定期权清算所分别与清算成员分别成立两个期权合同来取代消灭原来的期权合同，那么有的交易所

① See *OCC Rules*，Rule 405.

② 参见［美］唐·M. 钱斯：《衍生金融工具与风险管理》，郑磊译，中信出版社 2004 年版，第 30 页。

③ See *OCC Rules*，Rule 405.01.

④ See *CME Rulebook*，Rule 804.

⑤ See *CBOT Rulebook*，Rule 804.

和清算所却对此作出了明确规定。例如,《香港期货交易所清算公司规则和程序》第 309 条明确规定,每一份合同登记后,已登记的合同将被两份独立的合同所代替,一份合同存在于清算所与登记为合同买方的清算成员之间,而另一份则存在于清算所与登记为合同卖方的清算成员之间。(After registration of every Contract, the registered Contract shall be novated and there shall arise two separate Contracts)① 其他交易所或清算所也对期权合同一分为二作出了明确规定。② 因此,期权清算所与清算成员之间存在有效的期权合同关系,二者应当是期权合同法律上的直接主体。

由上可知,表面上看来,期权合同买方是在向期权合同卖方购买期权,但实际上期权合同买方是在向期权清算所购买期权,而期权合同卖方实际上也是在向期权清算所出售期权,因此,期权清算所也就成了事实上的买方的卖方及卖方的买方。③ 这样,期权清算所就直接承担了履行期权合同的责任,原来的期权合同买方和卖方直接要求期权清算所履行期权合同即可,而不必再请求对方履行。由于期权清算所的雄厚财力足以保证期权合同的如期履行,这就使期权合同买卖双方不必再担心对方的履行能力,只管相信期权清算所即可。也许有人会讲,此时将期权清算所视为期权合同主体只是从承担责任的角度而言的,而在某些担保合同中,担保人也是承担首要合同义务的,但这些担保人承担主合同首要义务并不能使其成为主合同主体,为什么期权清算所承担期权合同的首要履行义务就使得其成为期权合同主体呢?

笔者认为,承担直接的、首要的合同义务(这并不妨碍当期权合同买方执行

---

① See *HKCC Rules & Procedures*, Rule 309.

② See *SEOCH Options Clearing Rules*, First Schedule; *HKFE Options Trading Rules of the Stock Exchange*, Rule 513; *CCASS General Rules*, Rule 3301: "Upon acceptance of an Exchange Trade by HKSCC for settlement under the CNS System in accordance with the Rules, such Exchange Trade shall be replaced by two Market Contracts through Novation, one between the selling Clearing Participant or Clearing Agency Participant and HKSCC as buyer, as principals to such contract, and another between the buying Clearing Participant or Clearing Agency Participant and HKSCC as seller, as principals to such contract."

③ 参见[英]罗伯特·汤普金斯:《解读期权》(第二版),陈宋生、崔宏、刘锋译,经济管理出版社 2004 年版,第 471~472 页;[美]罗伯特·A. 斯特朗:《衍生产品概论》,王振山等译,东北财经大学出版社 2005 年版,第 14 页。

期权时，期权清算所指令出售相同期权的任何一卖方清算成员对期权合同买方履行标的资产买卖合同义务）[①] 并不是期权清算所成为期权合同主体的关键因素，其关键因素在于期权清算所是唯一对期权合同买方和卖方承担合同义务的主体。如前所述，《期权清算公司规则》第 401（g）条规定，一旦期权清算公司接受一项场内交易，那么，双方当事人在此项交易中的权利应当仅限于向期权清算公司（shall be solely against the corporation）提出权利请求。其中的关键用语在于“双方当事人仅得向期权清算公司提出权利请求”，这就意味着买卖双方当事人之间原本应存在的权利义务关系被期权清算公司切断了。此时，期权清算所不仅是期权合同的直接义务主体，还是期权合同买卖双方的唯一义务主体。期权合同买方只能向期权清算所发出执行期权的通知，而不能绕过期权清算所直接向卖方清算成员发出执行期权的通知。[②] 同样，期权合同卖方也只能请求期权清算所支付期权权利金，并不能绕开期权清算所而径向期权合同买方请求支付期权权利金，期权合同买方此时对卖方并不负有支付期权权利金的义务。期权合同买方此时只对期权清算所负有支付期权权利金的义务，而期权清算所同时又对期权合同卖方负有支付期权权利金的义务。[③]

对比而言，在担保关系中，担保人有时虽然直接承担合同义务，但其并不是该合同义务的唯一承担主体。如果担保人未能履行其所承担的合同义务，原来首要承担该义务的合同主体依然应当承担该合同义务。因为该义务主体依然与权利主体之间存在主合同关系，且该主合同关系还是担保合同关系存在的前提，合同权利主体在担保人未能履行合同义务的情况下仍然有权依据主合同而请求合同义务主体履行合同义务。然而，即使在期权清算所违约的情况下，期权合同卖方也不能向期权合同买方提出权利请求，因为期权合同卖方只能对期权清算所提出权利请求(shall be solely against)，期权合同买方对其并不负有直接的合同义务。此外，担保人虽然可以以自己的名义直接承担合同义务，但其仍是替合同原义务履行义务，而期权清算所则是在履行自己的义务，并不是为他人履行义务。因此，期权清算所作为买卖双方当事人权利的唯一义务主体决定了其并不是处于担保人的地位，而是期权合同主体的地位。

---

① See *CBOE Rules* Rule 6.22 and *OCC Rules* Chapter IX.

② See *OCC Rules* Rule 801（a）.

③ See *OCC Rules*，Rule 403 and Rule 404.

期权清算所成为期权合同主体的另一个至关重要的原因是期权合同的清算机制。在期权到期前，期权合同买方如果不打算执行期权，其有权通过出售平仓交易对冲掉自己所持的期权头寸。同样，期权合同卖方如果不想再受期权的拘束，避免在买方执行期权时承担义务，其也有权通过购买平仓交易对冲掉自己所持有的期权头寸，使自己不再受期权的拘束。如果说期权合同买方无须对方同意而转移自己的合同权利还可以用民法原理加以解释，那么又如何解释期权合同卖方也无须买方同意就可对冲掉自己的期权合同头寸而不受期权拘束呢？此外，期权属于形成权，而形成权又属于相对权，故权利人原则上只能向权利相对人提出权利请求，那么作为期权相对人的期权合同卖方又怎么可以将期权相对人的法律地位转移给其他人呢？我国《合同法》第 80 条规定 ：“债权人转让权利的，应当通知债务人。未经通知，该转让对债务人不发生效力”，而第 84 条则规定 ：“债务人将合同的义务全部或者部分转移给第三人的，应当经债权人同意。”可知，权利的转让并不需要征得义务人的同意，而义务的转让必须先征得权利人的同意。《合同法》第 88 条进一步规定 ：“当事人一方经对方同意，可以将自己在合同中的权利和义务一并转让给第三人。”因此，合同主体的变更必须事先取得原合同主体的同意。然而，期权合同买方和卖方通过对冲平仓实际上是退出了原来的期权合同关系，不再是期权合同的主体，但二者在对冲平仓变更期权合同主体时均未事先取得对方同意，那么这是否与《合同法》中的相关规定矛盾呢？此外，当期权合同买方欲执行期权时，期权清算公司是按照既定程序指定承担义务的卖方清算成员的，因此，最终向期权合同买方承担义务的主体并不一定是期权合同原来的卖方，而可能为任何一家出售同系列期权的卖方清算成员。这种承担合同义务主体的不确定性又是否与期权合同的相对性原则相冲突呢？

期权清算所介入而成为期权合同主体就解决了上述矛盾和冲突。期权清算所介入后实际上也就成了两个期权合同，原来的期权合同买方和卖方依然为期权合同买方和卖方，而期权清算所却分别成为了原来期权合同买方的卖方及原来期权合同卖方的买方，即期权清算所在两个期权合同中的身份不同，分别作为买方和卖方。这样，期权合同买方在通过出售平仓交易对冲去所持有的期权头寸时，实际上是又与期权清算所订立了一份期权合同，这份期权合同同原来期权合同买方与期权清算所之间的那份期权合同在内容上完全相同（期权权利金可能不同），只是在这份期权合同中原来的期权合同买方变成了卖方，而期权清算所正好由卖方变成了买方，即买卖双方主体的身份正好颠倒过来。此时，原来的期权合同买方作为卖方变成了期权相对人，而期权清算所则作为买方变成了期权权利人，即期权合同买方与期权清算所相互对对方享有期权。这就意味着如果期权合同买方执行期权，要求期权清算所承担标的资产买卖合同中的义务，期权清算所也可以执行期权，同样要求原期权合同买方承担标的资产买卖合同中的义务。在双方均执行期权后，原期权合同买方与期权清算所在标的资产买卖合同中承担的合同义务的性质是相同的，标的物的种类和品质也是相同的。我们忆及《合同法》第99条第1款规定："当事人互负到期债务，该债务的标的物种类、品质相同的，任何一方可以将自己的债务与对方的债务抵销，但依照法律规定或者按照合同性质不得抵销的除外。"因此，原期权合同买方和期权清算所任何一方均可以将自己的债务与对方的债务相互抵销。既然原期权合同买方与期权清算所在执行期权后的义务可以相互抵销，那么，双方相互对对方享有的相同内容的期权不若直接对冲消灭，又何必等到执行期权后再抵销呢？

同样道理，原期权合同卖方也可以通过购买平仓交易对冲掉自己所持有的期权头寸。《合同法》第99条第2款规定："当事人主张抵销的，应当通知对方。通知自到达对方时生效。抵销不得附条件或者附期限。"可见，抵销是双方当事人的权利，当事人主张抵销时，并不需要事先征得对方当事人同意，只需要通知对方即可。因此，期权合同买方和卖方在对冲消灭其所各自持有的期权头寸时，实际上是在向期权清算所行使抵销权（此处需要说明的是《合同法》中的抵销仅限于债务，而期权属于形成权，期权相对人并无相应义务而言，其只是受期权的拘束，故从严格意义上讲，期权的对冲消灭并不符合《合同法》中抵销的规定，但由于同《合同法》中债务抵销在本质上十分相似，故笔者借用了此概念），而抵销权的行使又无须取得对方同意，故期权合同买方和卖方均可以自由决定对冲消灭其各自的期权头寸。因此，期权合同当事人自由对冲消灭期权头寸与民法基本理论并不矛盾冲突。

此外需要说明的是，原则上讲，期权清算所订立期权合同总是成双成对的，[①]即期权清算所总是同时成立两个内容完全相同的期权合同，在一个期权合同中作

① See *OCC Rules* Rule 405.

为买方，而在另一个期权合同中作为卖方。例如，原期权合同欲通过出售平仓交易对冲自己的期权头寸，但期权清算所并不会与原期权合同买方单独订立一份期权合同，其只有在原期权合同买方找到一个愿意购买相同期权的当事人时才会分别与原期权合同买方及现愿意购买期权的当事人订立两个相同内容的期权合同。此愿意购买相同期权的当事人可能是原期权合同卖方，也可能为原期权合同卖方之外的任何第三人。可见，在原期权合同买方与期权清算所订立期权合同时，期权清算所同时又与愿意购买相同期权的当事人订立一个期权合同。原期权合同买方虽然可以对冲消灭了其所持有的期权头寸，但愿意购买相同期权的当事人则又开仓建立了一个期权头寸（当然，如果该当事人正好为原期权合同卖方，则该期权头寸也将因对冲平仓而消灭），因此，在法律效果上，期权权利人相当于从原期权合同买方转移到了此时愿意购买相同期权的当事人。

期权清算所介入成为期权合同主体也妥善解释了期权执行过程所存在的法律问题。由于期权清算所是期权合同买方所享有的期权的期权相对人，故期权合同买方在执行期权时实际上是要求期权清算所履行标的资产买卖合同中的义务。然而，期权清算所又对已出售相同期权的卖方清算成员（当然包括原期权合同卖方）享有期权，当期权合同买方对期权清算所行使期权时，期权清算所自然也可以对任何已出售相同期权的卖方清算成员执行期权，要求已出售相同期权的卖方清算成员履行同样的标的资产买卖合同义务。此时，出售期权的卖方清算成员对期权清算所负有履行标的资产买卖合同的义务，而期权清算所又对期权合同买方负有履行标的资产买卖合同的义务，且这两个合同义务的内容是完全相同的。因此，期权清算所可以指令出售期权的卖方清算成员对期权合同买方履行标的资产买卖合同中的义务。这相当于进口商要求出口商将货物直接交付与国内的购买者，由第三方履行合同义务，并不违背合同法基本理论。因为，如果出售相同期权的卖方清算成员未能履行标的资产买卖合同义务，期权清算所仍应对期权合同买方承担违约责任。此外，期权清算所对任何已出售相同期权的卖方清算成员均享有期权，因此，期权清算所有权要求任何一个已出售相同期权的卖方清算成员履行标的资产买卖合同中的义务，[①] 并不仅限于原期权合同卖方。由此可知，任一已出售相同期权的卖方清算成员向期权合同买方

① See *OCC Rules* Rule 903.

履行义务实际上是期权清算所向期权合同卖方履行义务，故并不存在与合同相对性原则发生矛盾冲突的问题。

此处需要说明的是，期权清算所虽然对原期权合同卖方享有期权，但期权清算所并不单方面主动行使期权。只有原期权合同买方向期权清算所发出行权通知，期权清算所才会向卖方清算成员发出行权通知，[①]即期权清算所是根据原期权合同买方的行权而行权的，真正的行权发动人仍然是原期权合同。因为期权清算所的介入实际上是将原来的每一个期权合同均一分为二，期权清算所在两个期权合同中分别作为期权合同买方和卖方。因此，如果期权清算所在原期权合同买方没有行权通知的情况下就自己现行向卖方清算成员主张行使期权，那么期权清算所在执行期权后仍然处于期权相对人的地位，因为原期权合同买方并未行权。这样期权清算所就使自己参与期权交易的投机与套利之中，使自己完全暴露在市场风险之中，这并不符合期权清算所设立的本意。期权清算所主要是为期权合同买卖双方提供信用支持，为期权合同结算提供便利，增加期权交易的流动性和活跃性。因此，期权清算所只有在原期权合同买方执行期权时才发出行权通知，其自身并不单方面主动执行期权。

综上论述可知，场外期权合同主体比较明确，也就是订立场外期权合同的双方当事人。场内期权合同主体则存在阶段性变化。场内期权合同首先由期权交易所成员以自己名义（并不排除存在以清算成员名义的情形）在交易所内达成，此时期权交易所成员当然为期权合同主体。场内期权合同然后由清算成员向期权清算所提交清算，而期权清算所在对期权合同清算时将与清算成员分别成立两份期权合同取代被提交清算的期权合同，那么此时期权合同主体应当分别是买方清算成员与期权清算所和卖方清算成员与期权清算所。因此，期权交易所成员只有在特定阶段才能成为场内期权合同主体，而一般所言的场内期权合同的主体均应是指买方清算成员、卖方清算成员和期权清算所。

---

① See *OCC Rules* Rule 901 and Rule 903.

第二节 期权合同关系客体

期权合同关系是一种法律关系，所以，期权合同关系客体无疑也应属于法律关系客体的一种。因此，本节先从法律关系客体入手，然后再就期权合同关系客体所可能存在的各种不同的观点进行分析，最后本书就期权合同关系客体提出自己的观点。

一、法律关系客体内涵

法律关系客体是民事主体之间产生权利义务关系的基础，因为民事主体之间权利义务关系的成立、确定及实现都必须以法律关系客体为载体，可见，没有客体的存在就不会有法律关系的产生。法律关系客体虽然属于哲学认识论中的客体范围，具有哲学认识论中的客体的一般特征，但又不同于哲学认识论中的客体。① 哲学中的主体与客体是一对描述人自我与身外世界的哲学范畴。主体是从事实践活动及认识活动而具有自我意识的人，而客体则是作为主体实践对象和认识对象而存在于主体之外的客观事物。② 由此可知，哲学中的主客体关系实质是具有自我意识的人与其外部世界的关系。然而，法律关系作为社会关系的一种，其本质上是人与人之间的关系，而非人与物的关系。法律关系中的权利义务均是法律关系主体之间的，而非法律关系主体与客体之间的，作为权利义务作用对象的法律

① 至于二者的异同详见姜朋：《穿马褂与扒马褂：对法律关系主客体理论的初步反思》，载《法制与社会发展》2005 年第 3 期；孙春伟：《法律关系客体新论》，载《上海师范大学学报》（哲学社会科学版）2005 年第 6 期；蔡江：《关于民事法律关系客体概念的若干理论探析》，载《高等教育与学术研究》2006 年第 1 期；张旭：《论法律关系客体及其价值》，载《五邑大学学报》（社会科学版）2003 年第 4 期。

② 参见姜朋：《穿马褂与扒马褂：对法律关系主客体理论的初步反思》，载《法制与社会发展》2005 年第 3 期；张旭：《论法律关系客体及其价值》，载《五邑大学学报》（社会科学版）2003 年第 4 期；李诚：《试论主客体统一的现实基础》，载《宜宾学院学报》2002 年第 4 期。

关系客体只不过是起到连接主体之间权利义务关系的媒介作用而已。比如，在所有权法律关系中，所有权人虽对物享有所有权，有权对物占有、使用、收益、处分，但这种对物的占有、使用、收益、处分行为只是所有权人行使所有权权能的体现，并不是所有权法律关系，因此，所有权人与物之间并不存在所有权法律关系。所有权人是与义务人（所有权人之外的其他人均为所有权义务人）之间存在所有权法律关系，所有权人对物的占有、使用、收益、处分实际上体现的是人与人之间的关系，即所有权人对物享有占有、使用、收益、处分的权利，而所有权义务人对所有权人的这些权利负有不作为义务。[①]

虽然目前中国法学界就法律关系客体的概念存在不同的表达方式，如“民事法律关系的客体，是民事法律关系的主体享有的民事权利和民事义务所指向的对象”；[②]“民事法律关系的主体，亦即民事权利的主体，同样民事法律关系的客体也就是民事权利的客体”；[③]“民事法律关系的客体，指主体之间据以建立民事法律关系的对象性事物”；[④]“法律关系的客体，又称标的，指主体之间得以形成法律关系内容的目标性事物”，[⑤]但其内涵还是比较一致的，即均认为法律关系客体为权利义务所指向的对象。既然谈及法律关系的内涵，就不可能回避权利客体，二者是否有区别呢？

权利属于法律关系的内容，在法律关系中处于核心地位，是法律关系的本质内容，因此，通说认为权利客体即为法律关系客体。[⑥]然而，有的观点认为权利客体并不完全相等，二者既有联系又有区别。[⑦]笔者赞同第二种观点，也认为权利客体不能完全等于法律关系客体。因为法律关系客体是法律关系中权利义务共同指向的对象，仅成为权利客体的对象并不一定能成为义务客体，如果其不是义务所指向的对象，其自然也无法成为法律关系客体。只有权利客体同时又是义务客体时，

---

① 参见［德］卡尔·拉伦茨:《德国民法通论》(上册)，王晓晔、邵建东、程建英、徐国建、谢怀栻译，法律出版社 2003 年版，第 257~258 页。

② 魏振瀛主编:《民法》，高等教育出版社、北京大学出版社 2000 年版，第 33 页。

③ 梁慧星:《民法总论》，法律出版社 2004 年版，第 57 页。

④ 张俊浩主编:《民法学原理》(上册)，中国政法大学出版社 2000 年修订版，第 58 页。

⑤ 龙卫球:《民法总论》，中国法制出版社 2001 年版，第 127 页。

⑥ 参见梁慧星:《民法总论》，法律出版社 2004 年版，第 57 页。

⑦ 蔡江:《关于民事法律关系客体概念的若干理论探析》，载《高等教育与学术研究》2006 年第 1 期。

权利客体才能成为法律关系客体。然而，权利客体又是否总与义务客体相同呢？笔者认为并非总是如此。例如，在所有权法律关系中，所有权人享有所有权，义务人负有不作为义务。所有权所指向的对象明显是所有物，所有权人有权对物占有、使用、收益、处分及排除他人对物的损害，但所有权人并无权依据其所享有的所有权请求、支配义务人的行为，即所有权权利指向的是物而非其他。然而，义务人所负有的不作为义务也是指向物吗？不可否认，义务人所负有的不作为义务肯定包含着义务人不得损害物的不作为义务，但义务人所负有的不作为义务更多的是指向所有权人行使所有权的行为，即义务人在所有权人对物占有、使用、收益、处分及排除他人对物的损害时负有不作为义务，不得妨害所有权人权利的行使。退一步讲，假设义务人所负有的不作为义务指向的是物，又如何解释无因管理现象？无因管理人无疑也是所有权人的义务人，那么无因管理人的无因管理行为又是否违反其所负有的不作为义务呢？若是认为义务人不作为义务的客体是物本身，义务人的无因管理行为肯定是违反了其所负有的不作为义务。然而，若是认为义务人不作为义务的客体是所有权人行使所有权的行为，那么义务人的无因管理行为就并未妨害所有权人对所有权的行使，故并未违反其所负有的不作为义务。由此可见，所有权法律关系中权利客体和义务客体并不是完全重合的。当然，权利客体和义务客体也存在重合的情形。例如，在债权债务法律关系中，债权人对债务人享有债权，而债务人对债权人负有债务。债权所指向的对象是债务人的给付行为，因为债权并非支配权，债权人无权支配债务人的行为，只能向债务人请求给付，故债权的客体就是债务人的给付行为。债务要求债务人向债权人为给付行为，债务人若为给付，则其就履行债务，而若不为给付，则其就违反了其所负有的债务，可见，债务所指向的对象也是债务人的给付行为，即债务的客体也为债务人的给付行为。此时，债权债务关系中权利客体和义务客体便是重合一致的。

法律关系客体的范围存在较大争议，主要有以下两派观点。一派观点认为，法律关系的客体根据法律关系种类的不同而不同。例如，有的观点认为，“权利以有形或无形之社会利益为其内容或目的，例如物权以直接排他的支配一定之物为其内容或目的，债权以要求特定人之一定行为为其内容或目的，为此内容或目的之成立所必要之一定对象，为权利之客体。即物权之客体为一定之物，债权之客体为特定之行为，人格权之客体为人之本身，亲属权之客体为立于一定亲属关系之他人，无体财产权之客体为精神之产物。故权利之客体，依各种之权利而有不同。”[①] 也有的观点认为，法律关系客体是主体发生法律关系所依据的具有确定性的并能决定法律关系的性质的事物，具有多样性，如物、行为、智力成果、人的名誉、荣誉，人的身体、劳动力、财产权利、某些法律关系本身等多种多样。[②] 还有的观点明确指出，“民事法律关系的客体主要包括:(1) 物,(2) 行为,(3) 智力成果,(4) 人身利益,(5) 某种民事权利。”[③] 另一派观点认为，法律关系客体与法律关系一样应具有一个统一抽象的概念。有的观点认为，“民事法律关系若有抽象客体的话，这个客体就是‘行为’”。[④] 也有的观点认为，法律关系客体是某些特定的利益。[⑤]

笔者赞同第一派观点。法律虽然总是针对行为设定的，但这并不意味着法律关系的客体就必然为行为。债权债务法律关系的客体自然为债务人的给付行为，但所有权法律关系的客体呢？也许有人会说，所有权的消极权能不就是要禁止他人的干涉、妨害行为吗？[⑥] 确实，所有权的消极权能是指向他人的干涉妨害行为，只要排除了他人的干涉妨害行为也就实现了所有权的消极权能，但所有权的积极权能呢？所有权的积极权能指向的显然是物，所有权人的占有、使用、收益、处分只可能是针对物而言的，不可能是义务人的行为，也不可能是所有权人行使所有权的本身行为。因为行使所有权行为的本身并不是所有权指向的对象，而只是实现所有权积极权能的方式。将权利客体视为一种行为是过分强调了法律调整人与人之间关系的这一特性，而忽略了外部的客观世界对于成立人与人之间权利义务关系的重要基础作用，同时也混淆了权利客体与权利内容。[⑦] 依权利本质法力说，权利乃享受特定利益的法律之力，而该“法律之力”必然蕴涵着权利主体为享受特定利益而为特定行为，例如，债权中的“法律之力”的表现行为之一乃为“请求”，所有权中的“法律之力”的表现行为之一乃为“支配及排

① 史尚宽:《民法总论》，中国政法大学出版社 2000 年版，第 248 页。史尚宽先生虽然是就权利客体而言的，但其意指的仍是法律关系客体。

② 参见刘士国主编:《民法总论》，上海人民出版社 2001 年版，第 242 页。

③ 尹田主编:《民法教程》(第二版)，法律出版社 2006 年版，第 19 页。

④ 高健:《试论民事法律关系的抽象客体》，载《政法论丛》2003 年第 2 期。

⑤ 参见麻华昌、李明、刘引玲:《论民法中的客体利益》，载《法商研究》1997 年第 2 期。

⑥ 参见高健:《试论民事法律关系的抽象客体》，载《政法论丛》2003 年第 2 期。

⑦ 参见张旭:《论法律关系客体及其价值》，载《五邑大学学报》(社会科学版) 2003 年第 4 期。

除干涉”，可见，权利总是靠行为的实施来实现，行为是权利的应有内容，但权利指向的对象并不一定是行为，你总不能将看书阅读的行为本身也视为书本所有权的客体吧？

法律关系客体虽然有时是特定利益，如物权和人格权中的物质利益和非物质利益，但法律关系的客体并不总是特定利益，例如，债权债务法律关系的客体就为债务人的给付行为，而非债务人所给付的标的物。因此，认为法律关系客体为某些特定利益的观点并不足取。笔者此处并无意就法律关系客体给出一个全新的范围，而是借鉴德国法学家卡尔·拉伦茨就权利客体的论述，权利得以物、精神上创造或权利为其支配的客体，是为第一阶层的权利客体。权利本身则得作为权利处分的对象，乃为第二阶层的权利客体。此项得为处分之客体者，除物权、无体财产权（智慧财产权）及债权外，尚包括一定的法律关系（如买卖、租赁）。[①] 权利的客体自然也可以成为法律关系的客体，但也许有人会讲，此时法律关系的客体不就包括“一定的法律关系（如买卖、租赁）”吗？这在逻辑上又是否自相矛盾呢？表面看来，法律关系以“一定的法律关系”为客体明显自相矛盾，其实不然。因为前后两个法律关系的含义及具体类型是不同的，例如，在解除权法律关系中，解除权就是针对既存的合同关系的，而非其他，因此，解除权法律关系的客体显然是既存的合同关系。由于解除权法律关系与既存的合同关系属于不同类型的法律关系，因此既存合同关系成为解除权法律关系的客体并不存在逻辑上的自相矛盾。

二、期权合同关系客体的确定

上文介绍了法律关系的客体内涵，然而，期权合同关系的客体又是什么呢？物？权利？行为？抑或法律关系？我国目前并无期权合同关系客体的相关论述，但我们忆及法学界关于期货合同关系客体的争论，[②] 那么，期权合同关系客体是否

① 参见［德］卡尔·拉伦茨：《德国民法通论》（上册），王晓晔、邵建东、程建英、徐国建、谢怀栻译，法律出版社 2003 年版，第 377~378 页。

② 文海兴：《期货交易法律关系研究》，法律出版社 1995 年版，第 213~247；杨永清：《期货交易法律制度研究》，法律出版社 1998 年版，第 46~52 页；刘勇：《论期货交易客体》，载《中国农业大学学报》（社会科学版）2001 年第 2 期；徐新意、骆福林：《期货法律关系的客体研究》，载《江苏石油化工学院学报》2001 年第 1 期。

也可相应地为商品（货物）、合同抑或权利？

笔者认为期权合同关系客体不可能是商品（货物）。正如前文第二章第一节中所论述的，期权合同并非货物买卖合同。当事人订立期权合同并非为了买卖货物，而是为了“买卖”期权，即购买或不购买或出售或不出售的选择性权利。可见，期权合同中的核心是期权，与商品并不相关，因此，期权合同关系客体不可能为商品。况且，即使期权合同属于货物买卖合同，期权合同关系的客体也不可能为商品。因为货物买卖合同属于典型的债权合同，故货物买卖合同实质上是一种债权债务法律关系。然而，债权系当事人一方对他方有请求为特定行为（作为或不作为）的权利，即以积极给付或消极给付为标的的权利，而债务系应为一定给付之义务。可知，债权债务法律关系的客体是债务人的给付行为，而非债务人给付时所交付的标的物。因此，即使期权合同属于货物买卖合同，其客体也只可能是给付行为，而非商品本身。商品在货物买卖合同中只是作为债务人给付行为的具体作用对象，即给付的标的，所以，商品只是作为合同标的物出现的，而非合同客体。

笔者认为期权合同关系客体也不可能为合同。认为期权合同关系客体为合同的主要理由就是将期权合同认为是以买卖期权合同为主要内容的合同。正如本章第一节所论述的，当事人在期权交易所进行期权交易时，并非如常人所想象的将其所订立的期权合同转让出去。期权合同买卖双方当事人在变更自己的合同主体地位时并非将其在期权合同中的权利义务概括转让，因为合同权利义务的概括转让必须事先征得对方当事人的同意，但买卖双方当事人最终对冲掉自己的所持的期权头寸均未经过对方事先同意。实际上，期权合同买卖双方当事人是通过对冲抵销来解除自己在期权合同中的权利义务的。例如，甲在原来的期权合同中是作为卖方，现在甲不愿再受期权的拘束或到期履行标的资产买卖合同而想对冲消灭掉自己卖出的期权，那么，此时甲就可以买方的身份再订立一个除期权权利金外与原来期权合同完全相同的期权合同。这样，甲与期权清算所之间就存在两个完全相同的期权合同，且互为买卖双方，自然双方的权利义务就可以相互抵销了。然而，期权清算所在与甲订立期权合同的同时也与乙订立一个完全相同的期权合同，只不过此时乙为卖方，而期权清算所为买方。甲的期权头寸虽然消灭了，不再为期权合同卖方，但乙却同时又成为期权合同卖方，而受期权的拘束。因此，从法律效果上看，甲在期权合同中的权利义务似乎概括转移给了乙，但其实并非如此。甲乙之间并未进行期权合同权利义务的概括转让，也不存在期权合同关系，更未就期权合同本身进行买卖。由上可知，期权合同仍是双方当事人就期权的取得与赋予而达成的协议，并非是买卖期权合同本身而达成的协议，所以期权合同关系客体不可能为合同。

期权合同关系客体既不是商品，也不是合同，那么，期权合同关系客体又是否为权利呢？笔者认为期权合同关系客体也不可能为权利。期权合同虽然不是货物买卖合同，但期权合同也不是权利买卖合同。因为若是权利买卖合同，期权合同卖方必然享有期权，但事实上，期权合同卖方并不享有（也不可能享有）以自己为权利相对人的期权。因此，期权合同卖方无期权可卖，其并不是在出售期权，而是在赋予期权，自主变更自己的法律地位，使自己处于期权权利相对人的法律地位，自愿受期权的拘束。由此可知，期权合同双方当事人并不是在买卖期权，而是就期权赋予达成协议，买方为取得期权而自愿向卖方支付一定数额的期权权利金，而卖方为取得期权权利金则赋予买方期权，自愿受期权拘束，故期权合同并不是权利买卖合同，期权合同关系客体不可能是权利。况且，即使期权合同为权利买卖合同，期权合同关系客体也不可能为权利。因为与货物买卖合同一样，权利买卖合同也是一种债权债务关系，而此债权债务关系的客体也只能是债务人的给付行为，而非权利本身。权利在权利买卖合同中只是作为债务人给付的标的，并非当事人债权债务的客体，所以，权利也并非期权合同关系客体。

笔者认为，欲确定期权合同关系客体应先分析期权合同关系中包含多少层次的法律关系，然后再从具体的法律关系中确定期权合同关系的客体。笔者认为，期权合同关系包括三个层次的法律关系（详见第四章第一节论述），即金钱债权债务关系、赋予期权的债权债务关系和期权法律关系。在金钱债权债务关系中，期权合同卖方享有请求买方支付期权权利金的权利，得以请求买方为特定支付行为，而买方则负有向卖方支付期权权利金的义务，应为特定支付行为。显然，期权合同买方支付期权权利金的给付行为应是金钱债权债务关系的客体。同样，在赋予期权的债权债务关系中，期权合同买方享有请求卖方赋予期权的权利，得以请求卖方为赋予期权的特定行为，而卖方则负有赋予买方期权的义务，应为赋予期权的特定行为。可见，买卖双方当事人在赋予期权的债权债务关系中的权利义务均是指向卖方赋予期权的行为，故赋予期权的债权债务关系的客体为期权合同卖方赋予期权的行为。由于买方支付期权权利金的行为和卖方赋予期权的行为均为双方所负债务所要求的给付行为，所以，金钱债权债务关系和赋予期权的债权债务关系的客体均为给付行为。然而，期权法律关系的客体又是什么呢？

诚如前文所言，期权属于形成权，因此，期权权利相对人只是受期权之拘束，并不负有相对应的义务。由此可知，在期权法律关系中，仅是由作为期权权利人的买方对作为期权权利相对人的卖方享有期权，卖方对买方并不负任何相对应的义务，只是受期权的拘束，容忍并接受行使期权所形成的法律效果。因此，期权权利相对人并无义务为任何特定行为，只是受期权拘束而必须接受期权权利人作出的决定而已，期权权利人也无权利请求期权权利相对人为任何特定行为，更无权利支配期权权利相对人的人身和行为。既然期权法律关系中并无义务而只包括期权，那么期权的权利客体就必然为期权法律关系的客体，但期权的权利客体又是什么呢？期权的权利客体取决于期权指向的对象。期权不同于债权，债权指向的是债务人的给付行为，这就是讲，债权权利人欲实现其享有的债权须请求债务人为给付行为。然而，期权并不指向期权权利相对人的行为，其属于积极形成权，其特性就在于期权权利人可以凭单方面意思使特定法律关系得以发生，故期权之实现无须相对人协助，仅凭权利人单方意思即可。期权也不同于支配权，支配权的特性在于对客体的直接支配和占有，但期权权利人并无权利支配期权权利相对人的人身和行为，其甚至也不占有和支配其行使期权所产生的法律关系。可见，期权所指向的既非期权权利相对人的行为，也不是期权权利相对人本身。

笔者认为，期权指向的对象是行使期权所将产生的法律关系，即期权的权利客体为法律关系。也许有人会讲，这种法律关系在行使期权之前不是尚未存在吗？这种不具有现实存在性的法律关系又怎么可能成为期权的权利客体呢？笔者认为，虽然法律关系直到行使期权后才产生，但这并不影响其可成为期权的权利客体。因为期权的作用就在于权利人可以凭单方意思使该法律关系产生，该法律关系正是行使期权所产生的法律效果，是期权所指向的对象。正如债权的权利客体为债务人的给付行为一样，债务人的给付行为在债权产生时也不存在，但给付行为的现实不存在性并不影响其依然可以成为债权的客体。因为债权的特性就在于权利人有权请求债务人为特定给付行为，其作用就在于将原本不存在的给付行为变成现实，使债务人为特定给付行为。同样道理，标的资产买卖合同法律关系事先也并不存在，但期权的作用就在于使该不存在的法律关系凭权利人单方意思而得以产生，所以，期权所指向的对象就是法律关系。法律关系既然为期权的权利客体，同时也就为期权法律关系的客体。

由上文可知，期权合同关系包括三个层次的法律关系，即金钱债权债务关系、赋予期权的债权债务关系和期权法律关系，其中金钱债权债务关系和赋予期权的债权债务关系的客体均为给付行为，而期权法律关系的客体为一定法律关系，那么，给付行为与一定法律关系究竟哪个为期权合同关系客体呢？抑或二者是否同时均为期权合同关系客体呢？笔者认为期权合同关系客体仅为给付行为，并不包括一定之法律关系。合同关系的客体，也可称为合同的标的，是指合同关系中权利义务所指向的对象（又称给付），即债的内容所要求的债务人的行为（称给付行为）。[①]期权虽然是根据期权合同而产生，但期权合同买方并不能根据期权合同直接对期权合同卖方主张行使期权，其只能在支付期权权利金后直接依据期权合同请求卖方赋予期权，然后才能行使期权而产生一定之法律关系。可见，期权合同直接规定的权利义务所指向的对象只是双方当事人的给付行为，即买方支付期权权利金的行为和卖方赋予期权的行为。期权法律关系是在期权合同直接规定的权利义务履行完毕之后而产生的，因此，期权法律关系的客体不可能是期权合同直接规定的权利义务关系的客体，也不可能是期权合同关系的客体。一方面将期权法律关系包括在期权合同关系内，另一方面却又拒绝将期权法律关系客体包括在期权合同关系客体内，这是否自相矛盾？笔者认为二者并不自相矛盾。举例来讲，在一个包含有约定解除权的买卖合同中，解除权显然是基于双方当事人在买卖合同中的约定而产生，因此，解除权法律关系也应属于买卖合同关系的一部分。就二者客体而言，买卖合同关系的客体显然是双方当事人的给付行为，而解除权的客体则为买卖合同法律关系本身。如果让买卖合同关系客体包括解除权客体，买卖合同关系就将以其自身为客体，显然自相矛盾。因此，买卖合同关系中虽然可能包括解除权法律关系，但买卖合同关系客体中却不可能包括解除权法律关系客体，而只可能是双方当事人的给付行为。同样道理，期权法律关系虽然属于期权合同关系的一个层次，但期权法律关系客体并不包括在期权合同关系客体范围之内。综上可知，期权合同关系的客体为期权合同双方当事人的给付行为。

既然此处探讨了期权合同关系的客体，故有必要提及期权合同的标的物（给

---

① 韩世远：《合同法总论》，法律出版社 2004 年版，第 14 页。

付的标的），即债务人行为具体作用的对象。在期权合同关系中，金钱债权债务关系的标的物显然是期权合同买方支付的金钱，即期权权利金，而赋予期权的债权债务关系的标的物则是卖方赋予的期权。期权合同买方请求卖方为特定行为的目的就是获得期权，而期权合同卖方为特定行为的目的也就是将期权赋予买方，使买方享有期权。因此，不可否认，期权是债务人给付行为的具体作用对象。

第四章 期权合同层次与内容

前一章研究了期权合同关系三个构成要素中两个，即期权合同关系主体和客体，本章则将着重研究期权合同关系第三个构成要素，即期权合同关系内容。然而，在分析剖析期权合同关系内容之前，笔者认为有必要先对期权合同关系的层次进行分析。只有明确了期权合同关系的层次构造，本书才能更好地清晰界定期权合同关系内容中的权利义务。

第一节 期权合同关系层次

期权合同本身无疑是一种法律关系，但期权合同内又包含几个层次的法律关系呢？本节先研究分析期权合同所可能包含的法律关系的层次，然后再论证作者所主张的观点。

一、期权合同法律关系层次的不同观点

期权合同涉及多个层次的法律关系，但期权合同究竟包含哪些法律关系，即何种法律关系真正属于期权合同，对此主要有以下几种观点。

（一）双层法律关系

大多数观点认为期权合同为一种权利买卖行为。[①] 根据此观点（并不意味着笔者赞同此观点，只是就此观点展开分析而已），期权合同显然为权利买卖合同，是当事人就期权买卖而达成的协议。既然为权利买卖合同，那么，期权合同就包括两个层次的法律关系。一方面，期权合同买卖双方存在有关期权权利金的金钱债权债务关系。在此金钱债权债务关系中，期权合同卖方对买方享有债权，即请求买方支付期权权利金的权利，而期权合同买方则相应地对卖方负有债务，即负有向卖方支付期权权利金的义务。另一方面，期权合同买卖双方存在有关给付期权的债权债务关系。在此赋权债权债务关系中，期权合同买方享有请求卖方给付期权的权利，而卖方则负有给付期权于买方的义务。

（二）三层法律关系

假设期权合同为一种权利买卖合同，但期权合同又不同于一般的买卖合同。在一般买卖合同中，买卖双方当事人之间仅存在两个债权债务关系，在买卖双方履行支付价金和交付标的物的义务之后，双方之间的两个债权债务关系即告消灭，并不会产生一个新的法律关系。然而，在期权合同中，期权合同买方向卖方支付期权权利金，卖方则赋予买方期权，至此买卖双方之间的金钱债权债务与赋权债权债务也告以消灭。但是，期权合同买方此时却因卖方的赋权而对卖方享有期权，买方有权自由决定是否向卖方购买或不购买或出售或不出售标的资产。如果买方决定购买或出售标的资产，卖方并无出售或不出售或购买或不购买的权利，其必须接受买方的决定，相应地向买方出售或购买标的资产。亦即期权合同买卖双方当事人之间还存在期权法律关系。在此期权法律关系中，期权合同买方对卖方享有期权，而期权又属于形成权，故买方享有单方面变动其与卖方之间法律关系的权利。相对于买方所享有的期权而言，卖方在期权法律关系中并无相应义务，其只是必须受以其为权利相对人的期权的拘束，容忍并接受买方行使期权所产生的法律效果。可见，期权合同此时应包含三个层次的法律关系，即金钱债权债务关

---

① 参见李国安主编:《国际货币金融法学》，北京大学出版社 1999 年版，第 559 页；韩永夫、韩松:《建立中国期权市场的战略构想》，载《郑州大学学报》（社会科学版）2000 年第 5 期；王琪英:《期权交易》（上），载《国际商务研究》1997 年第 6 期；盛春光：《浅议期权市场》，载《商业经济》2005 年第 4 期；鲍建平:《国际期权市场发展特征与交易制度分析》，载《经济理论与经济管理》2002 年第 10 期。

系、给付期权债权债务关系与期权法律关系。

（三）四层法律关系

有种观点认为，期权合约中包含了两种不同内容的买卖，即一种是“权”的买卖，另一种是“物”的买卖。在时间顺序上，先是期权的买卖，以权利的形式来表现，后是商品期货合约的买卖。至于期货合约的买卖，尽管在开始的时候就确定了价格，即成交价，但最后是否发生，取决于期权买方在期权合约到期日之前的决定。若买方决定放弃拥有的期权，则不发生商品的实质交运或期货合约的买卖，即不发生商品的买卖。① 这种观点将标的资产买卖也包括在期权合同法律关系之中，那么，此时期权合同就应包括四个层次的法律关系。在权利买卖中，期权合同买卖双方当事人之间存在金钱债权债务关系和给付期权债权债务关系。卖方在金钱债权债务关系中享有请求买方支付期权权利金的权利，而买方则负有支付期权权利金的相应义务。买方在给付期权债权债务关系中享有请求卖方给付期权的权利，而卖方则负有给付期权的享有义务。在物的买卖中，双方当事人之间则存在金钱债权债务关系和转移标的物所有权的债权债务关系。若是买权合同，期权合同买方在金钱债权债务关系中负有支付标的资产价金的义务，而期权合同卖方则享有请求支付标的资产价金的权利。买方在转移标的物所有权的债权债务关系中享有请求卖方转移标的资产所有权的权利，而卖方则负有转移标的资产所有权的义务。若是卖权合同，期权合同买方在金钱债权债务关系中享有请求支付标的资产价金的权利，而期权合同卖方则负有支付标的资产价金的义务。买方在转移标的物所有权的债权债务关系中负有转移标的资产所有权的义务，而卖方则享有请求买方转移标的资产所有权的权利。可见，期权合同此时就包括四个法律关系，即两个金钱债权债务关系及给付期权债权债务关系和转移标的物所有权的债权债务关系。

（四）五层法律关系

四层法律关系说显然未考虑三层法律关系中的期权法律关系，如果在四层法律关系中加入期权法律关系也就成了五层法律关系。此时期权合同包含有五种法

① 参见田源、李建中、邸建凯主编:《期货交易全书》，中国大百科全书出版社 1993 年版，第 192 页。

律关系，即两个金钱债权债务关系、给付期权债权债务关系、期权法律关系和转移标的物所有权的债权债务关系。期权法律关系在此五层法律关系中处于中心地位。期权合同卖方给付期权是为了取得期权权利金，而期权合同买方支付期权权利金则是为了取得期权。可见，金钱债权债务关系和给付期权债权债务关系的存在均是为了产生期权法律关系。期权法律关系则又是金钱债权债务关系和转移标的物所有权债权债务关系产生的关键。期权合同买方在期权法律关系中享有期权，卖方则受期权的拘束。如果买方在期权有效期内行使期权，决定向卖方购买或出售标的资产，则期权合同买方和卖方之间将成立一个新的以标的资产为标的物的买卖合同。在此标的资产的买卖合同中，期权合同买卖双方当事人之间又存在两种法律关系：一是有关标的资产价金的金钱债权债务关系，二是有关标的资产所有权转让的债权债务关系。如果期权合同买方在期权有效期内放弃行使期权，而任期权过期消灭，则期权合同买卖双方之间就不会有新的买卖合同产生，自然也不会有金钱债权债务关系和转移标的物所有权的债权债务关系存在。可见，没有权利买卖就不会有期权法律关系的产生，而没有期权法律关系的产生就不可能有物的买卖发生（当然有期权法律关系存在并不意味着就一定产生物的买卖），正是期权法律关系将权利买卖与物的买卖连接起来，使期权合同中的五个层次的法律关系变为一个相互联系的整体。

二、本书的观点

在探究期权合同所包括的法律关系之前，本书有必要先对期权合同可能涉及的法律关系进行分析。综上所述，期权合同可能涉及五种法律关系，即两个金钱债权债务关系、给付期权债权债务关系、期权法律关系和转移标的物所有权的债权债务关系。除期权法律关系外的其他三种法律关系无疑均属于债权债务关系，但期权合同买卖双方当事人之间赋予期权的权利义务关系也属于债权债务关系吗？笔者认为，期权合同买卖双方当事人之间赋予期权的权利义务关系应属于债权债务关系。首先，由于期权合同卖方并不享有以其自己为权利相对人的期权，故其并非如交付货物那样将期权交付与买方，而是将期权赋予买方。此“赋予期权”之内涵为期权合同卖方自愿处于期权权利相对人的法律地位而受期权的拘束，使买方对卖方自己享有期权这种形成权利。其次，买方对卖方这种“赋予期权”的行为并无支配权，其只能请求卖方将期权赋予给其自己。最后，期权合同卖方必须通过赋予期权来履行其在期权合同中的权利义务。例如，期权清算公司就必须为购买开仓交易中的买方增加期权多头头寸。[①] 可见，期权合同买卖双方当事人赋予和请求赋予期权的权利义务均符合债权债务的本质，故赋予期权的法律关系也是债权债务关系的一种。那么，在这五种法律关系中究竟哪些法律关系应属于期权合同呢？

（一）双层法律关系和三层法律关系剖析

本书认为，期权合同虽是双务合同，但并非权利买卖合同（理由详见下文第二节相关内容）。因为期权合同卖方本身并不享有以其自己为权利相对人的期权，其无权利可卖，其在期权合同中只是将以自己为相对人的期权赋予期权合同买方，使自己处于受拘束的法律地位而已。然而，期权合同依然是一个双务合同，当事人双方既互负义务又互享权利。期权合同买方若不支付期权权利金，卖方就不会赋予其期权；同样，期权合同卖方若不赋予买方期权，买方也不会向其支付期权权利金。这样，期权合同就至少包括两种法律关系，即金钱债权债务关系和赋予期权的债权债务关系。在金钱债权债务关系中，期权合同买方负有支付期权权利金的义务，而卖方则享有请求买方支付期权权利金的权利。在赋予期权的债权债务关系中，期权合同买方享有请求卖方赋予期权的权利，而卖方则负有赋予期权的义务。然而，金钱债权债务关系和赋予期权的债权债务关系的发生顺序又如何呢？

有种观点认为期权合同是实践性合同而非诺成性合同。[②] 若按照此观点，只有在期权合同买方支付了期权权利金后期权合同才得以成立，自然，金钱债权债务关系必定发生于赋予期权债权债务关系之前。笔者认为，期权合同并非实践性合同，而是诺成性合同。根据合同自由原则，大多数合同于当事人意思表示一致时即成立，而对于一些特殊类型的合同，除当事人意思表示一致外，还要求当事人实际交付标的才能成立，法律对此均有明确规定。[③] 法律并未明确规定期权合同为实践性合同，即并未将期权权利金的交付规定为期权合同成立生效的前提要件。实际上，期权合同自买卖双方当事人就期权权利金达成一致即已成立生效，

---

① See *OCC By-Laws*，Article VI Section 5（a）.

② 杨永清：《期货交易法律制度研究》，法律出版社 1998 年版，第 74 页。

③ 参见《中华人民共和国合同法》第 210 条、第 367 条；《中华人民共和国担保法》第 64 条、第 90 条。

期权合同买方支付期权权利金只是其在期权合同中所负有义务，若买方未履行其支付期权权利金的合同义务，卖方有权解除合同。例如,《期权清算公司规则》第 403 条就规定，在场内交易中的一个非期货合同的期权清算合同的买方清算成员应当向期权清算公司支付约定数目的期权权利金。[①]《芝加哥期权交易所规则》第 8.18 条则规定，如果买方未能支付期权权利金的全部数额，期权清算公司应拒绝该项场内交易(shall reject an Exchange transaction),卖方则有权取消交易(shall have the right either to cancel the transaction)。[②] 可见，期权合同于买方支付期权权利金之前就已经成立生效，否则怎么会有拒绝或取消之说？因此，期权合同买方支付期权权利金的义务和期权合同卖方赋予期权的义务均发生在期权合同成立之后，期权合同为诺成性合同。

前文虽然解决了期权合同为诺成性合同问题，但并未解决金钱债权债务关系与赋予期权的债权债务关系发生孰先孰后的问题。笔者认为，期权合同既然为诺成性双务合同，其所包含的两个债权债务关系应当是依据期权合同同时产生的。期权合同双方当事人应当同时履行其各自所负的合同义务，双方均享有同时履行抗辩权。如果卖方拒绝赋予期权，买方自然有权拒绝支付期权权利金；同样，如果买方拒绝支付期权权利金，卖方也有权拒绝赋予期权。由于赋予期权仅需意思表示即可，因此，在卖方接受买方所支付的期权权利金后，只要卖方不明示表示其拒绝赋予期权，就认为卖方已经同意赋予买方期权。亦即买方支付期权权利金后就可取得期权，并不需要卖方再专门地明示赋予，除非双方另有约定或卖方明示反对赋予期权。金钱债权债务关系将因买方履行完毕其支付期权权利金的义务而消灭，赋予期权的债权债务关系则将因卖方履行完毕赋予期权的义务使买方享有期权而消灭。

综上可知，期权合同至少包括两个层次的法律关系，即有关期权权利金的金钱债权债务关系和赋予期权的债权债务关系，本书接下来分析期权法律关系是否属于期权合同。如前所言，一般买卖合同自双方当事人履行完毕金钱债权债务关系和转移标的物所有权的债权债务关系之后，双方当事人之间并不会产生新的法律关系。例如，在物的买卖合同中，买卖双方当事人在履行完毕支付标的物价金

① See *OCC Rules*，Rule 403.

② See *CBOE Rules*，Rule 8.18 Failure to Pay Premium.

和转移标的物所有权的合同义务之后，双方之间原来的物的买卖合同关系即将消灭，并不会产生新的法律关系。买方此时虽然取得标的物所有权，但所有权为对世权或绝对权，不仅卖方对此所有权负有不作为义务，其他任何人均负有不作为义务，因此，并不能因为买方享有所有权而讲其与卖方存在特定法律关系（如果讲存在所有权法律关系，那么其实买方与其之外的任何人都存在所有权法律关系，并无实际意义）。然而，期权合同中并非如此，其有点类似于借款合同或租赁合同，不过后者中借款人和承租人的权利作用对象为物，而期权合同中买方所享有的期权的作用对象却为人。期权合同买卖双方当事人履行完毕金钱债权债务关系和赋予期权债权债务关系之后，卖方取得期权权利金，而买方享有期权。期权作为形成权的一种，属于相对权，而非绝对权。买方作为期权权利人可以凭单方意思变动其与作为期权权利相对人的卖方之间的法律关系，显然，买卖双方当事人之间存在一种特殊的法律关系，即期权法律关系。期权法律关系是由于期权合同卖方的赋予期权而产生，而卖方的赋予期权的义务又是基于期权合同的规定，那么这是否就意味着期权法律关系就属于期权合同呢?

本书认为，期权法律关系属于期权合同。首先，期权法律关系是根据期权合同而产生的。期权合同买方虽然是经卖方赋予而取得了期权，但其实质上乃是根据期权合同而取得期权。如果期权合同未规定卖方赋予期权的义务，卖方就不会赋予买方期权，买方自然也就不可能取得期权，而若买方不享有期权也就不可能有期权法律关系的产生。虽然买方需要履行其支付期权权利金的义务之后才能主张享有期权，而并不能直接依据期权合同主张享有期权（对比而言买方却可以直接依据期权合同就享有请求赋予期权的权利），但这并不否定期权法律关系为期权合同所产生。如同房屋租赁合同中的优先购买权的产生一样，如果承租人不支付租金，就不会存在房屋租赁关系。若不存在房屋租赁关系，承租人也就不可能对房屋享有优先购买权。虽然承租人也不能直接依据房屋租赁合同主张优先购买权，而需要支付租金而产生租赁关系后才能主张享有同等条件下的优先购买权，但这并不能否认优先购买权是依据房屋租赁合同而产生，否则优先购买权又是依据何而产生呢？期权法律关系也是如此，其也是基于期权合同而产生的。其次，期权合同规定了期权的具体内容，实际上也是期权法律关系的具体内容，因为期权法律关系仅包括一种权利，即期权，并不包含相对人的义务，相对人只是受期权的拘束。期权合同买方在期权法律关系中对卖方享有期权，但这又是怎样的一个期权呢？期权合同对此作出了详细的规定。期权合同规定了买方所享有的期权是买权还是卖权，是美式期权还是欧式期权，是股票期权、外汇期权还是其他种类的期权。期权合同此外还规定了期权的有效期，标的资产的数量、质量，标的资产的执行价格，以及实际交割方式、时间、地点等。最后，期权法律关系的产生也是期权合同的目的。虽然直观上讲卖方订立期权合同是为了取得期权权利金，买方订立期权合同则是为了取得期权，但实质上双方订立期权合同的最终目的是在二者之间形成期权法律关系。期权合同买方取得期权是为了享有在特定期间按特定价格向卖方购买或出售特定数量标的资产的选择权，而卖方为取得期权权利金则自愿使自己处于期权权利相对人的法律地位，即自愿受买方行使期权决定的拘束，在买方执行期权时承担出售或购买的义务。可见，期权合同买卖双方当事人进行期权交易的实质目的就是在双方之间形成期权法律关系，使买方享有在将来特定期间向卖方购买或出售标的资产的选择权，而卖方自愿受此权利的拘束。

综上论述可知，期权合同至少包括三个层次的法律关系，即金钱债权债务关系、赋予期权的债权债务关系和期权法律关系。双方当事人根据期权合同的规定而享有期权权利金请求权与请求赋予期权的权利，并互负支付期权权利金和赋予期权的义务，因此，双方当事人依期权合同产生的权利义务直接形成了二者之间金钱债权债务关系和赋予期权的债权债务关系。期权法律关系是于卖方赋予买方期权之后产生的，但其实质上仍是基于期权合同产生的，其具体内容也是由期权合同规定的。当事人订立期权合同而进行期权交易的目的就是在其之间形成期权法律关系，使买方享有期权，卖方则相应地受期权的拘束，因而，期权法律关系也属于期权合同。

（二）四层法律关系和五层法律关系剖析

由于上文已经论证期权合同至少包含三个层次的法律关系，因而对四层和五层法律关系的剖析实际上也就是剖析物的买卖是否属于期权合同，即期权合同中是否应包括物的买卖中的金钱债权债务关系和转移标的物所有权的债权债务关系。因此，笔者在下文亦将着重于论述期权合同是否应包含物的买卖，即是否包括金钱债权债务关系与转移标的物所有权的债权债务关系。

在期权法律关系中，期权合同买方享有以卖方为权利相对人的期权，而卖方必须受此期权及其行使效果的拘束。如果买方决定行使期权，则将在其与卖方之间形成一种新的法律关系，即标的资产的买卖合同关系。根据标的资产的买卖合同，期权合同买方与卖方互享交付标的资产的请求权及支付标的资产价金的请求权和互负交付标的资产的义务及支付标的资产价金的义务，因而在二者之间又形成了有关标的资产价金的金钱债权债务关系和转移标的物所有权的债权债务关系。标的资产的买卖合同显然是因买方行使期权而产生，而期权则是基于期权合同而产生，属于期权法律关系的内容，而期权法律关系又属于期权合同的一个层次，那么这是否就能逆向推导出标的资产买卖合同也属于期权合同的一个法律层次呢？况且，《期权清算公司章程细则》（OCC By Laws）第 6 条第 9（a）款规定，买权合同买方有权按执行价格向期权清算公司购买（has the right to purchase）一定数量的标的证券，而卖方则有义务交付（is obligated to deliver）此一定数量的标的资产。[①] 不可否认，《期权清算公司章程细则》将交付标的资产分别规定为双方当事人在期权合同项下的权利义务，然而，这就意味着标的资产的买卖合同应属于期权合同？期权合同难道就应包含有关标的资产价金的债权债务关系和转移标的资产所有权的债权债务关系？

笔者认为，标的资产买卖合同不属于期权合同的内容，标的资产买卖合同中的金钱债权债务关系和转移标的物所有权的债权债务关系自然也不属于期权合同所包含的法律层次。

首先，期权合同双方当事人并不能直接依据期权合同而请求对方转移标的资产所有权和请求对方支付标的资产价金权利。期权合同在本质上只是买卖双方当事人为进行期权交易而达成的协议，并不是为买卖标的资产而达成的协议。[②] 在期权合同中，买方取得的只是买卖标的资产的选择权，并不是标的资产本身，买方只是有权决定购买还是不购买或出售还是不出售标的资产，其并不能直接依据期权合同而请求卖方支付标的资产价金或交付标的资产。期权合同卖方也只是负有赋予期权的义务，并非出售或购买标的资产，其所享有的也只是支付期权权利金的请求权，而非请求支付标的资产价金的权利或请求转移标的资产所有权的权利。可见，双方当事人订立期权合同为了进行期权交易，使一方取得期权而另一方取得期权权利金，在二者之间形成期权法律关系，并非是为了买卖标的资产。

① See *OCC By-Laws*, Article VI Section 9（a）Call Option Contracts.

② 参见［英］基思·卡思伯恩、［英］德克·尼奇：《金融工程——衍生品与风险管理》，张陶伟、彭永江译，中国人民大学出版社 2004 年版，第 8 页。

其次，执行期权后，期权合同双方当事人所负的转让标的资产所有权的权利义务和支付标的资产价金的权利义务并不是由期权合同产生的。也许有人会讲，期权合同买方也不能直接依据期权合同主张期权，但期权还不是一样为期权合同所产生？为何转让标的资产所有权的权利义务和支付标的资产价金的权利义务不能也为期权合同所产生？原因在于，期权合同买方虽然只能依据期权合同请求卖方赋予期权，而不能依据期权合同而直接享有期权，但卖方赋予期权的义务和买方请求赋予期权的权利仍是基于双方当事人之间所形成的合意，自然买方取得的期权也是基于双方当事人的合意。然而，双方当事人之间是否转让标的资产所有权的权利义务和支付标的资产价金的权利义务并不是由双方共同决定的，而是由期权合同买方是否行使期权决定的。如果买方行使期权，则买卖双方之间将成立标的资产的买卖合同；如果买方在期权有效期内放弃行使期权，则标的资产买卖合同就不可能发生。期权合同买方虽然是根据期权合同而取得了期权，但是否行使期权却是由买方个人自由决定，期权合同对此行使并无限制。亦即虽然没有期权合同必将没有期权，而没有期权则必将没有标的资产的买卖合同，但期权合同的有效存在并不必然导致标的资产买卖合同的有效成立。既然期权合同有效存在并不导致标的资产买卖合同的成立，那么有关标的资产价金的债权债务关系和标的资产所有权转移的债权债务关系又怎么可能是由期权合同产生的？因此，标的资产买卖合同并不是由期权合同产生的，而是基于期权合同买方凭单方意思行使期权产生的。

最后，期权的形成权本质属性决定了标的资产买卖合同不可能属于期权合同的内容。由前文可知，期权在本质上属于形成权，且是一种积极形成权，[①] 那么，行使期权显然将在期权权利人与相对人之间形成一种新的法律关系。期权合同买方如果在期权有效期内放弃行使期权，其与卖方之间就不可能产生标的资产买卖合同。然而，期权合同买方如果在期权有效期内决定行使期权，其与卖方之间就将形成一种新的法律关系，即标的资产的买卖合同。若是买权合同，买方就享有请求卖方交付标的资产的权利，而卖方则享有请求买方按执行价格支付标的资产价金的权利。若为卖权合同，期权合同买方则享有请求卖方按执行价

① 林诚二：《论形成权》，载杨与龄主编：《民法总则争议问题研究》，台湾五南图书出版公司 1999 年第 2 版，第 71 页；王泽鉴：《王泽鉴法学全集·第十一卷——民法总则》，中国政法大学出版社 2003 年版，第 101 页。

格支付标的资产价金的权利，而卖方则享有请求买方交付标的资产的权利。买卖双方当事人此时所享有和承担的权利义务都是期权合同原先产生的有关期权权利金的金钱债权债务关系和赋予期权的债权债务关系与期权法律关系所不具有的，而属于新产生的法律关系的内容。如同房屋租赁合同中的优先购买权一样，承租人若行使优先购买权而在其与出租人之间又形成房屋买卖合同，自然此房屋买卖合同是独立于二者原来的房屋租赁合同的。因此，期权合同买方行使期权所产生的标的资产买卖合同是独立于期权合同之外的，当事人是根据标的资产买卖合同而享有和承担支付标的资产价金和交付标的资产的权利义务，而非依据期权合同。

此处还需要解决的一个棘手的问题就是买卖标的资产法律关系产生的原因。如上所言，买卖标的资产的法律关系系执行期权而产生，而执行期权属于形成权的行使行为，而形成权的行使仅需权利人单方意思表示即可有效成立，即形成权的行使行为属于单方法律行为，这就是讲买卖标的资产的法律关系系由单方法律行为所产生。然而，买卖标的资产的法律关系又是一种合同关系，而合同无疑又是由双方当事人合意而达成，是由双方法律行为所产生的，这岂不与前文中买卖标的资产的法律关系系由单方法律行为所产生的结论自相矛盾吗？买卖标的资产的合同可以仅由期权合同买方的单方面意思而产生吗？若期权合同卖方也表示了意思，那么其所表示的意思在买卖标的资产的合同中又体现在何处？

德国著名民法学家梅迪库斯认为，形成权赋予权利人一种单方面的形成权力，确实意味着对债法上的合同原则的偏离。因为形成权相对人的法律地位被变更了，但其自己并没有通过法律行为参与这种变更行为，其必须接受形成权权利人作出的决定。因此，形成权这种单方面变更法律关系权力的事实必须具有合理性基础。这种合理性既可以存在于形成权相对人事先表示的同意中（如约定终止合同），也可以由法律本身作出规定。[①]

笔者认为，买卖标的资产的法律关系可以仅因期权权利人单方面意思表示而成立生效，而买卖标的资产的合同却也包含着双方意思表示的内容，即期权合同卖方对标的资产买卖合同的内容是事先同意的，而非无相对人意思的参与，二者

① 参见［德］迪特尔·梅迪库斯：《德国民法总论》，邵建东译，法律出版社2000年版，第75页。

并不存在自相矛盾。之所以看似矛盾而实质上并不矛盾，其关键在于期权权利人为执行期权而作出的单方意思表示的内容与合同双方当事人为成立合同而达成合意所作出的意思表示的内容是不同的。例如，限制行为能力人未经法定代理人允许而与第三人（具有完全行为能力）私订契约，该契约的效力则取决于法定代理人的承认。法定代理人此时的承认权属于形成权，其可以通过单方意思表示而决定契约生效与否。如果法定代理人拒绝承认，则契约确定不发生效力。如果法定代理人予以承认，则契约确定发生效力。此时，契约虽然是由法定代理人单方决定生效与否，但这并不妨碍契约仍然是契约双方当事人合意的产物。法定代理人此处意思表示的内容只是涉及对契约的效力承认与否，并不涉及契约法律关系具体内容的设计，而契约的具体内容仍是双方当事人通过意思表示一致而达成的。如果法定代理人的承认变更了限制行为能力人的意思表示内容，则第三人有权拒绝受该承认的拘束。同样道理，期权行使中也是如此。虽然期权合同买方有权单方面决定是否在其与期权合同卖方之间产生一个买卖标的资产的法律关系，但该买卖标的资产法律关系的具体内容却是期权合同买方与期权合同卖方在期权合同中事先约定好的（双方虽然在期权合同中事先约定了买卖标的资产法律关系的具体内容，但并未使其生效，该法律关系生效与否取决于买方是否执行期权），期权合同买方只能决定是否执行期权，而无权变更执行期权所将产生法律关系的具体内容。例如，期权合同中规定买方享有在 3 个月内按每股 100 美元的执行价格向卖方购买 100 股 A 公司股票的权利，若在此 3 个月买方未执行其期权，自然二者之间就不会发生买卖 A 公司股票的法律关系，然而，若买方执行期权，其必须以每股 100 美元的价格向卖方购买 100 股 A 公司股票，其无权以每股 100 美元的价格向卖方购买 50 股或 150 股 A 公司股票，也无权以每股 50 美元或每股 150 美元的价格向卖方购买 100 股 A 公司股票，更无权以每股 100 美元的价格向卖方购买 100 股 B 公司或 C 公司的股票，即其无权变更已事先约定的买卖法律关系的内容。因此，买卖标的资产的合同虽是依买方单方意思而发生效力的，但这并不妨碍其仍是经双方合意而达成的合同。

综上可知，期权合同仅包括三个层次的法律关系，即有关期权权利金的金钱债权债务关系、赋予期权的债权债务关系和期权法律关系。在金钱债权债务关系中，期权合同买方负有支付期权权利金的义务，而卖方则享有请求支付期权权利金的权利。在赋予期权的债权债务关系中，期权合同买方享有请求赋予期权的权利，而卖方则负有赋予买方期权的义务。由于赋予期权并不需要任何明示形式，一般而言，只要卖方不明示拒绝赋予买方期权，买方于履行完毕支付期权权利金的义务之后便可自动获得期权。期权合同买方获得期权同时意味着期权法律关系的产生，买方在期权法律关系中对卖方享有期权，而卖方则仅是受期权的拘束，并不负有任何相对应的义务。因买方执行期权而产生的标的资产买卖合同是独立于期权合同之外的合同，并不属于期权合同的一部分。标的资产买卖合同也存在两个层次的法律关系，即有关标的资产价金的债权债务关系和转移标的资产所有权的债权债务关系。

第二节 期权合同关系内容

合同关系的内容包括合同权利和合同义务，期权合同关系内容自然也不例外。然而，期权合同关系内容究竟包括哪些具体的权利义务呢？鉴于场内期权合同和场外期权合同内容的不同，笔者在结合上文关于期权合同关系主体和期权合同关系层次的论述的基础上，将具体就场内期权合同和场外期权合同中的权利义务分别进行剖析论述。

一、期权合同关系中的权利

场内期权合同关系的内容首先体现为场内期权合同中规定的合同权利和合同义务，但根据《期权清算公司章程细则》第6.6条和第6.10（a）条规定，场内期权合同的中的权利义务并不仅限于场内期权合同自身的规定，还应包括《期权清算公司章程细则》和《期权清算公司规则》中规定场内期权合同主体的权利义务。笔者在下文将依次剖析期权合同关系主体所享有的合同权利和承担的合同义务。

（一）期权权利金请求权

期权权利金请求权是期权合同卖方在期权合同中最主要的一项权利。期权合同卖方之所以赋予买方期权，自愿受期权的拘束，其目的就是取得期权权利金。

可以说，期权权利金是期权合同卖方订立期权合同的根本目的，是期权合同买方为取得期权而必须支付的对价。期权合同及期权交易相关规则对此项权利均有规定。例如，《期权清算公司规则》第404（c）条规定："在出售开仓交易或出售平仓交易中，期权清算公司应按照《期权清算公司规则》规定的时间和方式向卖方清算成员支付此场内交易中约定数量的权利金。"① 尽管该条是从期权清算公司义务的角度规定的，但与期权清算公司义务相对应的必然是卖方清算成员请求支付期权权利金的权利。场内期权合同由于期权清算公司的介入而一分为二成为两个相互独立的场内期权合同。根据《期权清算公司规则》第401（g）条的规定，期权清算公司成为原期权合同买方的卖方和卖方的买方，原期权合同买卖双方当事人只能向期权清算公司主张权利义务。因此，卖方清算成员虽然享有期权权利金请求权，但其并不能直接向买方清算成员主张债权，而只能向期权清算公司提出支付期权权利金的请求。期权清算公司虽然对卖方清算成员负有支付期权权利金的义务，但却对买方清算成员享有期权权利金请求权，其有权向买方清算成员收取期权权利金。期权清算公司的介入虽然切断了期权合同买卖双方当事人之间权利义务的直接联系，但二者权利的行使和义务的履行仍然存在相互影响。例如，《芝加哥期权交易所规则》第8.18条规定："当期权清算公司因代表买方的清算成员未能支付期权清算公司规则所要求的期权权利金总额而拒绝一项场内交易时，作为或代表卖方的清算成员应有权通过向买方清算成员发出通知而取消交易或就违约的清算成员拒绝的场内交易所体现的同一期权合同进入一项出售平仓交易。"②

虽然卖方清算成员在收取期权权利金后是将此期权权利金划入代表卖方的期权交易所会员的账户，然后代表卖方的期权交易所会员再划入卖方期权投资者账户，但代表卖方的期权交易所会员和卖方期权投资者并不享有期权权利金请求权。因为二者并不是期权合同卖方，而只有期权合同卖方才享有期权权利金请求权。二者虽然最后获得了期权权利金收益，但并不是根据期权合同取得的，二者与期权合同买方之间并不存在期权合同关系，因此，二者并不享有期权权利金请求权。期权权利金请求权的权利主体只能是期权合同卖方，而义务主体则为期权合同

① See *OCC Rules*, Rule 404（c）.

② See *CBOE Rules* Rule 8.18 Failure to Pay Premium.

买方。

（二）赋予期权的请求权

赋予期权的请求权虽然是期权合同买方所享有的一项重要的权利，但其却常常被期权合同买方另一项重要权利——期权的光辉所湮没。以至于，在谈及期权合同买方所享有的权利时，论者往往只论及期权，而从无论及赋予期权的请求权。笔者认为期权固然十分重要，但期权并不是与生俱来的，期权的取得也不是天赋的，而是经请求而被期权合同卖方赋予的，即期权合同买方在享有期权之前还享有赋予期权的请求权，也正是该请求权才使得期权合同买方能真正地取得期权。期权合同虽然不是权利买卖合同，但期权合同中权利的取得过程与权利买卖合同中权利的取得过程还是非常相似的。在期权合同订立后，期权合同买方并不是就自动地取得了期权，即使其在支付了期权权利金之后，其也不是就当然而然地享有了期权。期权合同买方如欲享有期权，其必须得请求期权合同卖方赋予期权。如果期权合同卖方拒绝赋予买方期权，即使买方已经支付了期权权利金，买方依然无法享有期权。此时，买方只能主张卖方根本违约，追究卖方的违约责任，而不能认为自己支付期权权利金后就已经自动享有了期权，进而对买方主张期权。当然，期权合同买方并不一定必须采用明确主动的行为来行使赋予期权的请求权，期权合同卖方也不一定必须明示表示才算赋予期权。因为作为形成权的期权是一种无形的权利，期权的赋予更多是观念上的。在期权合同买方支付期权权利金后，只要期权合同卖方在合理期间内未明示拒绝赋予买方期权，就可认为期权合同卖方已自愿使自己处于期权权利相对人的法律地位而默示赋予了买方期权，即使期权合同买方并没有明示请求赋予期权，其也同样享有期权。

期权合同和期权交易相关规定中并无关于赋予期权的请求权的明确规定，但我们仔细分析也可发现相关规定中所蕴含的赋予期权的请求权的身影。《期权清算公司规则》第 404（a）条规定："在一项购买开仓交易中，期权清算公司应当向买方清算成员签发其在此项场内期权交易中所购买的一定数量的清算合同。"[①]虽然该条并未规定期权合同买方请求赋予期权的权利，而只是规定了期权清算公司为买方清算成员签发清算合同的义务，但签发清算合同的法律效果又是什么

① See *OCC Rules*, Rule 404（a）.

呢？我们忆及《期权清算公司章程细则》第 6.12 条规定："清算成员在一特定账户中一系列清算证券的多头将基于期权清算公司在该账户中就该系列清算证券签发一项或多项清算合同而创设。"[①] 可见，签发清算合同的法律后果是为买方清算成员创建期权多头头寸，而期权多头头寸的创建也就意味着期权合同买方享有了期权，成为期权权利人。因此，买方清算成员请求赋予期权的权利其实也就相当于请求签发清算合同的权利，而与此请求签发清算合同的权利相对应的显然是《期权清算公司规则》第 404（a）条规定签发清算合同的义务，故《期权清算公司规则》第 404（a）条中也蕴含着期权合同买方赋予期权的请求权。然而，应当注意的是，当期权清算公司作为期权合同卖方时，买方清算成员对其享有赋予期权的请求权，有权请求其签发清算合同而拥有期权多头头寸，但当期权清算公司作为期权合同买方时，其并不是要求卖方清算成员签发清算合同而拥有期权多头头寸。《期权清算公司章程细则》第 6.13 条规定："清算成员在一特定账户中一系列清算合同的空头将基于期权清算公司在该账户中就该系列的一项或多项清算合同接受此清算成员的出售开仓交易而创设。"[②]《期权清算公司章程细则》第 6.14 条进一步规定："出售开仓交易中的卖方清算成员与期权清算公司均同意（a）基于期权清算公司对此项出售开仓交易的接受，该清算成员进行有效交易的账户内的空头头寸将根据第 6.13 条规定而应被创设或增加及随后维持。"[③] 可见，期权清算公司作为期权合同买方时，只需接受卖方清算成员进行的出售开仓交易便可为卖方清算成员创设期权空头头寸。既然此时卖方清算成员拥有了期权空头头寸，相应地，期权清算公司也就拥有了期权多头头寸。因此，期权清算公司作为期权合同买方而享有赋予期权的请求权时，其并不需要请求期权合同卖方明示赋予其期权，而只需要接受出售开仓交易使卖方清算成员处于期权空头的法律地位便可。当然，根据《期权清算公司章程细则》第 6.14 条的规定，卖方清算成员是自愿（agrees with）在期权清算公司接受出售开仓交易时处于期权空头地位的，因而，卖方清算成员的同意也同时使得期权清算公司拥有期权多头头寸，赋予了期权清算公司期权。综上可知，赋予期权的请求权的实现有两种表现方式：一是创设或增加期权合同买

① See *OCC By-Laws*, Article VI Section 12 Long Positions.

② See *OCC By-Laws*, Article VI Section 13 Short Positions.

③ See *OCC By-Laws*, Article VI Section 14 Agreements of Selling Clearing Member in an Opening Sale Transaction.

方的期权多头头寸，持期权多头头寸的期权合同买方自然也就被赋予期权了；二是创设或增加期权合同卖方的期权空头头寸，相应地，期权合同买方就拥有了期权多头头寸，也被赋予期权了。

（三）期权

期权是期权合同买方在期权合同中的核心权利，获得期权是买方订立期权合同的根本目的。期权交易相关规则对期权均有明确规定。例如，《期权清算公司规则》第 801 条、第 802 条、第 803 条和第 804 条等均对期权权利的行使作出了明确规定。由前文可知，期权可分为买权和卖权。顾名思义，买权为购买的权利，是指买权权利人有权在特定期间按照特定价格向买权权利相对人购买特定数量标的资产的权利。既然为权利，买权权利人就享有是否行使该权利的自由决定权，其可以决定购买，也可以放弃行使买权而决定不购买。同样道理，卖权为出售的权利，是指卖权权利人有权在特定期间按照特定价格向买权权利相对人出售特定数量标的资产的权利。卖权权利人也享有自由决定是否出售的权利，而无必须出售的义务。由于期权属于形成权，所以，虽然期权合同买方享有期权，但期权合同卖方却并不负有与该期权相对应的义务，而只是受到期权拘束，即在期权合同买方执行期权时，必须受执行期权所形成的法律效果的拘束，接受所执行期权所产生的新的法律关系。在执行买权时，期权合同卖方交付标的资产的义务常常被认为是与买权相对应的义务，其实不然（详见本章第一节相关论述）。期权合同卖方交付标的资产义务所对应的只是期权合同买方交付标的资产的请求权，而非作为形成权的买权。况且，期权合同买方还负有与卖方交付标的资产义务相对应的义务，即按执行价格交付标的资产价金的义务，试想，若期权合同买方拒绝按执行价格支付价金，而仅凭享有期权就要求卖方交付标的资产，卖方会履行其交付标的资产的义务吗?

虽然期权合同买方有权自由决定是否以及何时执行期权，但当期权清算公司作为期权合同买方时，期权清算公司一般情况下无权自由决定是否以及何时执行期权。正如《芝加哥期权交易所规则》第 6.20 条、第 6.21 条和《期权清算公司规则》第 801 条至第 804 条所规定的，只有持有期权多头头寸的买方清算成员先向期权清算公司主动发出期权执行通知（当然买方清算成员的决定是根据期权投资者的指令作出的），期权清算公司然后才能根据特定程序再向持有相同期权的空头头寸的卖方清算成员发出期权执行通知，最后再由卖方清算成员按特定程序指令某一客户负责执行。当买方清算成员执行期权时，作为期权权利相对人的期权清算公司却并不一定亲自负责执行。《期权清算公司章程细则》第6.14（c）条规定："……（c）在任何执行通知分配给该清算成员的情形下，该清算成员应当代表期权清算公司根据被分配的期权合同内容和《期权清算公司章程细则》与《期权清算公司规则》的规定履行该期权合同。"[①] 可见，当买方清算成员执行期权时，期权清算公司可以执行相同的期权而指令作为期权权利相对人的卖方清算成员代表期权清算公司履行。期权清算公司虽然在一般情况下无权自由决定行使期权，但期权清算公司在什么特殊情况下才有权执行期权呢？《期权清算公司规则》第403条规定："……尽管《期权清算公司章程细则》和《期权清算公司规则》中存在任何其他条款，然而，如果期权清算公司在接受一账户内的一项购买开仓交易时还未能收到买方清算成员在该账户内所欠的全部款项，那么，期权清算公司接受此项交易所产生的多头头寸应当被认为是一个未隔离的多头头寸，期权清算公司有权清算出售，或在为期权的情况下执行该期权多头头寸，以及采取《期权清算公司规则》第11章规定的程序。"[②] 由此可知，如果买方清算成员未能支付期权权利金，而期权清算公司又已经接受了该购买开仓交易，那么，期权清算公司自己就有权行使期权。

（四）留置权

留置权并非由期权合同自身明确规定，而是由相关期权交易规则所规定的期权清算公司的权利。《期权清算公司章程细则》第6.3条对期权清算公司的留置权作出了详细规定，譬如，第6.3（a）条明确规定："清算成员代表其自己以及在该公司账户保留有头寸的所有其他非客户方同意期权清算公司应当对该账户内的所有期权头寸、所有其他证券、保证金以及其他基金享有留置权，将其作为该清算成员对期权清算公司负有的所有义务的担保"。[③] 可见，留置权虽然是由期权交易规则明确规定，但其本质上仍源于当事人的授权，基于当事人的同意。也许

① See *OCC By-Laws*, Article VI Section 14 Agreements of Selling Clearing Member in an Opening Sale Transaction.

② See *OCC By-Laws*, Article VI Section 4 Obligation of Purchasing Clearing Members.

③ See *OCC By-Laws*, Article VI Section 3 (a).

有人会讲，第 6.3（a）条只是规定清算成员可以同意期权清算公司享有留置权，那么，清算成员是否可以拒绝同意期权清算公司享有留置权呢？我们忆及《期权清算公司章程细则》第 5.3 条规定："任何申请人均不应被承认为清算成员，除非申请人已经按《期权清算公司章程细则》第 8 条所要求的数量向期权清算公司缴存了其在清算基金中的初始份额，且已经签署并按董事会所要求的形式向期权清算公司提交了一份协议，包括申请人同意……（d）赋予期权清算公司《期权清算公司章程细则》和《期权清算公司规则》中所规定的所有留置权、权利及救济权。"[①] 由此可知，申请人欲取得清算成员资格必须先同意赋予期权清算公司留置权（当然这并非充分条件，而只是必要条件），故当申请人成为清算成员时，其已经同意赋予期权清算公司留置权。因此，期权清算公司的留置权源自清算成员的授权，而清算成员的授权则是根据其在申请成为清算成员时与期权清算公司达成的协议。

留置权的功能就在于为清算成员对期权清算公司所负的义务提供担保，如果清算成员未能履行其义务，期权清算公司自然可以行使留置权以保障自己权利的实现。《期权清算公司规则》第 403 条规定："如果期权清算公司未能在成交时或之前收到此项约定数量的期权权利金，期权清算公司应有权用清算成员在期权清算公司所开设账户中所贷记的或为期权清算公司所占有或在期权清算公司处置之下的任何基金来支付此项约定数量的期权权利金。"[②] 况且，该条还进一步规定："尽管《期权清算公司章程细则》和《期权清算公司规则》中存在任何其他条款，然而，如果期权清算公司在接受一账户内的一项购买开仓交易时还未能收到买方清算成员在该账户内所欠的全部款项，那么，期权清算公司接受此项交易所产生的多头头寸应当被认为是一个未隔离的多头头寸，期权清算公司有权清算出售，或在为期权的情况下执行该期权多头头寸，以及采取《期权清算公司规则》第 11 章规定的程序。"可见，当清算成员未能履行对期权清算公司负有的义务时，期权清算公司有权行使留置权以保证自己债权的实现。

此处值得注意的是，留置权的权利人只是期权清算公司，既非买方清算成员，亦非卖方清算成员，相反，买方清算成员和卖方清算成员均为留置权的义务人。

---

① See *OCC By-Laws*, Article V Section 3 Conditions to Admission.

② See *OCC Rules*, Rule 403 Obligation of Purchasing Clearing Members.

买方清算成员作为留置权义务人比较容易理解，因为买方清算成员对期权清算公司负有支付期权权利金的义务。然而，卖方清算成员是期权清算公司的债权人，为何卖方清算成员却成了留置权义务人？笔者认为，虽然卖方清算成员对期权清算公司享有期权权利金请求权，但其同时也受期权的拘束，随时可能被要求履行因执行期权而形成的标的资产买卖合同中的义务。又如何保证卖方清算成员在标的资产买卖合同中的履行能力呢？卖方清算成员均被要求向期权清算公司缴存保证金或标的资产，以作为其履行能力的担保。因此，期权清算公司对卖方清算成员缴存的保证金和包括证券在内的标的资产享有留置权是针对卖方清算成员在标的资产买卖合同中的义务，而非卖方清算成员在期权合同中的义务。

（五）转让权

转让权，是指清算成员可以将其进行的一项场内期权交易转移到其他清算成员账户，而由接受转移的其他清算成员负责清算该场内期权交易的权利，其实也就是清算成员转让其所持有的期权头寸的权利。《期权清算公司规则》第 407 条明确规定清算成员均可通过签订清算成员交易转让协议（Clearing Member Trade Assignment，CMTA）在其之间转让期权头寸。既然该条并未将清算成员区别对待，而清算成员显然包括买方清算成员和卖方清算成员，那么，买方清算成员和卖方清算成员均应享有转让期权头寸的权利。由于买方清算成员享有期权，持有期权多头头寸，故买方清算成员自然有权转让其期权多头头寸。然而，卖方清算成员并不享有期权，为何其也可以转让其期权空头头寸？笔者认为，与其说卖方清算成员是在转移期权空头头寸，不如说其是在概括转让其在期权合同中受拘束的法律地位，因为受让方将代替转让方负责该被转让的期权交易的清算。[①] 由于期权合同买方在执行期权时，期权合同卖方将须按新产生的法律关系向买方履行义务。如果期权合同卖方将其期权权利相对人的法律地位转让，其实也就是由受让方向期权合同买方履行义务，然而，当事人之间履行义务的能力是不同的。因此，如同转让义务一样，期权合同卖方在转让其期权权利相对人法律地位时也应取得期权权利人的事先同意。那么，卖方清算成员转让空头头寸又是否取得了期权权利人的事先同意呢？根据《期权清算公司规则》第 407（a）条的规定，清算成员之

---

① See *OCC Rules*, Rule 407（c）.

间订立的清算成员交易转让协议应当向期权清算公司登记（register）并经期权清算公司批准（Approved by the Corporation）。由此可见，期权清算公司是已经事先同意清算成员就期权头寸进行转让的，而期权清算公司又是卖方清算成员的期权合同买方，故卖方清算成员转让其所持有的期权空头头寸是经过期权合同买方事先同意的。

此处需要提及的是，在清算成员转让期权头寸时，受让方享有退回权，即受让方在接受期权头寸转让后还有权将其退回。[①] 受让方在行使退回权时应当按规定的时间和程序向期权清算公司发出不可撤销的退回通知或不可撤销的退回指令，并同时给出清算成员交易转让协议所允许的一项或多项退回理由，但期权清算公司并无义务调查退回理由的真实有效性。然而，如果被转让的期权头寸已经被执行或分配执行或已经到期或将于下一个营业日到期，那么，即使受让方享有退回权并可以退回期权头寸，但受让方此时不得退回期权头寸，依然应当负责该期权头寸的清算。

（六）对冲权

对冲权是期权合同当事人所享有的对冲消灭相反期权头寸的权利。期权合同本身虽未就对冲权作出明确规定，但期权交易相关规则却明文规定了当事人的对冲权。《期权清算公司章程细则》第 6.12（c）条明确规定 ：“期权多头头寸应当按期权清算公司所接受的清算成员在该账户进行的出售平仓交易中同系列的期权合同的数目而减少。”[②] 如果说期权合同买方对冲消灭期权多头头寸尚属于其自然权利，而《期权清算公司章程细则》第 6.13（c）条则从另一个方面明确规定了期权合同卖方也可以对冲消灭自己所持有的期权空头头寸。况且,《期权清算公司章程细则》第 6.15 条和第 6.16 条更是明文规定了清算成员对冲消灭自己期权头寸的权利。因此，对冲权并非期权合同一方当事人专利，而是为期权合同双方当事人所共同享有。由于期权清算公司也是期权合同当事人，自然，期权清算公司在期权合同中也享有对冲权。《期权清算公司章程细则》第 6.3 条明文规定，期权清算公司在众账户中均有权将所有出售交易和购买交易对冲消灭（shall have

---

① See *OCC Rules*，Rule 407（d）.

② See *OCC By-Laws*，Article VI Section 12（c）.

the right to net all writing transactions against all purchase transactions)。[1]

对冲权是当事人在期权合同中所享有的独特权利，其独特之处就在于如果期权合同当事人不愿再持有现在的期权头寸，其可以通过进入一个反向期权交易以新持有一个与现在完全相反的期权头寸，那么，该当事人所持有的两个完全相反的期权头寸将因对冲而消灭，使其不再持有任何期权头寸。对冲权在直观上类似于我国《合同法》中的法定抵销权，[2] 但二者存在本质的不同。因为合同法中的抵销权所相互抵销的总是相同类型的债权债务，[3] 但期权本身并非债权债务，故完全相反的期权头寸的对冲消灭显然不同于相同类型债权债务的抵销消灭。期权合同当事人为对冲消灭自己所持有的期权头寸需要先进入一个反向期权交易，是自己在该交易中持有相反期权头寸，而使交易相对方持有该当事人现在持有的期权头寸。由于该当事人的期权头寸因对冲而消灭，但反向期权交易的相对方却依然持有该当事人原来的期权头寸，故在形式上看来是该当事人通过对冲而将其所持有的期权头寸转让给反向期权交易的相对方。虽然对冲权的行使在形式上似乎产生了期权头寸转让的法律效果，但对冲权与期权头寸转让存在实质的区别。期权空头头寸的转让必须取得期权权利人的事先同意，而对冲权却不需要对方当事人的同意。即使期权多头头寸的转让不需要期权权利人同意，转让人订立的也只是权利转让协议，其本身并不获得任何期权头寸，但当事人行使对冲权时订立的却是期权合同，其根据该反向期权合同获得的是与原来完全相反的期权头寸。由上可见，对冲权是期权合同当事人所享有的一项独特权利，当事人只需获得与原来完全相反的期权头寸就可对冲消灭其原来所持有的期权头寸。

二、期权合同关系中的义务

（一）支付期权权利金义务

支付期权权利金义务是期权合同买方最主要的合同义务，也可以说是期权合

---

① See *OCC By-Laws*，Article VI Section 3.

② 《合同法》第 99 条。

③ 参见［德］迪特尔·梅迪库斯：《德国债法总论》，杜景林、卢谌译，法律出版社 2004 年版，第 206~214 页；韩世远：《合同法总论》，法律出版社 2004 年版，第 633~648 页；林诚二：《民法债编总论——体系化解说》，中国人民大学出版社 2003 年版，第 558~564 页。

同买方所唯一负有的合同义务。支付期权权利金义务与期权权利金请求权形成紧密对应，二者一并构成金钱债权债务关系。在该金钱债权债务关系中，期权合同卖方对买方享有期权权利金请求权，而期权合同买方对卖方负有支付期权权利金的义务，该义务要求期权合同买方向卖方支付约定数额的期权权利金。

期权合同本身及期权交易规则均对支付期权权利金义务作出了明确规定。《期权清算公司规则》第 403 条规定 ：“在非期货的一个清算合同中，一项场内交易的买方清算成员负有向期权清算公司支付该项场内交易中所约定数额的期权权利金的义务。”① 第 403 条明确规定了期权合同买方支付期权权利金的义务，尽管该义务是针对期权清算公司的。因为依据《期权清算公司规则》第 405.01 条，期权清算公司已经成为期权合同买方的卖方和卖方的买方，故期权合同买卖双方的权利义务均只是指向期权清算公司，而非彼此对方。因此，《期权清算公司规则》对期权清算公司支付期权权利金的义务进一步作出了规定，第 404 条明确规定 ：“在出售开仓交易或出售平仓交易中，期权清算公司应按照《期权清算公司规则》规定的时间和方式向卖方清算成员支付此场内交易中约定数量的权利金。”期权清算公司的介入将期权合同买卖双方当事人之间的权利义务关系切断，使期权合同买方只对期权清算公司负有支付期权权利金义务，而再由期权清算公司对期权合同卖方负有支付期权权利金义务。期权合同卖方虽然享有期权权利金请求权，买方也负有支付期权权利金义务，但卖方无权对买方直接提出权利请求，买方也无向原期权合同卖方支付期权权利金的义务，而只需向期权清算公司履行支付期权权利金的义务即可。

买方清算成员虽然是用代表买方的期权交易所会员的账户划出期权权利金以履行义务，然后代表买方的期权交易所会员再从买方期权投资者账户划出期权权利金，但代表买方的期权交易所会员和买方期权投资者均不负有支付期权权利金的义务。因为二者并不是期权合同买方，而只有期权合同买方才负有支付期权权利金的义务。二者虽然最后承担了支付期权权利金的经济后果，但并不是根据期权合同负担的，二者与期权合同卖方之间并不存在期权合同关系，因此，二者并不负有支付期权权利金的义务。买方清算成员只对期权清算公司负有支付期权权利金的义务，期权清算公司也只对卖方清算成员负有此义务，卖方清算成员和期

① See *OCC Rules*, Rule 403 Obligation of Purchasing Clearing Members.

权清算公司而不得要求其他非期权合同主体方履行支付期权权利金的义务。

（二）赋予期权的义务

赋予期权的义务，是指期权合同卖方应当赋予买方期权的义务，是期权合同卖方最主要的合同义务。与卖方赋予期权的义务紧密对应的是期权合同买方所享有的赋予期权的请求权，二者共同构成了赋予期权的债权债务关系。在该赋予期权的债权债务关系中，期权合同买方对卖方享有请求赋予期权的权利，而期权合同卖方则对买方相应地负有赋予期权的义务。如前文所论述的，期权合同买方所享有的取得期权的权利既非支配权，也非形成权，而只能是请求权。因此，期权合同买方只能请求卖方履行其赋予期权的义务，而卖方也应按照买方的请求履行其义务。如果期权合同卖方拒绝同意赋予买方期权，买方也无权强制其赋予期权（因为买方只是有权“请求”），而只能要求卖方承担违约责任，进行损害赔偿。

期权合同卖方履行赋予期权的义务可以采取明示方式，即通过增加买方期权多头头寸而明确赋予买方期权，也可以采取默示方式，即卖方事先同意增加其自己的期权空头头寸，进而通过自己期权空头头寸的增加而默示地赋予买方期权。期权清算公司作为期权合同卖方时通常采取明示的方式赋予期权合同买方期权。《期权清算公司规则》第404（a）条规定：“在一项购买开仓交易中，期权清算公司应当向买方清算成员签发其在此项场内期权交易中所购买的一定数量的清算合同。”可见，期权清算公司应明确地向买方清算成员签发清算合同。《期权清算公司章程细则》第6.12条规定，清算合同的签发也就意味着期权多头头寸的增加，而期权多头头寸的产生也就表明期权合同买方已享有期权。因此，期权清算公司通过签发清算合同以增加买方清算成员的期权多头头寸而明确履行自己赋予期权的义务。然而，当期权清算公司作为期权合同买方时，卖方清算成员又如何履行其赋予期权的义务呢？

根据《期权清算公司章程细则》第6.12条的规定，期权多头头寸是依据期权清算公司签发的清算合同而创设的，故卖方清算成员显然无权向买方签发清算合同而增加买方的期权多头头寸。然而，《期权清算公司章程细则》第6.13条规定：“清算成员在一特定账户中一系列清算合同的空头将基于期权清算公司在该账户中就该系列的一项或多项清算合同接受此清算成员的出售开仓交易而创设。”该条意味着期权清算公司对卖方清算成员出售开仓交易的接受将为卖方清算成员创设期权空头头寸，但该规定中期权空头头寸的创设仅是取决于期权清算公司的接受，与卖方清算成员履行赋予期权的义务又有何关系？我们进一步考察可以发现，《期权清算公司章程细则》第 6.14 条明确规定："出售开仓交易中的卖方清算成员与期权清算公司均同意（a）基于期权清算公司对此项出售开仓交易的接受，该清算成员进行有效交易的账户内的空头头寸将根据第 6.13 条规定而应被创设或增加及随后维持。"该条则意味着卖方清算成员期权空头头寸的创设不仅取决于期权清算公司的接受，还取决于卖方清算成员事先对期权清算公司接受所产生法律效果的同意。正是卖方清算成员的同意才使期权清算公司的接受产生创设期权空头头寸的法律效果，否则期权清算公司的单方面接受无权为卖方清算成员创设期权空头头寸。尽管卖方清算成员并未明确表示增加买方的期权多头头寸，赋予买方期权，但卖方清算成员却同意在自己账户中创设期权空头头寸，自愿使自己处于受拘束的期权空头法律地位。卖方清算成员这种行为使买方在事实上享有了以卖方清算成员为权利相对人的期权，故卖方清算成员实际上是从另一个方面默示赋予了买方期权。综上可知，卖方清算成员的同意使得期权清算公司的接受产生了创设期权空头头寸的法律效果，而卖方清算成员期权空头头寸的产生也就暗含着买方已对卖方清算成员享有了期权，即卖方清算成员以默示的方式赋予了买方期权。

（三）支付保证金义务

支付保证金义务，是指清算成员向期权清算公司缴存一定数额财物作为保证金的义务。清算成员支付保证金义务并非由期权合同直接规定，而是源于期权交易相关规则的明确规定。《芝加哥期权交易所规则》第 10.1 条规定："若未根据本第 7 章、交易所所有其他可适用的规则及美国联邦储备委员会 T 规则的规定缴存合适的及足够的保证金，任何组织成员均不得有效开展一项场内交易或为无论是交易所成员或非成员的客户持有一个账户。"[①] 该条虽未将缴存保证金明确规定为清算成员的义务，但却将其规定为清算成员开展场内交易的前提条件。《期权清算公司规则》第 601（a）条则进一步规定："在期权清算公司于每一个营业日规定的具体时间之前，所有清算成员均有义务依据本规则随后条款的规定向期权

① See *CBOE Rules*，Rule 12.1.

清算公司缴存保证金……”[①]可见，该条则明确规定了清算成员支付保证金的义务。从这两条规定的用语来看，二者均未区分买方清算成员和卖方清算成员，即所有清算成员都负有支付保证金的义务。况且，《芝加哥期权交易所规则》第 10.3（b）（1）条还明确规定了期权多头头寸的保证金要求，自然表明买方清算成员负有支付保证金的义务。然而，笔者认为，《芝加哥期权交易所规则》第 10.3（b）（1）条规定的其实是买方清算成员支付期权权利金的义务，并非要求买方清算成员在支付期权权利金外再额外支付其他财物作为保证金，即其实买方清算成员并不负有支付保证金的义务，而只有卖方清算成员才负有支付保证金的义务。我们忆及《芝加哥期权交易所保证金手册》规定，清算成员只需用其现金账户支付所持有的有效期为 9 个月以内的期权多头头寸的期权权利金即可，根本不需要再往保证金账户缴存超出期权权利金之外的现金作为保证金，也无维持保证金的要求，即有效期为 9 个月以内的期权多头头寸实际上无保证金要求。[②]因此，《芝加哥期权交易所规则》第 10.3（b）（1）条虽然规定的是买方清算成员支付初始保证金的义务，其实为买方清算成员支付期权权利金的义务，因为买方清算成员履行完毕支付期权权利金义务后只是享有权利，并不需要再缴存额外的保证金以担保其履约能力。然而，卖方清算成员却存在违约的可能，故其应当按规定缴存一定财物作为其履行能力的担保。

此处应当提及的是，一般合同中当事人提交的保证金的数额通常是不变的，且往往只是承担第二顺序的义务，并不直接参与合同本身的结算，但期权合同中的保证金是每日结算的。根据《期权清算公司规则》第 501 条的规定，期权合同是每日结算的，而根据第 605 条的规定，保证金也是每日结算的。当标的资产的市场行情朝着不利于卖方清算成员的方向变化，出现保证金赤字时，卖方清算成员就将被要求追加支付保证金。然而，当标的资产的市场行情朝着有利于卖方清算成员的方向变化，出现保证金盈余时，卖方清算成员可以按相关规定提取多余数额的保证金。[③]

---

① See *OCC Rules*, Rule 601（a）.

② See *CBOE Margin Manual*, pp.3–4.

③ See *OCC Rules*, Rule 608.

（四）匹配交易信息报告义务

匹配交易信息报告义务，是指清算成员应当向期权交易所报告其所进行的交易信息的义务，为清算成员的一项重要义务。期权合同和期权交易相关规则均未明确规定清算成员的匹配交易信息报告义务，但从期权交易规则关于其他主体的交易报告义务中却可以推出清算成员的匹配交易信息报告义务。《芝加哥期权交易所规则》第6.1（a）条明确规定："（a）指定的期权交易所成员必须报告交易。期权交易所在每一项场内交易中指定的参加方必须以期权交易所规定的形式和方式在交易完成90秒内向期权交易所报告交易或确保交易向期权交易所报告以使交易信息可向销售和时间报告提交。"[①] 可见，该条明确规定了期权交易所成员报告交易信息的义务。《期权清算公司规则》第401（a）条规定："所有期权交易所、证券期货市场、期货市场及国际性市场每个营业日均应向期权清算公司报告在此营业日内（或在前一个营业日而与该营业日解决的）于此期权交易所或市场中达成的每一项场内交易信息以及由买方清算成员和卖方清算成员自己或其代表已经提交的与此相关的匹配交易信息。"[②] 该条则规定了期权交易所向期权清算公司报告在其交易所内达成的交易信息的义务。虽然这两条均未明文规定清算成员报告匹配交易信息的义务，但《期权清算公司规则》第401（a）条却明确规定期权交易所也应报告"由买方清算成员和卖方清算成员自己或其代表已经提交的与此相关的匹配交易信息"。这意味着清算成员自己应当向期权交易所提交匹配交易信息，也可以由其代表向期权交易所提交匹配交易信息，而谁又为清算成员的代表呢？

我们忆及《芝加哥期权交易所规则》第3.61条规定，期权交易所成员必须获得期权清算公司清算成员事先授权，否则不得在期权交易所内开展任何期权交易。[③] 这表明期权交易所成员在交易所内进行交易行为的法律后果是由清算成员承担的，即交易所成员可以视为清算成员的代表。自然，《芝加哥期权交易所规则》第6.1（a）条规定的期权交易所成员向交易所提交的信息也可视为代表清算成员提交的信息，但这并不影响依第6.1（c）条的规定交易所成员向清算成员报告交

① See *CBOE Rules*, Rule 6.1（a）.

② See *OCC Rules*, Rule 401（a）.

③ See *CBOE Rules*, Rule 3.61 Letters of Guarantee and Authorization.

易信息的义务。况且,《芝加哥期权交易所规则》第 6.1（j）条也明文规定了清算成员报告匹配交易信息的义务。然而，清算成员报告匹配交易信息的义务是针对期权交易所的，然后根据《期权清算公司规则》第 401（a）条和《芝加哥期权交易所规则》第 6.4（b）条规定，再由期权交易所向期权清算公司报告匹配交易信息。

匹配交易信息报告义务在期权合同中具有重要作用。《芝加哥期权交易所规则》第 6.4（a）条和《期权清算公司章程细则》第 6.1 条均明文规定，所有场内交易必须通过期权清算公司清算，且未经期权清算公司同意，任何其他交易均不得通过期权清算公司清算。[①] 可见，期权清算公司同意是场内交易进行清算的必要条件，而期权清算公司的同意表现为期权清算公司对场内期权交易的接受。况且,《期权清算公司规则》第 401（a）条进一步明确规定："期权清算公司依据本条对所有场内交易的接受及所有清算合同的签发均以下列交易信息报告为条件……" [②] 由此可知，正是由于期权清算公司收到了匹配交易信息报告，其才接受场内交易并签发清算合同，而正是期权清算公司的接受及清算合同的签发，原来的期权合同才一分为二成立两个相同的期权合同，所以，匹配交易信息报告义务对期权合同的清算起着至关重要的作用。

---

① See *CBOE Rules*, Rule 6.4 (a) and *OCC By-Laws*, Article VI Section 1 General Clearance Rule.

② See *OCC Rules*, Rule 401 (a) .

第五章 期权合同流程与法律适用

上文主要从法律性质、法律关系的角度对期权合同进行了考察，本章则主要关注期权合同成立、变更与消灭过程中的具体法律问题，例如，期权合同是如何订立的？也是通过要约和承诺吗？其要约与承诺的形式又如何？期权合同又是怎么消灭的呢？其法律适用又如何？本章将用四节分别论述这些具体法律问题。

第一节 期权合同之成立

合同成立方式有三：一是通过要约和承诺的方式成立，二是通过交错要约的方式成立，三是通过意思实现的方式成立。[①] 既然期权合同也是合同的一种，那么期权合同究竟是以哪种方式成立的呢？要约承诺、交错要约抑或意思实现？抑或以这三种以外的方式成立？由于场内期权合同和场外期权合同的成立过程存在不同，故本节将对二者的成立分别进行研究。

① 参见林诚二:《民法债编总论——体系化解说》，中国人民大学出版社 2003 年版，第 52 页；王泽鉴：《王泽鉴法学全集·第十二卷——债法原理①》，中国政法大学出版社 2003 年版，第 195~196 页。

一、场内期权合同之成立

场内期权合同的成立有两种情形：一是期权合同在交易所内经由竞价而成立，二是经由竞价所成立的期权合同被提交清算时又分立为两份相同的期权合同。因此，本部分也相应地围绕着这两个方面展开论述，首先研究期权合同的竞价成立方式，然后再对期权合同清算时的分立成立方式进行研究分析。

（一）竞价成立方式

场内期权合同是在期权交易所内经由竞价而成立的，但竞价成立又属于何种方式的成立呢？竞价成立方式的归类因各期权交易所采取的竞价交易模式的不同而不同。目前，期权交易所主要采取两种竞价交易模式：一是公开喊价交易模式（包括专家或做市商参与的公开喊价交易模式），二是电子报价或计算机自动竞价交易模式。公开喊价交易模式属于竞价交易的传统模式，其是由交易人员在交易池内进行公开人工喊价而达成交易，而计算机自动竞价交易模式则是随着计算机科学技术的发展而产生的一种新的竞价交易模式，交易人员将报价指令输入该自动竞价系统后，该竞价系统将自行处理报价指令并自动撮合交易。这两种竞价交易模式各有优劣，各交易所均根据自己的具体情况而分别采用或同时采用，当然也有的期权交易所结合二者优势而开发出全新的竞价交易模式，如芝加哥期权交易所的混合交易系统（CBOE’s Hybrid Trading System）。① 虽然公开喊价交易模式与计算机自动竞价交易模式存在一定相似之处，但二者的竞价方式、达成交易等方面仍存在根本的不同，故下文将分别对这两种竞价交易模式分析之。

1. 公开喊价交易模式

本部分将先介绍公开喊价的概念，即公开喊价是什么，然后简要梳理在公开喊价交易模式中场内期权合同成立的具体过程，最后对公开喊价的成立方式进行定性分析，即通过公开喊价方式成立的期权合同是属于要约承诺方式成立还是属于交错要约方式成立，抑或其他方式成立。

（1）公开喊价概念

公开喊价，一般是指交易人员聚集在交易所的交易池内采用手势及喊叫来报

---

① 参见 https：//markets.cboe.com/about/history，最后访问日期：2020 年 9 月 29 日。

出竞买价和竞卖价，通过进行公开竞价以便达成交易。[①] 公开喊价作为一种传统的竞价交易模式最初被应用于证券交易和期货交易，而随着真正意义上的场内期权交易的产生，其又被应用于场内期权交易。虽然随着现代计算机技术的发展，计算机自动竞价交易系统开始逐渐取代公开喊价交易模式，但芝加哥商业交易所（CME）、芝加哥期货交易所（CBOT）、美国证券交易所（AMEX）、纽约证券交易所（NYSE）、费城股票交易所（PCX）、波士顿期权交易所（BOX）、太平洋交易所（PCX）、伦敦金属交易所（LME）、澳大利亚悉尼期货交易所（SFE）等众多交易所至今依然保持使用公开喊价交易模式。

公开喊价虽然顾名思义就是买卖双方公开竞争喊出愿意购买和出售的价格，然而买卖双方的竞争喊价都是需要遵守一定的喊价规则，不同交易所的喊价规则也不尽相同。例如，《芝加哥商业交易所规则》第 521 条规定，[②] 交易人员发出竞买价需要首先喊出价格然后再报出数量，例如两份合同 5 美元，同时伸出手掌使掌心朝向自己表示买进，并用手指表示合同的数量，相反，交易人员发出竞卖价则需要首先报出数量然后再喊出价格，例如两份合同 5 美元，同时伸出手掌使掌心朝外表示自己卖出，并用手指表示合同的数量。公开喊价采用严格的价格优先原则，只有最好的竞买价和竞卖价才可以报出。竞买价以高价优先，若当前的最高竞买价为 5 美元，则低于 5 美元的竞买价不得再报出，只有高于 5 美元的竞买价才能在交易池内喊出，成为新的最高竞买价。同样道理，竞卖价以低优先，若当前的最低竞卖价为 5 美元，则高于 5 美元的竞卖价不得再报出，只有低于 5 美元的竞卖价才能在交易池内喊出，成为新的最低竞卖价。

（2）公开喊价的交易过程

如上文所言，只有期权交易所会员才有资格在期权交易所内从事期权交易，自然也只有期权交易所会员才有资格进行公开喊价。由于期权投资者一般并不具有期权交易所会员资格，故其无权在期权交易所进行公开喊价。如果期权投资者欲通过公开喊价交易模式进行场内期权交易，其必须在期权交易所成员处开立客户期权交易账户，通过向期权交易所成员发出指令来由期权交易所成员在交易所内为其公开喊价。期权投资者发出的期权交易指令有许多种类，如市价指令、限

---

① See *CME Glossary*.

② See *CME Rulebook*, Rule 521.

价指令、触及市价指令、收盘市价指令、止损指令、止损限价指令、价差指令、跨式指令等，[①] 除具有自营资格的期权交易所成员外，期权交易所其他成员则应按照期权投资者的交易指令公开喊出竞买价和竞卖价。

例如，6 月 16 日 10 时 30 分，一份 12 月到期执行价格为每股 80 美元的 A 公司股票买权的当时最高竞买价为 3.9 美元，最低竞卖价为 4.3 美元。期权投资者甲经过认真研究股票市场之后，认为 A 公司股票价格将上涨，于是决定买入一份该股票的买权。甲此时便可发出如下指令：买入一份 12 月到期，执行价格为每股 80 美元的 A 公司股票买权，买权权利金为每股 4 美元。甲发出的交易指令将通过电话或计算机网络被为甲开立客户账户的期权交易所成员所接受，然后该期权交易所成员再根据甲的指令指示其在交易所内的场内经纪人公开喊出该股票买权 4 美元的竞买价。需要注意的是，如果期权投资者甲交易指令中的买权权利金少于 3.9 美元，则该指令便不会为场内经纪人所喊出，因为根据价格优先原则，只有高于目前 3.9 美元最高竞买价的竞买价才可以公开喊出。与此同时，期权投资者乙持截然相反看法，认为 A 公司股票价格必定要下跌，于是决定卖出该股票买权。乙此时可以发出如下指令：卖出一份 12 月到期，执行价格为每股 80 美元的 A 公司股票买权，买权权利金为每股 4.2 美元。乙发出的交易指令将通过电话或计算机网络被为乙开立客户账户的期权交易所成员所接受，然后该期权交易所成员再根据乙的指令指示其在交易所内的场内经纪人公开喊出该股票买权 4.2 美元的竞卖价。同样道理，如果期权投资者乙交易指令中的买权权利金高于 4.3 美元，则该指令也不会为场内经纪人所喊出。

此时最高竞买价为 4 美元，最低竞卖价为 4.2 美元，二者仍然无法达成交易。因此，场内交易人员需要根据买卖双方的指令不断进行公开喊价竞争，直至喊出的最高竞买价等于最低竞卖价才能达成期权交易。[②] 当然，也存在另外一种达成交易的情形，根据《芝加哥商业交易所规则》第 521（A）条规定，当一交易人员希望按交易池内目前的竞卖价购买时（When a trader desires to buy the going offer in the pit），其应当公开喊出“买它”或“买它们”或“买”，并随后报出希望购买的数量。当一交易人员希望按交易池内目前的竞买价出售时，其应当公开喊出

---

① The details see *CBOE Rules*，Rule 5.6；or see *CME Rulebook Definitions* Orders.

② See *CBOE Rules*，Rule 5.85.

“卖它”或“卖它们”或“卖”，并随后报出希望购买的数量。[①]既然交易人员作出了此购买或出售的意思表示，自然也应当成立期权交易。

在公开喊价中，最高竞买价一般均低于最低竞卖价，如果二者相同，则将成立期权交易。也许有人会讲，有无可能出现最高竞买价高于最低竞卖价的情形？笔者认为这种情形很少发生。因为公开喊价顾名思义是完全公开的，每名报价人都能及时了解目前已经报出的最高竞买价和最低竞卖价，其自然不会将自己报出的竞买价高于目前最低竞卖价或将自己报出的竞卖价低于目前最高竞买价。最高竞买价高于最低竞卖价唯有可能发生在同时喊价的情况下。譬如，目前的最高竞买价为 3.9 美元，最低竞卖价为 4.3 美元，甲认为会上升，准备报价 4.2 美元，而乙则认为会下降，准备报价 4 美元，结果二者的场内经纪人同时报出 4.2 美元的最高竞买价和 4 美元的最低竞卖价。出现相等的竞买价和竞卖价则可达成交易，那么，此时出现最高竞买价高于最低竞卖价的情形是否有交易达成呢？实践中均认为此时成立期权交易，而期权的成交价格则以此时的最高竞买价、最低竞卖价及前一个期权交易成交价的居中者来确定。[②]例如，前一个期权交易成交价若为 4.1 美元，则以居中的前一个期权交易成交价 4.1 美元（$4.2 \geqslant 4.1 \geqslant 4$）作为期权交易成交价格，而若前一个期权交易成交价为 3.9 美元，则以居中的最低竞卖价 4 美元（$4.2 \geqslant 4 \geqslant 3.9$）作为期权交易成交价格，再若前一个期权交易成交价为 4.2 美元，则以居中的最高竞买价 4.2 美元（$4.2 \geqslant 4.2 \geqslant 4$）作为期权交易成交价格。

买卖双方通过公开喊价达成交易后，期权交易所成员应记录所达成的期权交易。根据《芝加哥商业交易所规则》第 536（A）条的规定，每一交易所成员均应记录其所拥有或控制账户内的每一笔交易，显示出买权或卖权、交易日期、期权权利金价格、数量、到期月份、对方经纪商、对方清算成员、执行价格等。交易所成员必须用永久性墨水在其交易卡片上连续性记录，每张交易卡片最多记录六笔交易，而交易所成员应每隔 15 分钟将交易卡片提交给其清算成员，清算成员保存该交易卡片至少 5 年以上。[③]当然，上述人工记录的规定并不影响其他交易所关于公开喊价交易记录电子化的规定。

① See *CME Rulebook*，Rule 521（A）.

② 参见魏振祥：《期权投资》，中国财政经济出版社 2003 年版，第 36 页。

③ See *CME Rulebook*，Rule 536（A）.

（3）公开喊价交易方式的法律性质

①竞买价和竞卖价性质

在对公开喊价交易方式进行定性之前，笔者认为，有必要先对交易人员所公开喊出竞买价和竞卖价的行为进行定性分析，即公开喊出竞买价和竞卖价的行为是什么？二者分别是要约与承诺吗？还是均为要约或承诺？

竞买价的英语原文为“Bids”，是指买方愿意购买期权的价格。[①] 当然就竞买价本身而言其只是一种价格，然而本书所言的竞买价也包含着报价人发出竞买价格的行为的内容，否则仅仅竞买价作为价格本身是无法构成要约或承诺的。那么，期权交易所成员的场内经纪人在交易所内按客户指令所公开喊出的竞买价构成要约吗？竞买价是否构成要约取决于竞买价是否符合要约的构成要件。竞买价是由期权交易所成员的场内经纪人按其客户的指令而发出的愿意按其所报出的价格购买期权的意思表示，这显然符合要约是由特定人所发出的意思表示这一要件。根据《芝加哥期权交易所规则》第6.52条的规定，即使已被执行的指令中的价格存在错误，该价格依然具有约束力。[②] 既然有错误的报价都具有拘束力，那么，自然无错误的报价更应具有拘束力，所以，竞买价对报价人具有拘束力，期权交易所成员必须受其报价的拘束。然而，要约的内容必须具体确定或具有必要之点，竞买价包含订立合同的必要之点吗？表面看来，竞买价似乎只是包括价格方面的内容，并不包括其他方面的内容，其实不然。客户在下达指令要求期权交易所成员报出竞买价时，其所发出的指令除包括竞买价价格外，还应包括合同数量、合同到期月份、执行价格、标的资产、期权种类、有无保护以及开仓或平仓交易等内容。况且，正如前文所提及的，场内期权合同是标准化合同，期权权利金是唯一变量，当事人就期权权利金达成了一致其实也就是对订立期权合同达成了一致。可见，竞买价的内容具体确定，包括订立期权合同所要求的必要内容。要约还要求其必须是向要约人愿意与之订立合同的相对人发出，如果未发出，自然不是要约，且只有对要约相对人而言才是要约，而对要约相对人以外的其他人而言并不是要约。因为其他人不具有承诺的资格，其对要约人的答复并不构成承诺，也无法使合同成立，只能视为对要约人发出的要约。竞买价虽然不是向具体特定的人

---

① See *Options Glossary*, or see *CME Glossary*.

② See *CBOE Rules*, Rule 5.11（a）.

发出的，但其指向的对象是具有特定范围的，即其是向该交易池内所有的交易人员公开喊出的（当然这并不影响交易池外的其他交易人员后来对此承诺的资格）。这就是讲，任一期权交易所成员均有权接受竞买价而与报价人订立期权合同，而不具有期权交易所会员资格的其他任何民事主体则无此承诺权利。因此，竞买价对所有期权交易所成员（除报价的交易所成员外）而言均构成要约。由上可见，竞买价符合要约的构成要件，属于要约。

竞卖价的英语原文为“Offers”，是指卖方愿意出售期权的价格。[①] 如果说竞买价是买方向期权交易所成员发出的购买期权的要约，那么竞卖价自然也应看作卖方向期权交易所成员发出的出售期权的要约，即愿意按报出的竞卖价出售期权。因为竞卖价与竞买价的构成是一样的，只不过一个是出售，而另一个是购买，但出售与购买的区别并不影响二者都满足要约的构成要件。竞卖价也是卖方向期权交易所成员发出的，愿意按所报出的价格出售期权的意思表示。任何期权交易所成员均有权自愿接受报价人报出的竞卖价，而与报价人达成期权交易。况且，要约的英语原文也是“Offer”，这与竞卖价的英语原文相同，因此，这也从另一个方面进一步说明竞卖价是要约。

此处还存在一个需要进一步澄清的问题，即如果一个报价希望订立两份或两份以上的期权合同，那么该报价是否还可视为一个单独的要约？或视为由两个或两个以上的要约所组成？因为上文在论证竞买价和竞卖价属于要约时均是假定二者仅是希望订立一份期权合同，然而实践中却存在一个报价希望订立多份期权合同的可能性。因为场内期权合同的交易单位有限，譬如，股票期权合同的交易单位每份合同仅为 100 股，所以，希望购买 1000 股股票期权的买方就需要订立 10 份期权合同（因为在交易所内其无法订立一份交易单位为 1000 股的期权合同），然而，买方并不需要为订立这 10 份期权合同连续发出 10 个相同的公开喊价，其只需要在一个公开喊价中表明愿意按报价订立期权合同的数量即可。例如，客户甲欲购买 1000 股 A 公司股票买权，其只需要发出如下指令：以 6 美元权利金买入（开仓）10 份 12 月到期执行价格为每股 80 美元的 A 公司股票买权。这就产生了上述问题，从法理上又应如何解释呢？

笔者认为，此时公开喊出的报价应是由若干相同要约组成的要约群。因为从

---

① See *Options Glossary*，or see *CME Glossary*.

要约的本意来看，要约人发出一项要约就是为与受要约人订立一份合同，如果其希望与受要约人再订立一份合同，即使是与前一个合同完全相同，其仍应再向受要约人发出一项要约。如果将希望订立数份期权合同的公开喊价在整体上视为一项要约，则该项要约只有在交易对方发出订立相同数量期权合同及相同报价时才能达成期权交易。然而，事实并非如此。例如，客户甲公开喊价中希望按 6 美元的期权权利金订立 10 份 A 公司股票买权合同，而客户乙公开喊价中只是希望按 6 美元的期权权利金订立 6 份期权合同。此时若将二者公开喊出的竞买价和竞卖价视为两项独立的要约，那么这两项要约的内容显然不同。既然双方没有形成合意，二者之间自然不会成立期权合同，客户甲乙双方只有等到其他客户按相等的期权权利金报出与其各自的期权合同数量分别相等的报价才能成立期权合同。然而，在期权交易实践中，[①] 二者之间仍然可以成立期权合同，并不需要等到数量相等价格相等的报价才能达成期权交易，只不过此时二者仅成立 6 份期权合同，客户甲剩余 4 份期权合同只有等到再有新的相等竞卖价才能订立。将包含数份合同的报价视为一项独立要约的观点是无法解释这种现象的，而若将包含数份合同的报价视为若干相同要约组成的要约群，这种现象则能获得合理的解释。此时，客户甲的公开喊价中包含 10 项要约，而客户乙的公开喊价中则包含 6 项要约，且双方单项要约的内容是完全相同的。因此，客户甲 10 项期权合同要约中的 6 项与客户乙全部的 6 项要约自然应构成交错要约，因为双方这 6 项要约内容相同，方向相反，且又同时发出，完全符合交错要约的构成要件。由此可知，当公开喊出的报价仅希望订立一份期权合同时，该公开喊价本身构成一项要约，而当公开喊出的报价希望订立两份或两份以上的期权合同时，该公开喊价则是由若干相同要约组成的要约群。

综上论述可知，公开喊价中的竞买价和竞卖价均是属于要约，而非要约与承诺，也非均为承诺，但公开喊价中除相等的竞买价和竞卖价可以达成期权交易外，还存在另外两种达成期权交易的情形，即对现有竞买价或竞卖价进行承诺或出现竞买价高于竞卖价的情形。下文将分别研究公开喊价中这三种达成期权交易的情形属于何种合同成立方式。

---

① See *HKATS Trading Procedures*，Rule 3.1.1，this document is available at the website：http：//www.hkex.com.hk.

②竞买价与竞买价相等时达成的交易

由上文可知，公开喊价中同时喊出的相等的最高竞买价和最低竞卖价可以成立期权合同，那么这种成立期权合同的方式是否属于合同订立中的交错要约方式？在分析公开喊价中的该交易模式是否属于交错要约之前，本书认为，有必要先对交错要约本身进行梳理界定。交错要约（Cross Offers），又称交叉要约，一般是指双方当事人在彼此均不知对方已发出要约的情形下，而相互发出的两个独立但内容一致的意思表示。[①] 构成交错要约的关键因素在于双方当事人在各自发出要约时并未事先收到对方向自己发出的要约，而且双方所独立发出的要约内容在实质上是一致的。虽然构成交错要约的两个独立要约的发出时间一般相差无几，但判断是否构成交错要约的关键因素并不在于两个独立要约是否同时发出，而在于这两个意思表示之间是否存在因果关系。只要当事人在发出要约前并不知道对方向自己发出要约或者向自己发出什么内容的要约，即并不是收到对方要约后基于对方要约的内容才发出要约，即使二要约之间存在时间上的先后关系，这两个先后发出的独立要约依然可以构成交错要约。如果一方当事人是于收到对方要约后才发出与对方要约具有同样内容的缔约意思表示，即使该方当事人将其所发出的缔约意思表示称为要约，该被称为要约的意思表示依然无法与对方先前的要约共同构成交错要约。因为该方当事人并不将其意思表示视为对对方要约的承诺，相反，其明确地将其缔约的意思表示称为要约，这只能表明该方当事人拒绝对方的要约，不愿以受要约人的身份承诺对方的要约，而其以相同内容的意思表示向对方发出要约则只是表明其仅愿以要约人的身份与对方订立合同。因此，虽然该方当事人所发出的意思表示为要约，但并未与对方当事人的要约形成交错，因为对方当事人的要约已经因该方当事人的要约而消灭。然而，如果该方当事人在发出与对方要约相同内容的意思表示时并未明确指明其意思表示为要约，那么该意思表示就构成对对方要约的承诺，而非要约。此时既然该意思表示已经不是要约，自然也无法与对方要约构成交错要约。

对于交错要约是否成立合同，法学理论和司法实践对此都存在不同的观点和

---

① 参见杨桢：《英美契约法论》，北京大学出版社 2003 年版，第 29 页；韩世远：《合同法总论》，法律出版社 2004 年版，第 116 页；王泽鉴：《王泽鉴法学全集・第十二卷——债法原理①》，中国政法大学出版社 2003 年版，第 235 页；林诚二：《民法债编总论——体系化解说》，中国人民大学出版社 2003 年版，第 52 页。

做法。英美法一般都拒绝承认交错要约可以构成合同，比如英国法官在 Tinn v. Hoffman and Co. 案中就否决了交错要约可以成立合同。[①]然而，美国法律与司法实践对交错要约是否构成合同采取了弹性做法。譬如，《合同法重述（第二次）》第 23（d）条规定，若一方当事人事先接受交错要约，交错要约也可成立合同。[②]大陆法系对交错要约是否可以构成合同也存在肯定说与否定说，[③]而笔者赞同肯定说。因为就主观方面而言，双方当事人都存在与对方缔约的主观意愿，而就客观方面而言，双方当事人都将这种缔约的主观意愿向对方表达出来，且双方所表达的缔约意愿的内容是一致的。虽然这种合意属于偶然的合意，与通过要约承诺方式而达成的有意的合意存在区别，但二者就“合意”本身并无本质的不同。“有意的合意”表明当事人经协商谈判而就交易达成合意，其关键点仍然是“双方之合意”,而“偶然的合意”的关键也是双方就交易表达了相同的意思,只不过该“相同意思”的形成并不是经过双方协商谈判，而是双方“心有灵犀”地自发表达了相同的意思，所以，“偶然的合意”更能体现出双方就交易所达成的一致意思。

既然交错要约可以成立合同，而公开喊价交易模式中同时喊出的相等最高竞买价和最低竞卖价也可以成立期权合同，且公开喊出最高竞买价和最低竞卖价的意思表示又属于要约，那么这是否意味着公开喊价中这种最高竞买价等于最低竞卖价而成立期权合同的方式就当然地属于交错要约？笔者认为公开喊价中这种成立期权合同的方式属于交错要约。原因主要有以下三点：首先，此时双方公开喊出的最高竞买价和最低竞卖价对对方而言均构成要约；其次，双方所发出的这两个要约之间并无因果关系，双方均是自发地同时发出要约；最后，双方都有与对方订立期权合同的主观意愿，且表达出的主观意愿内容完全相同。因此，买卖双方同时公开喊出相等的最高竞买价和最低竞卖价也就是互相向对方发出相同内容的要约，所以，同时公开喊出的相等最高竞买价和最低竞卖价构成交错要约，二者属于以交错要约方式成立的期权合同。

---

① 详见杨桢：《英美契约法论》，北京大学出版社 2003 年版，第 29 页。

② See *Restatement of the Law of Contracts*（*Second*），Article 23（d）.

③ 囿于篇幅，各观点的具体理由本书不再一一详述，有兴趣者可参见王泽鉴：《王泽鉴法学全集·第十二卷——债法原理①》，中国政法大学出版社 2003 年版，第 235~236 页；韩世远：《合同法总论》，法律出版社 2004 年版，第 116~117 页；谭玲：《论交叉要约的法律效力》，载《律师世界》1999 年第 3 期。

也许有人会问，在最高竞买价和最低竞卖价相等情况下，如果双方希望订立期权合同的数量不等，此时又是否构成交错要约？例如，目前最高竞买价和最低竞卖价分别为6.2美元和6.8美元，客户甲与客户乙在通过指令调整其公开喊价时，双方不约而同地将其公开喊出的最高竞买价和最低竞卖价均调整为6.5美元，但客户甲希望订立10份期权合同，而客户乙只希望订立6份期权合同。在此种情况下，客户甲与客户乙所公开喊出的相等的最高竞买价和最低竞卖价是否还当然地构成交错要约？如前文所言，此时双方的公开喊价是由相同要约组成的要约群，即客户甲发出10项期权合同要约，而客户乙则发出6项期权合同要约。由于双方要约的内容是相同的，均是以6.5美元的期权权利金订立一份期权合同，因此，客户甲10项要约中6项要约与客户乙的6项要约构成交错要约，二者之间成立6份期权合同。客户甲剩余的4项要约由于缺少相对应的要约而无法构成交错要约，故这4项要约仍处于效力开放状态，等待对其发出的承诺。

也许还有人会问，如果多个交易人员公开喊出相等的最高竞买价和最低竞卖价，那么此时成立的期权合同还是基于交错要约吗？例如，客户甲公开喊出6.5美元的最高竞买价，希望订立10份A公司股票买权合同，客户乙则同时公开喊出6.5美元的最低竞卖价，希望订立6份A公司股票买权合同，而客户丙同时也公开喊出6.5美元的最高竞买价，希望订立10份A公司股票买权合同。此时，根据价格优先和时间优先原则，同时报出的相同价格应当按比例分配，[①]所以，客户甲与客户乙订立3份期权合同，客户丙也与客户乙订立3份期权合同。笔者认为，此时成立的期权合同仍然属于以交错要约的方式成立。因为客户乙的6项要约与客户甲丙的20项要约在内容上是一致的，且同时互相对方发出，因此，客户乙的6项要约与客户甲丙的20项要约中的其中6项是可以构成交错要约的。基于同时同价平等比例原则，客户甲丙各分得3项，故二者分别与客户乙成立3份期权合同。

然而，此处引起的另一个问题是，发出的若干相同要约一个场内期权交易者与其他发出同样要约的不同场内期权交易者可以分别成立合同吗？笔者认为可以，具体理由主要有以下几点：

首先，在场内期权交易中，交易双方只要就期权权利金达成一致，也就对成

① See *CBOE Rules*，Rule 4.58.

立期权合同达成了合意。由前文可知，场内期权合同的其他条款都是标准化的，只有期权权利金是场内期权合同唯一的变量。因此，只要场内期权交易者就场内期权合同的唯一变量期权权利金达成一致，其实也就等于对订立期权合同达成了合意。客户乙与客户甲丙公开喊出的期权权利金报价是相等，因此，就订立期权合同达成了合意。

其次，场内期权交易者只关注对方报价，并不关注交易对手的身份。在一般合同的订立中，订立者不但关心对方的报价，还关心对方的身份。然而，场内期权交易者并不关注其交易对手的身份，即其并不在乎与谁订立期权合同（这是因为其最终总是与期权清算所进行交易，故其根本不必担心对手的信誉、财力等），而只关注交易对手所报出的期权价格，说白了就是“认钱不认人”，所以，只要一方的报价与其报价相同，其就愿意与该方进行期权交易，即成立期权合同。因此，无论与甲成立期权合同，还是与丙成立期权合同，客户乙都不会反对。

最后，按比例原则分配场内期权交易人员发出的要约符合公平公正原则。客户乙的 6 项要约是甲丙二人发出的，而甲丙二人同时又分别向乙发出 10 项同样的要约，所以，乙发出的 6 项要约在数目上不足以与甲丙发出的全部要约一一构成交错要约。如果将乙的 6 项要约全部分给甲丙任何一方，那么对另一方而言都是不公平的。因为甲丙是同时公开喊出的相同竞买价，二者的优先性是相等的，因此，二者与卖方客户乙订立期权合同的机会也应是相等的，所以，按甲丙喊价中欲订立合同数目的比例来确定二者与乙成立期权合同的数量是符合公平公正原则的。

③竞买价高于竞卖价时达成的交易

如前文所言，同时报出的最高竞买价高于最低竞卖价时也可以成立期权合同。例如，目前的最高竞买价为 3.9 美元，最低竞卖价为 4.3 美元，客户甲认为会上升，准备报价 4.2 美元，而客户乙则认为会下降，准备报价 4 美元，结果二者的场内经纪人同时公开喊出 4.2 美元的最高竞买价和 4 美元的最低竞卖价。此时，客户甲公开喊出最高竞买价高于客户乙公开喊出的最低竞卖价，并未形成相等的最高竞买价和最低竞卖价，但场内期权交易实践中二者之间依然达成期权交易，其中期权交易的成交价格以此时的最高竞买价、最低竞卖价及前一个期权交易成交价的居中者来确定。由于甲乙公开喊出的报价均属于要约，所以二者之间不可能以要约承诺的方式成立期权合同。然而，从严格的法律角度来讲，甲乙发出的两个要约也无法构成交错要约。因为交错要约的基本构成要件之一就是交错发出的两个要约必须具有相同内容,但甲的要约报价为 4.2 美元,而乙的要约报价为 4 美元,二者明显内容不同。既然甲乙双方的意思表示不同，显然无法达成合意，而若没有合意，二者之间又如何成立期权合同？场内期权交易中这种成立期权合同的实践做法有无法理依据？

笔者认为，这个问题可以自合同法律本质内涵的角度得以解释。尽管合同的概念受到一些新理论的冲击，比如“事实合同关系论”“附随义务论”“关系合同论”等，但大陆法系一般认为合同是一种双方当事人意思表示一致的法律行为，其核心在于双方当事人之“合意”。[①] 虽然英美法一般认为合同是一种“允诺”（a promise），但其也强调双方当事人之间的合意（mutual assent）乃为缔结契约的最基本要件。[②] 可见，无论是大陆法还是英美法，均承认合意乃为合同成立的基础。诚如史尚宽先生所言，一个行为欲产生合同，则需符合两个条件：一是此行为必须明确传达了行为人愿意受合同拘束的意思，即以订立合同为目的；二是该行为所表达的意思内容必须与另一方当事人的意愿相合致，即形成合意。[③] 因此，虽然合意本身并不足以使合同自动成立，且也不是所有合意均可成立合同，但若当事人之间不存在合意，则必然无合同产生。这就是讲，有合意并不意味着产生合同，但有合同必然意味着存在合意。因此，合同的法律本质内涵为法律对当事人达成一致的意思表示的内容赋予法律效果,“合意”乃为合同法律概念的本质内核。既然合同的核心在于“合意”，那么判断当事人在最高竞买价高于最低竞卖价时成立期权合同是否有法理依据的问题也就转换成判断当事人之间是否就期权交易达成合意的问题。因为双方之间只有存在合意，才有可能成立期权合同，若无合意，则肯定不会产生期权合同。那么关键问题是，公开喊出的最高竞买价高于最低竞卖价的双方当事人之间就订立期权合同存在合意吗？

笔者认为，公开喊出的最高竞买价高于最低竞卖价的双方当事人之间就订立期权合同存在实质性合意。当事人订立合同的合意存在形式上的合意和实质上的合意之分。判断当事人之间是否存在订立合同的合意一般均是从形式上对双方意思表示的内容进行审查，比如，双方报出的货物品种、数量、价格及品质等是否

① 参见韩世远：《合同法总论》，法律出版社 2004 年版，第 8 页。

② 参见杨桢：《英美契约法论》，北京大学出版社 2003 年版，第 29~30 页。

③ 参见史尚宽：《债法总论》，中国政法大学出版社 2000 年版，第 14 页。

一致。如果双方的意思表示在形式上就存在差异，譬如，张三希望买钢材，而李四只是希望卖小麦，二者肯定无法就订立合同达成合意。然而，双方在形式上的合意并不意味着双方达成了实质性的合意。例如，买卖双方虽然均表明二者买卖的货物是地瓜，但买方所理解的地瓜是土豆，而卖方所理解的地瓜则是山药蛋。因此，双方虽然采用同一词语，在形式上达成了合意，但二者并未就此货物买卖达成实质性合意，而合同有效成立的关键就在于双方对交易达成了实质性合意。既然上文中客户甲乙在交易所内公开喊出的要约并不具有形式上的合意，那么其又怎么可能形成实质性合意呢？

如果客户甲公开喊出的最高竞买价是 4 美元，而客户乙公开喊出的最低竞卖价是 4.2 美元，那么此时二者意思表示在形式上的差异必然导致二者无法形成实质性合意。因为甲最高只愿意出 4 美元的价格购买，而乙愿意出售的最低价格则为 4.2 美元，显然此时二者的报价存在差距，无法就交易达成合意。然而，如果客户甲公开喊出的最高竞买价是 4.2 美元，而客户乙公开喊出的最低竞卖价是 4 美元，那么此时二者意思表示在形式上的差异并不导致二者无法形成实质性合意。因为此时二者意思表示在形式上的差异并不是由于二者的报价存在差距，而是由于二者的报价存在交集。双方报价之间存在差距也就是表明双方意思表示存在距离，存在距离的两个意思表示自然无法达成实质性合意，但存在交集的报价并不意味着二者无法形成实质性合意，因为报价的交集部分表明二者的意思在该部分也存在交叉融合之处。如果仅存在一个交点的最高竞买价和最低竞卖价都能显示双方当事人之间存在合意，那么存在一个交集范围的最高竞买价和最低竞卖价就应更能显示双方当事人在价格上所形成的实质性合意。虽然客户甲表明其愿意购买最高价格为 4.2 美元,但这自然暗含着其也愿意以低于 4.2 美元的价格购买，如果能以 4 美元的价格购买,其又何乐而不为呢？客户乙也是一样,如果其能以 4.2 美元的价格出售，其又何苦要坚持以 4 美元的价格出售呢？客户甲乙在价格上的合意部分就是最高竞买价与最低竞卖价的交集部分，即 4 美元至 4.2 美元。如果让甲乙按照 4 美元至 4.2 美元的任一价格订立一份期权合同，甲乙双方均不会反对，因为该范围内的价格均符合二者的真正意思。因此，最高竞买价高于最低竞卖价只是双方意思表示形式上的差异，并不影响双方就期权权利金价格形成实质性合意。既然公开喊出的最高竞买价高于最低竞卖价的双方当事人之间就订立期权合同能够形成实质性合意，那么双方之间自然也能成立期权合同。然而，这紧接着引起了另一个问题。由于双方形成实质性合意的价格只是一个范围价格，那么在订立期权合同时又如何确定具体的期权交易成交价格呢?

具体确定买卖双方实质性合意的价格是由期权交易所来完成的。期权交易所本身就是一个提高期权交易效率的平台，其提高效率的具体表现之一就是期权合同的标准化，使期权交易者仅关注期权权利金即可，以节约期权交易者进行期权交易的交易成本，减少期权交易者订立期权合同的步骤和程序，使期权交易者不必再为订立每一个期权合同进行重复谈判协商。因此，期权交易所事先就制定了确定代表买卖双方实质性合意的价格的规则，上文所提及的以此时的最高竞买价、最低竞卖价及前一个期权交易成交价的居中者来确定期权的成交价格的规则就属于这样一种规则。期权交易所按此规定确定的期权交易价格均处于买卖双方当事人价格交集范围之内，并不违背双方当事人的意愿。此外，买卖双方进入期权交易所场内进行交易也就表明双方已自愿接受在此情况下期权交易所确定期权交易成交价格的规则，因此，期权交易所按规则确定期权交易成交价格的行为本身也是基于双方当事人的合意。

综上可见，当买卖双方公开喊出的最高竞买价高于最低竞卖价时，二者之间仍然成立期权合同。然而，期权合同的这种成立方式并不符合合同成立的三种传统方式，但这种成立方式与合同成立的三种传统方式在本质上是一致的，即均是基于当事人之间的“合意”。虽然法律对公开喊出的最高竞买价高于最低竞卖价仍能成立场内期权合同这种合同成立方式未作出明确规定，但这种成立方式也是基于当事人之间形成的合意，是当事人意思表示合致的一种形态。根据民事法领域内“法不禁止即自由”原则，只要该成立方式不违反法律明确的禁止性规定，那么该成立方式就应可以成立场内期权合同。

④对现有竞买价或竞卖价承诺所达成的交易

公开喊价中达成交易的最后一种情形是直接对交易池内现有的最高竞买价或最低竞卖价作出承诺，《芝加哥商业交易所规则》第 521（A）条对此作出了明确规定。由前文可知，公开喊出的最高竞买价和最低竞卖价都属于要约，那么交易人员对这些要约明确作出的“购买”或“出售”的意思表示显然属于承诺，因为这两个意思表示内容完全相同，且存在先后因果关系。因此，公开喊价中的期权合同的这种成立方式属于要约承诺方式。

综上论述可知，公开喊价交易模式有三种成立期权合同的方式，其中直接对现有最高竞买价或最低竞卖价作出承诺而导致成立场内期权合同的方式属于要约承诺方式，而同时公开喊出相等最高竞买价和最低竞卖价而成立场内期权合同的方式属于交错要约方式，最后公开喊出的最高竞买价高于最低竞卖价而成立场内期权合同的方式不属于合同成立的三种传统方式的任何一种，但依这种方式成立的期权合同仍是基于双方当事人之间的合意，因此这种方式也是场内期权合同一种有效成立的方式。

2. 计算机自动竞价交易模式

本部分先介绍计算机自动竞价交易模式，并将其与公开喊价交易模式进行对比分析，然后简要梳理在计算机自动竞价交易模式中场内期权合同成立的具体过程，最后对在计算机自动竞价交易模式中场内期权合同的成立方式进行定性分析。

（1）计算机自动竞价交易模式概述

计算机自动竞价交易模式是指当事人通过计算机自动竞价交易系统而成立场内期权合同的一种交易模式。计算机自动竞价交易系统是一种能够自动发送、接收或处理交易订单的智能化交易系统，属于电子代理人（Electronic Agent）的一种形式。计算机自动竞价交易系统其实是一种智能化软件程序，只不过该软件程序为交易各方提供了一个电子化的交易平台，交易人员不需要再聚集于交易池内公开喊价，而只需将交易指令输入到计算机自动竞价交易系统即可，该软件程序将自动接受、发送及撮合交易指令。在实践中，各交易所采用的具体计算机自动竞价交易系统不尽相同，比如芝加哥商业交易所采用 Globex 电子交易系统，太平洋交易所采用 PCX Plus 电子交易系统，波士顿期权交易所采用 SOLA 电子交易系统，欧洲交易所和东京金融交易所均采用 LIFFE CONNECT 电子交易系统，而芝加哥期权交易所则采用其自己研发的混合交易系统（CBOE’s Hybrid Trading System）。

同样作为场内期权的主要交易模式，计算机自动竞价交易模式与公开喊价交易模式存在一定的相似之处。例如，二者在竞价成交时均是采用价格优先和时间优先原则。然而，计算机自动竞价交易模式与公开喊价交易模式也存在很多不同之处。

首先，二者竞价方式不同。在公开喊价交易模式中，交易人员采用口头语言和手势来公开喊出报价进行公开竞争以达成交易。然而，在计算机自动竞价交易模式中，交易人员采用的是电子竞价，其并不需要用口头语言和手势来喊出报价，而只需要往计算机自动竞价交易系统内输入指令形成电子报价即可。

其次，二者报价规则不同。在公开喊价交易模式中，交易人员只能喊出比目前最高竞买价更高或比目前最低竞卖价更低的报价，否则不得公开喊出报价。因此，公开喊价交易模式中只存在最新的一个竞买价和竞卖价。然而，在计算机自动竞价交易模式中，交易人员既可以报出比目前最高竞买价更高或比目前最低竞卖价更低的价格，也可以报出比目前最高竞买价低或比目前最低竞卖价高的价格，当然期权交易所一般均将高出或低于目前最优价格的幅度限制在一定范围之内。计算机自动竞价交易系统按价格优先和时间优先原则将交易人员的所有报价按优先性依次排序，一般在其报价系统中显示目前最优的 5 项报价。

再次，二者竞价行为的意思表示主体不同。在公开喊价交易模式中，场内经纪人虽然是根据客户的交易指令来喊出报价，但喊出报价这一意思表示本身仍然是该场内经纪人作出的。报价这一意思表示的最终法律效果之所以归属于客户只是因为该场内经纪人与客户之间的经纪关系，而并不能表明该意思表示是由客户作出的。然而，在计算机自动竞价交易模式中，客户个人可以成为计算机自动竞价交易系统的终端用户，[①] 直接就能进入竞价交易系统输入交易指令。作为一种智能化软件程序，计算机自动竞价交易系统按照终端用户的交易指令能够自行发出报价并撮合交易，而无须终端用户进一步介入或指示。譬如，终端用户输入竞买价为 8 美元的限价指令，那么计算机自动竞价交易系统将自动发出报价并自行寻找低于 8 美元的竞卖价以撮合交易。虽然发出报价、自动撮合交易等行为均是计算机自动竞价交易系统完成的，但这些行为均被认为是终端用户本人的行为，而非该竞价交易系统的行为。因此，在计算机自动竞价交易模式中，终端用户是竞价行为的意思表示主体，而非计算机自动竞价交易系统本身。

最后，二者交易效率不同。由于公开喊价交易模式要求较多的人工参与，所以其处理一个交易指令的周期相对较长。然而，计算机自动竞价交易模式几乎不需要人工参与，全部电子化自动操作，达成交易所需的时间相对较短。此外，适合于进入公开喊价交易模式和计算机自动竞价交易模式的指令种类也不尽相同。譬如，芝加哥商业交易所就规定只有限价指令（Limit Order）、市场指令（Market Order）、止损限价指令（Stop Limit Order）、触及市价指令（Market-If-Touched

① See *CME Rulebook*, Rule 574.

Order）及二选一指令（One-Cancels-Other Order）才能进入 Globex 电子交易系统，而公开喊价交易模式则无此限制。[1] 芝加哥期权交易所电子交易系统只接受限价指令（Limit Order）及市场指令（Market Order）。[2]

（2）计算机自动竞价交易过程

由于各个期权交易所所采用的计算机自动竞价交易系统不同，所以各个交易所通过计算机自动竞价交易系统成立场内期权合同的具体过程也不尽相同。[3] 然而，这些计算机自动竞价交易系统的撮合交易规则也存在一定的共性，因此，一般而言，计算机自动竞价交易系统撮合场内期权交易的具体过程如下。

计算机自动竞价交易系统在其指令薄中首先按照价格优先原则将竞买价或竞卖价依次排列，然后对于相等的竞买价或竞卖价则再按照时间优先的原则进行排序，而同时同价的竞买价或竞卖价则具有相同序位。排序在先的竞买价或竞卖价具有订立期权合同的优先权，只有前一序位的竞买价或竞卖价已全部达成交易，后一序位的竞买价或竞卖价才能开始达成期权交易。同一序位的竞买价或竞卖价则按所分配的比例获得各自订立期权合同的机会。计算机自动竞价交易系统仍是基于等价原则撮合交易，如果出现竞买价等于竞卖价的情形，该竞价交易系统将自动撮合成交。

例如，上午 10 时 10 分的最高竞买价是 5.8 美元，而最低竞卖价为 6.2 美元。客户甲和客户乙于上午 10 时 10 分同时报出的 6 美元的最高竞买价，且均希望订立 10 份 12 月到期的小麦买权合同。客户丙则于 10 时 12 分报出了 5.9 美元的竞买价，而其只希望订立 4 份 12 月到期的小麦买权合同。客户丁则于 10 时 15 分也报出了 6 美元的最高竞买价，而其希望订立 8 份 12 月到期的小麦买权合同。相应地，客户 A 于 10 时 14 分报出了 6.1 美元的最低竞卖价，其希望订立 6 份 12 月到期的小麦买权合同。客户 B 于 10 时 15 分同时报出的 6 美元的最低竞卖价，希望订立 16 份 12 月到期的小麦买权合同。客户 C 客户 D 紧接着于 10 时 16 分也报出了 6 美元的最低竞卖价，且均希望订立 8 份 12 月到期的小麦买权合同。

由于客户甲乙报价最高且报价时间最早，故甲乙应处于第一序位。虽然客户

---

① See *CME Rulebook*, Definitions.

② See *CBOE Rules*, Rule 5.30.

③ See *CBOE Rules*, Rule 5.30–5.41；*CME Rulebook*, Rule 580；*HKFE Rules*, Rule 505–513, Rule 517.

丁的报价与甲乙相等，但其报价时间晚于甲乙，故客户丁的序位应排在甲乙之后。虽然客户丙的报价早于丁的报价，但客户丙的报价低于丁的报价，故客户丙的序位应排在客户丁之后。由此可知，竞买价方面的优先顺序依次是客户甲、客户乙，客户丁，客户丙，其中客户甲乙处于同一序位。同样道理，竞卖价方面的优先顺序依次是客户 B，客户 C、客户 D，客户 A，其中客户 C 和客户 D 处于同一序位。

由于处于第一序位的竞买价和竞卖价相等，故计算机自动竞价交易系统将自动撮合客户甲乙与客户 B 之间成立 12 月到期的小麦买权合同。由于客户 B 只希望订立 16 份期权合同，而客户甲乙一共希望订立 20 份期权合同，故客户 B 的 16 项要约将按比例分配给客户甲乙。因此，客户 B 将与客户甲乙之间分别成立 8 份 12 月到期的小麦买权合同，那么客户甲乙此时各自还剩余两项未达成交易的报价。

由于在竞卖价中处于第一序位的客户 B 已经全部达成交易，那么原本处于第二序位的客户 C 和客户 D 将自动上升为第一序位（假定在此期间未报出更低的竞卖价）。由于此时最高竞买价与最低竞卖价还相等，那么在竞买价中处于第一序位的客户甲乙将与在竞卖价中处于第一序位的客户 C 和客户 D 分别成立两份 12 月到期的小麦买权合同，所以客户 C 和客户 D 此时各自还剩余 6 项未达成交易的报价。

由于在竞买价中处于第一序位的客户甲乙已经全部达成交易，那么原本处于第二序位的客户丁将自动上升为第一序位（假定在此期间未报出更高的竞买价）。由于此时最高竞买价与最低竞卖价依然相等，那么在竞买价中处于第一序位的客户丁将与在竞卖价中处于第一序位的客户 C 和客户 D 分别成立 4 份 12 月到期的小麦买权合同，所以客户 C 和客户 D 此时各自还剩余 2 项未达成交易的报价。

由于在竞买价中处于第一序位的客户丁已经全部达成交易，那么原本处于第二序位的客户丙将自动上升为第一序位（假定在此期间未报出更高的竞买价）。然而，在竞买价中处于第一序位的客户丙所报出的最高竞买价是 5.8 美元，此时该最高竞买价低于在竞卖价中处于第一序位的客户 C 和客户 D 所报出的 6 美元最低竞卖价，因此，客户丙无法与客户 C 和客户 D 达成期权交易。客户 C 和客户 D 此时各自所剩余 2 项未达成交易的最低竞卖价只有等待未来报出相等最高竞买价。

在公开喊价交易模式中，一般只有同时喊价才会出现最高竞买价高于最低竞卖价的情形，而在计算机自动竞价交易模式中，先后报价和同时报价均可能出现最高竞买价高于最低竞卖价的情形。如果先后报价中出现最高竞买价高于最低竞卖价的情形，计算机自动竞价交易系统将按照价格优先和时间优先的原则撮合成交。例如，目前 12 月到期的黄金买权合同的最高竞买价为 80 美元，最低竞卖价为 90 美元。如果甲先报出 88 美元的最高竞买价，而乙随后报出 84 美元的最低竞卖价，那么计算机自动竞价交易系统此时将按 88 美元的价格撮合甲乙订立 12 月到期的黄金买权合同。因为甲报出的代表期权权利金价格的竞买价高，且报出的时间也早于乙，根据价格优先和时间优先原则，甲的报价具有优先性，所以应按甲的报价成交。然而，如果乙先报出 84 美元的最低竞卖价，而甲随后报出 88 美元的最高竞买价，那么计算机自动竞价交易系统此时将按 84 美元的价格撮合甲乙订立 12 月到期的黄金买权合同。因为乙报出的代表期权权利金价格的竞卖价低，且报出的时间也早于甲，根据价格优先和时间优先原则，乙的报价具有优先性，所以应按乙的报价成交。[①] 对于同时报价中出现最高竞买价高于最低竞卖价的情形，计算机自动竞价交易系统也将对二报价自动撮合成交。然而，计算机自动竞价交易系统并不采用此时的最高竞买价或最低竞卖价来确定撮合成交的期权交易价格，而是采用最高竞买价、最低竞卖价和最近的前一个期权成交价格三者中居中的一个价格作为撮合成交的期权交易价格。

（3）计算机自动竞价交易方式的法律性质

①电子形式的竞买价和竞卖价的性质

由前文论述可知，公开喊出的竞买价和竞卖价均构成要约，那么以电子形式报出的竞买价和竞卖价也应构成要约。因为该电子报价显示了终端用户订立期权合同的主观愿望，并表明了自愿受报价拘束的意思，况且，该电子报价所体现的意思表示的内容是具体确定的。在公开喊价交易模式中，交易人员可以对交易池内现有最优报价直接表示“购买”或“出售”以达成交易，然而计算机自动竞价交易模式中并无此种成交方式。如果终端用户欲按现有的最优报价进行“购买”或“出售”，其仍需按现有最优报价输入交易指令，然而再由计算机自动竞价交易系统按价格优先和时间优先原则撮合成交（最后能否成交有赖于报价的优先性

① 参见魏振祥：《期权投资》，中国财政经济出版社 2003 年版，第 36 页。

及报价数量）。然而，此处需要注意的问题是，按目前最高竞买价或最低竞卖价而相应报出的最低竞卖价或最高竞买价是否构成承诺。譬如，目前最高竞买价为6美元，终端用户甲报出6美元的最低竞卖价，那么，此时所报出的最低竞卖价对原来作为要约的最高竞买价构成承诺吗？

笔者认为，终端用户按目前最高竞买价或最低竞卖价而相应报出的最低竞卖价或最高竞买价并不构成承诺，仍然属于要约。应当讲，终端用户按目前最高竞买价或最低竞卖价所报出的最低竞卖价或最高竞买价在很多方面都符合承诺的构成要件，比如，报价是在收到作为要约的最高竞买价或最低竞卖价之后发出的，且与要约的内容完全一致。然而，这里有个关键因素将该报价与承诺区别开来，即该报价事实上仍然是面向所有其他终端用户发出的，而非仅仅向原来报出最高竞买价或最低竞卖价的终端用户发出的（虽然报价人的主观意愿也可能如此）。

如果将现在报出的最低竞卖价或最高竞买价视为是对原来报出的最高竞买价或最低竞卖价的承诺，那么现在最低竞卖价或最高竞买价的报价方只能与原来的最高竞买价或最低竞卖价的报价方订立期权合同。然而，事实情形并非如此，现在最低竞卖价或最高竞买价的报价方并不一定能与原来的最高竞买价或最低竞卖价的报价方订立期权合同，其还可能与原来报价方以外的其他终端用户订立期权合同。例如，如果原来报出的最高竞买价或最低竞卖价因法定事由被取消了，现在报出的最低竞卖价或最高竞买价并不受其影响，依然有效。若随后又报出了相等的最高竞买价或最低竞卖价，那么计算机自动竞价交易系统将自动撮合现在的报价方与随后的报价方达成期权交易。然而，若将现在报出的最低竞卖价或最高竞买价视为是对原来报出的最高竞买价或最低竞卖价的承诺，那么就无法解释上述现象。因为既然作为要约的原来报出的最高竞买价或最低竞卖价都因法定事由而被取消了，自然作为承诺的现在报出的最低竞卖价或最高竞买价也应自动消灭，但这与事实做法不符。这只能说明，现在报出的最低竞卖价或最高竞买价不是承诺，其并不是仅向原来报出最高竞买价或最低竞卖价的终端用户发出的，而是向所有其他终端用户发出的，应属于要约。

此外，即使原来报出的最高竞买价或最低竞卖价未被取消，现在报价方也不一定与原来报价方达成期权交易。因为现在报价方报价之前可能有若干其他终端用户已经报出相等最优价格，根据时间优先原则，先报价的其他终端用户享有与原来的报价方优先订立期权合同的权利，但是如果其他终端用户要求订立期权合同的数量多于原来报价方所报出订立期权合同的数量，那么序位在后的现在报价方根本就没有与原来报价方订立期权合同的机会。因此，若认为现在的报价对原来的报价构成承诺，那么由于作为要约的原来的报价已经被承诺完了，现在的报价则将自动失效。然而，综上所述，实践并非如此，现在的报价依然有效，如果又有终端用户报出与现在报价相对应的价格，二者之间依然可以成立期权合同。由此可见，现在的最低竞卖价或最高竞买价的报价仍然只是要约，而非承诺。

退一步讲，即使现在报价方能与原来报价方成立期权合同，这也并不意味着现在报出的最低竞卖价或最高竞买价就是对原来报出的最高竞买价或最低竞卖价的承诺。因为要约与承诺在合同成立之前即已存在，若用已成立的合同来反向判断达成合意的两个意思表示是否构成要约承诺，则必然出现逻辑上的悖论。再者讲，除要约承诺方式外，期权合同还有其他成立方式，即可以说要约承诺能成立合同，但不能说成立合同的两个意思表示分别是要约承诺。

②附开放条款的交叉要约方式说

既然终端用户发出的电子报价都属于要约，那么又应如何界定计算机自动竞价交易模式中这种均是通过要约而达成期权交易的方式呢？有的观点认为，“买卖双方向公众公开竞价自动交易系统发出的要约，应属于附开放条款的交叉要约。其中主要是买卖要约，但同时又有委托代理的成份。所谓附开放条款，是指某些合同的必备条款并不具体确定，而只是留给自动交易系统，依照最有利于委托人的原则，根据交易情况即时决定，譬如股票交易中的最高限价买入，或最低限价卖出委托，就属此类。在该类交易中，与谁交易，以什么价格成交，均由自动交易系统，按照事先设置的规则与程序，将其开放条款最终填写完毕。其开放条款的确定是在授权范围内进行的，具有某些委托代理的性质。而所谓交叉要约，是指各方要约的内容相对应，利益相反，正好互补而成交。在此类交易中，没有必要寻找出谁是承诺人，其承诺本身就包含在了要约之中。换言之，交易双方均可视为是承诺人”。[①] 笔者认为，这种观点值得商榷。

---

① 张楚：《关于电子“代理人”法律问题的分析与思考》，载《人文杂志》2000 年第 4 期，省略了原文中的引注。

第一，终端用户向计算机自动竞价交易系统发出的要约并不一定构成交错要约。虽然终端用户发出的竞买价和竞卖价都属于要约，且二者也可以成立期权合同，但这并不意味着二者必然构成交错要约。笔者并不否认有些情况下作为要约的竞买价和竞卖价可以构成交错要约。譬如，目前的最高竞买价和最低竞卖价分别为 6 美元和 8 美元，终端用户甲与终端用户乙在通过指令调整报价时不约而同地将最高竞买价和最低竞卖价均报出为 7 美元（假设此时仅甲乙二人报出了相等的最高竞买价和最低竞卖价）。在此种情况下，终端用户甲与终端用户乙所报出的相等的最高竞买价和最低竞卖价当然构成交错要约。然而，更多情况下作为要约的竞买价和竞卖价并不构成交错要约。例如，目前的最高竞买价和最低竞卖价分别为 6 美元和 8 美元，终端用户甲通过指令在计算机自动竞价交易系统中按当前的最高竞买价相应地报出了 6 美元的最低竞卖价。在此种情况下，终端用户甲现在所报出的最低竞卖价与先前其他期权交易所成员所报出的最高竞买价并不构成交错要约。因为构成交错要约的一个关键要素就是双方在互相发出相同要约时并未收到对方已经向自己发出要约或知道对方所发出要约的内容，即两个要约之间不具有因果关系。然而，终端用户甲在报出 6 美元的最低竞卖价之前已经收到先前的最高竞买价是 6 美元，其报价正是根据原来的最高竞买价发出的，故二者之间存在因果关系。正如前文所论述的，现在所发出的报价虽然与作为要约的原来的报价存在因果关系，但其并不构成对原来要约的承诺。因此，终端用户甲发出的报价虽然仍是要约，但由于该要约与原要约之间存在因果关系，所以二者仍然无法构成交错要约。竞买价和竞卖价既不是要约承诺，也并不都是构成交错要约，但二者依然可以有效生成期权合同，那么二者又属于合同成立的何种方式呢？笔者将在下文对此问题进行专门探讨。

第二，终端用户向计算机自动竞价交易系统发出的要约并不是“附开放条款”的要约。首先，终端用户向计算机自动竞价交易系统发出的要约的相对人是确定的。确定的要约相对人是有效要约的一个基本构成要件，但要约相对人的确定性并不意味着要约相对人必须是特定的。要约相对人特定与否取决于要约的种类，其中特定要约（specific offer）的要约相对人是某个或某些个特定的人，而公众要约（public offer）的要约相对人就是不特定的人。[①] 然而，无论要约相对人是特定

① 参见韩世远 :《合同法总论》，法律出版社 2004 年版，第 87 页。

的还是不特定的，其均是可确定的。终端用户向计算机自动竞价交易系统发出的要约的相对人也是可确定的。该终端用户既然在计算机自动竞价交易系统内发出了要约，那么该交易系统的所有其他终端用户都是要约相对人。只要其他任何一个终端用户的报价满足该终端用户要约中的关于价格的规定，该终端用户就愿与其成立期权合同。因此，终端用户向计算机自动竞价交易系统发出的要约的相对人是确定的，“与谁交易”并不在所谓的要约“开放条款”之列。其次，终端用户向计算机自动竞价交易系统发出的要约中的价格也是确定的。表面看来，包含限价交易指令的要约中的价格是不确定的，其实不然，因为该要约包含有确定价格的方法，即寻求对要约人最有利的价格，而该最有利的价格显然是购买时的最低价格和出售时的最高价格。例如，终端用户发出最高竞买价为 30 美元的限价交易指令，那么确定该终端用户要约中价格的方法就是寻找在 30 美元以下的最低竞卖价。《联合国国际货物销售合同公约》第 14 条第 1 款明确规定：“向一个或一个以上特定的人提出的订立合同的建议，如果十分确定并且表明发价人在得到接受时承受约束的意旨，即构成发价。一个建议如果写明货物并且明示或暗示地规定数量和价格或规定如何确定数量和价格，即为十分确定。”可见，终端用户发出的要约并非是不确定的，而是确定的，因为其含有确定价格方法。计算机自动竞价交易系统只是按照要约中所含有的方法确定具体价格，所以“确定成交价格”也不属于所谓的“开放条款”。最后，计算机自动竞价交易系统对所谓“开放条款”的确定并不是基于授权，也不具有委托代理的性质。终端用户与计算机自动竞价交易系统之间不是代理关系，也不是经纪关系。终端用户并不是委托或授权给计算机自动竞价交易系统处理自己的交易指令，而只是使用计算机自动竞价交易系统表达自己的意思，让该交易系统按终端用户自己的意思作出行为表示。因此，计算机自动竞价交易系统在确定成交价格时是直接按照终端用户的方法和意思进行确定的，甚至计算机自动竞价交易系统撮合成交也是直接基于终端用户的意思，因为若不符合终端用户要约中所表达的意思就根本不可能达成期权交易，所以，计算机自动竞价交易系统确定成交价格并撮合交易既非基于授权也非基于委托代理，而是当事人的直接意思体现。

由此可见，竞买价和竞卖价都是完整的要约，而非所谓的“附开放条款”的要约。然而，同作为要约的竞买价和竞卖价并不是都能构成交错要约，只有同时报出的相等的最高竞买价和最低竞卖价才构成交错要约，其他情况下报出的最高竞买价和最低竞卖价并不构成交错要约，而只是两项独立的要约而已。

③电子代理人交易方式说

由上文可知，计算机自动竞价交易模式中竞买价和竞卖价都是要约，而非承诺，所以计算机自动竞价交易模式不可能是要约承诺模式。虽然竞买价和竞卖价都是要约，但只有同时报出的相等的最高竞买价和最低竞卖价才构成交错要约，先后报出的相等的最高竞买价和最低竞卖价并不构成交错要约，所以计算机自动竞价交易模式不可能是交错要约模式。既然在最高竞买价等于最低竞卖价时撮合期权合同成立的方式都不属于要约承诺模式和交错要约模式，自然，在最高竞买价高于最低竞卖价时，计算机自动竞价交易系统撮合期权合同成立的方式就更不符合要约承诺模式和交错要约模式，但计算机自动竞价交易系统这种撮合成交方式又究竟是什么方式呢？

笔者认为，计算机自动竞价交易系统通过撮合匹配而成立期权合同的方式既不同于要约承诺模式，也不同于交错要约模式，更不同于意思实现模式，而是成立合同的一种新方式，即电子代理人交易方式。电子代理人交易方式顾名思义就是当事人通过电子代理人运作而自动达成交易的方式，是一种自动化交易方式。当事人在向电子代理人发出订立合同的意思表示后，该电子代理人将自动撮合匹配在内容上达成合致的双方当事人的意思表示，以在双方当事人之间自动成立合同。然而，电子代理人又是什么呢？当事人与其电子代理人之间又具有什么法律关系？

美国《统一电子交易法》第 2 条第 6 款对电子代理人作出了明确界定：“‘电子代理人’是指不需要个人加以审查或者操作就可以独立地开展某项行为，对电子记录或电子运行做出全部或部分回应的计算机程序、电子手段或其他自动化手段。”[①] 可见，电子代理人实质上就是一种计算机软件程序或其他形式的自动化手段。这种软件程序或自动化手段能够自动完成特定任务，可以被用以作出某种行为或对电子文档、电子运行作出反应，且完成任务的过程中一定程度上或完全不需要自然人的介入或干预。虽然电子代理人无须当事人的干预可以自动作出某些

---

① See *Uniform Electronic Transactions Act*, Section 2（6）, this document is available at the website：https：//www.uniformlaws.org/；or see *Uniform Computer Information Transactions Act*, Section 102（27）, this document is available at the website：https：//famguardian.org/Subjects/PropertyPrivacy/IPProt/ucita200.pdf.

行为，但由电子代理人的本质可知，电子代理人只是当事人的一种表意工具。[①]因此，当事人与其电子代理人之间是主体与工具的关系，而不具有法律上的代理关系。既然电子代理人只是当事人的表意工具，那么电子代理人的行为也是当事人自身的行为，所以，当事人均应受其电子代理人行为的拘束。[②]各期权交易所采用的计算机自动竞价交易系统实际上也是电子代理人的一种形式，只不过该种形式电子代理人的任务主要在于提供电子竞价平台和自动撮合成立期权合同。然而，计算机自动竞价交易系统这种电子代理人又是如何撮合期权合同成立呢？

计算机自动竞价交易系统首先根据一定的规则对交易系统内的竞买价和竞卖价进行撮合匹配。[③]然而，竞买价和竞卖价被成功撮合匹配又将产生什么法律效果呢？《香港联交所联交所期权交易规则》第 513 条和第 530 条明确规定，在电子交易系统中，对一项有效竞买价与一项有效竞卖价的撮合匹配将构成本条意义上的对一项有效竞买价或竞卖价的有效接受。[④]《欧洲交易所衍生品市场交易程序》第 3.2.2（c）条的规定将“接受”界定为是对中央指令薄中的竞买价和竞卖价的撮合匹配。[⑤]如果一项竞买价和一项竞卖价被成功地撮合匹配，这意味着此竞买价或竞卖价为计算机自动竞价交易系统所接受。“接受”虽然与“承诺”共用同一个英语原文“acceptance”，但“接受”与报价的成功“撮合匹配”等义，并不是对报价的“承诺”。因此，计算机自动竞价交易系统对一项竞买价或竞卖价的接受也就是表明其已将该竞买价和竞卖价成功撮合匹配，但并不构成计算机自动竞价交易系统对二者的承诺。计算机自动竞价交易系统对竞买价或竞卖价的接受又将产生何种法律效果呢？在计算机自动竞价交易模式中，期权合同均是于所发出的任一竞买价或竞卖价被接受时而成立。[⑥]需要说明的是，期权合同于被

---

① See *Uniform Electronic Transactions Act*, Section 2 Definitions Comments 5.

② See *Uniform Computer Information Transactions Act*, Section 107（d）Party bound by electronic agent.

③ See *CBOE Rules*, Rule 5.30–5.41；*CME Rulebook*, Rule 580；*HKFE Rules*, Rule 505–513, Rule 517.

④ See *SEHK Options Trading Rules*, Rule 513 and Rule 530.

⑤ See *Euronext Derivatives Markets：Trading Procedures*, Part One Section 3.2.2（c）, this document is available at the website：https：//www.euronext.com.

⑥ See *CBOE Rules*, Rule 5.11.

接受时成立是指期权合同此时在被接受的竞买价的报价方和被接受的竞卖价的报价方之间自动成立，而不应被误解为期权合同此时在接受方与被接受方之间成立。被成功撮合匹配的竞买价和竞卖价只是两个独立的要约，既未被外界所承诺，二者之间也不构成要约承诺，但二者却因计算机自动竞价交易系统撮合匹配而导致在各自的报价方之间自动成立期权合同。可见，计算机自动竞价交易系统的这种撮合匹配行为是让两个具有实质性合意的意思表示成立期权合同的关键，正是其才使两个意思表示相结合而成立期权合同。可见，电子代理人交易方式并不将当事人的意思表示界定为要约承诺，其只是根据当事人意思表示的内容将意思表示分成竞买和竞卖的两类，然后按价格优先和时间优先原则（并不排除还存在更具体的规定）对竞买和竞卖意思表示的优先性分别排序，最后再按序位撮合匹配达成合致的竞买意思表示和竞卖意思表示。然而，电子代理人这种撮合匹配交易方式有法律和法理依据吗？

美国《统一电子交易法》第 14（1）条明确规定："合同可通过当事人电子代理人相互作用方式订立，即使当事人未能意识到或复查其电子代理人的行为或结果条款和协议。"[①] 可见，该条明确认可了当事人通过电子代理人方式订立合同的法律效力。美国《统一计算机信息交易法》第 202（a）条对电子代理人交易方式的规定则更进一步，其明确规定："合同可以任何能足以显示合意的方式订立，包括承认合同存在的要约和承诺，或双方当事人的行为或电子代理人运作。"[②] 可见，该条已不满足于仅仅承认通过电子代理人方式订立合同的效力，而直接将电子代理人交易方式与要约承诺方式相并列，将电子代理人交易方式作为有效订立合同的一种独立方式。《联合国国际合同使用电子通信公约》（草案）第 12 条也明确规定："通过自动电文系统与自然人之间的交互动作或者通过若干自动电文系统之间的相互动作订立的合同，不得仅仅因为无自然人复查或干预这些系统进行的每一动作或由此产生的合同而被否定效力或可执行性。"[③] 由此可见，电子代理人交易方式具有广泛的法律依据。然而，电子代理人交易方式成立期权合同的法理依据又何在呢？通过电子代理人交易方式所成立的期权合同仍然是基于当事

---

① See *Uniform Electronic Transactions Act*，Section 14（1）.

② See *Uniform Computer Information Transactions Act*，Section 202（a）Manner of formation.

③ See *United Nations Convention on the Use of Electronic Communications in International Contracts*，Article 12，this document is available at the website：http：//www.uncitral.org.

人之间的合意。正如本节“公开喊价交易方式的法律性质”的知识点中所论述的，在最高竞买价等于最低竞卖价时撮合成立期权合同是基于双方当事人的“合意”，而在最高竞买价高于最低竞卖价时成撮合立期权合同则更是基于双方当事人之“合意”，所以，计算机自动竞价交易系统在这两种情况下撮合成立期权合同是存在法理依据的，即当事人之间存在订立期权合同的合意。正是当事人之间的合意才使得电子代理人能自动撮合匹配期权合同成立，所以当事人之间的合意是电子代理人交易方式自动成立期权合同的法理依据。

综上论述可知，在计算机自动竞价交易模式中，只有同时报出相等的最高竞买价和最低竞卖价情况下所成立的期权合同可以被视为以交错要约方式成立，其他情况下所成立的期权合同则既不属于要约承诺方式，也不属于交错要约方式，而是属于电子代理人交易方式。电子代理人交易方式与合同的其他订立方式（如要约承诺等）一样，也是基于当事人之间的合意，是当事人通过合意订立期权合同的一种合法方式。

（二）分立方式成立

由于所有的场内期权交易都必须经由期权清算所进行清算，所以期权合同在交易所内经由竞价方式成立后必须向期权清算所提交清算。当一份期权合同被期权清算所接受后，该期权合同则被一分为二，变成两个期权合同（这两个期权合同与原期权合同内容完全相同），即期权清算所与原来期权合同的双方当事人分别成立一个新的期权合同。[①] 期权清算所此时则成为原来期权合同买方的卖方，卖方的买方，即期权清算所的介入切断了原来期权合同双方当事人之间的合同关系。原来的期权合同则因新产生的两个期权合同的替代而消灭，新期权合同则因期权清算所的接受而成立，但问题是新期权合同的这种成立属于什么成立方式？

为更好地对期权合同这种分立成立方式进行分析定性，本书将简要回顾梳理新期权合同的成立过程。期权合同在交易所内经由竞价成立后，成立期权合同的双方期权交易所成员应当首先向交易所报告交易信息，期权交易所然后根据交易所成员所提交的交易信息进行匹配各成员方的交易（当然也可能是期权交易所以

① See *OCC Rules*, Rule 401（g）; *CCASS General Rules*, Rule 3301, *HKCC Rules & Procedures*, Rule 309, *SEOCH Options Clearing Rules*, First Schedule ; *CME Rulebook*, Rule 804 ; *CBOT Rulebook*, Rule 804.

外的其他机构进行匹配交易），最后期权交易所再将匹配交易报告提交给期权清算所。[①] 虽然所有的期权合同都必须经由期权清算所清算，但期权清算所并无接受期权交易所内所成立的期权合同的义务，期权清算所享有自主决定是否接受或清算场内期权合同的绝对权利。[②] 如果期权清算所决定接受一份场内期权合同，那么"接受"这一行为则将产生两份期权合同的法律效果。期权清算所在两份新期权合同中分别被作为合同买方和合同卖方，而原来期权合同的买卖双方当事人在两份新期权合同中依然是作为合同买方和合同卖方，其各自身份不变。此处需要说明的是，如果原来期权合同的买卖双方（期权交易所成员）均是期权清算所成员，那么二者依然能用自己的名义在两份新期权合同中作为买方和卖方，然而，如果原来期权合同的一方当事人或双方当事人不是期权清算所成员，那么不具有期权清算所成员资格的原期权合同当事人就不能用自己的名义在两份新期权合同中作为买方和/或卖方。因为不具有期权清算所成员资格的当事人无权直接通过期权清算所清算期权合同，此时，该当事人必须与期权清算所成员订立清算协议，以该期权清算所成员的名义在期权清算所进行清算。因此，在两份新期权合同中，与不具有期权清算所成员资格的原期权合同当事人存在清算协议的期权清算所成员将作为新合同的买方和/或卖方。

由上分析可知，期权合同在提交清算时被替换成两份期权合同，替换过程中涉及三个当事方，即原期权合同买方和卖方以及期权清算所。期权清算所对期权合同的接受导致新期权合同的产生，且"接受"的英语原文也是"acceptance"，[③] 那么"接受"是否为期权清算所对订立两份新期权合同的承诺呢？笔者认为，期权清算所对所提交清算的期权合同的接受并不是对成立新期权合同的承诺。因为，承诺总是针对要约而言的，但事实上并不存在由原期权合同双方当事人发出的订立新期权合同的要约。期权交易所将匹配的交易信息提交给期权清算所的行为显然不是要约，因为期权交易所并不是新期权合同的主体。原期权合同买卖双方提交交易信息的行为也不应构成要约。因为原期权合同当事方提交交易信息时并无订立新期权合同缔约目的，而只是为了使期权交易所准确地匹配和清算交易（for trade matching and clearance）。况且，原期权合同当事方向期权交易所提交交易信

① See *CBOE Rules*, Rule 6.1（a）and Rule 6.4（b）.

② See *OCC By-Laws*, Article VI Section 1；*HKCC Rules & Procedures*, Rule 308A.

③ See *OCC Rules* Rule 401；*CCASS General Rules*, Rule 3301.

息是其义务，其无权撤销或撤回其所提交的交易信息，而要约则是允许撤销和撤回的。此外，原期权合同当事方也只是向期权交易所、合同对方当事人和（或）负责清算的期权清算所成员提交交易信息，[①]一般并不直接向期权清算所提交交易信息。既然原期权合同当事方与期权清算所之间并不存在要约承诺，那么新期权合同又怎么能成立呢？

笔者认为，新期权合同取代原期权合同而成立是基于场内期权交易的清算机制。场内期权交易的清算机制比较独特，在清算机制中，期权清算所并不仅限于或满足于为期权合同双方提供担保或结算便利等其他清算服务，而是直接介入到期权合同之中，与原期权合同双方当事人分别成立两份新期权合同以取代原期权合同。在两份新期权合同中，期权清算所成为原期权合同买方的卖方，卖方的买方，直接对原期权合同双方当事人承担期权合同权利义务，而由于原期权合同被取代，原期权合同双方当事人已经不具有期权合同关系，双方只能直接向期权清算所主张权利和请求履行义务。可见，场内期权合同的清算机制就是期权清算所与原期权合同双方当事人分别成立两份新期权合同以取代原期权合同，使原期权合同双方当事人不再具有合同关系，而由期权清算所分别对原期权合同双方当事人直接承担期权合同权利义务。

虽然场内期权合同清算机制使得成立两份新期权合同以取代一份被提交清算的期权合同，但通过该机制所成立的新期权合同也是基于当事人之间的合意。由于各期权交易所均明确规定场内期权交易必须经由期权清算所清算，[②]那么交易所成员在场内开展期权交易时则就已经同意接受了这条规则。因此，期权交易所成员清楚地知道其所成立的期权合同将提交期权清算所清算，而期权清算所的清算方式就是与原期权合同双方分别成立两份新期权合同以取代原期权合同。由此可见，原期权合同买卖双方是同意与期权清算所分别订立两份新期权合同以取代二者之间原有的期权合同。因为二者若是拒绝接受这种清算机制，不愿意将其订立的期权合同提交期权清算所清算，那么二者可以选择订立场外期权合同，而不必订立场内期权合同。既然二者选择了订立场内期权合同，那么二者也就同意接受场内期权合同的清算机制。然而，原期权合同双方当事人的同意只是新期权合同

---

① See *CBOE Rules*，Rule 6.1（a）and Rule 6.4（b）.

② See *CBOE Rules*，Rule 6.50；*OCC By-Laws*，Article VI Section 1；*HKCC Rules & Procedures*，Rule 301；*CBOT Rulebook*，Rule 800；*CME Rules*，Rule 800.

成立的一个关键要素，新期权合同成立的另一个关键要素是期权清算所对所提交的原期权合同的接受。如果期权清算所拒绝接受，那么期权清算所与原期权合同双方当事人之间自然不会成立两份新期权合同，当然期权清算所的拒绝接受并不影响买卖双方当事人所成立的原期权合同的效力。[①] 只有期权清算所接受了期权交易所成员在交易所内所达成的期权交易，两份新期权合同才能基于二者的合意在期权清算所与达成期权交易的期权交易所成员（不具有期权清算所成员资格者则以负责为其清算的期权清算所成员的名义）成立。

由上分析可知，原期权合同当事方同意与期权清算所订立新期权合同以取代原期权合同的意思是隐含在其从事场内期权交易之中，而期权清算所同意订立新期权合同以取代原期权合同的意思则体现在其对提交清算的原期权合同的接受。原期权合同当事方与期权清算所之所以表示同意是因为场内期权交易清算机制的存在（虽然期权清算所有自主表示同意的权利，但若无清算机制的存在，其就根本没有表示同意的机会，因此，归根结底是清算机制给了期权清算所表示同意的机会，使之能够表示同意），所以，二者的合意是根据清算机制才分别成立两份新期权合同以取代原期权合同。根据清算机制而成立的新期权合同方式不属于成立合同的三种传统方式中的任何一种，但依清算机制而成立的期权合同仍是基于当事人之间的合意，因此也属于期权合同成立的一种有效方式。

二、场外期权合同之成立

同场内期权合同成立方式的复杂定性相比，场外期权合同成立方式的定性则相对比较容易。因为，场外期权合同条款内容是私人化的，所以，场外期权合同均是通过双方当事人讨价还价、谈判磋商而订立的，这与场内期权合同条款内容的标准化而通过竞价成立存在不同。双方当事人的谈判协商订立场外期权合同的过程也就是双方要约承诺的过程，因此场外期权合同均是采用要约承诺方式订立。

① See *HKCC Rules & Procedures*，Rule 308A（d）.

第二节 期权合同之变更

广义上的合同变更包括合同主体变更和合同内容变更，而本节仅限于研究合同内容的变更，即狭义的合同变更，并不涉及合同主体的变更。合同内容变更又可分为债的要素的变更与非要素的变更。其中债的要素的变更是指给付发生重要部分的变更，导致合同关系丧失同一性，譬如买卖汽车变更为买卖汽车零件，而非要素的变更仅发生非重要部分的变更，并不导致合同关系丧失同一性，如标的物数量的增减、履行地点的改变、履行期限的变动等。[①] 由于债的要素的变更已经使合同丧失同一性，而应属于合同的更改，故本节所研究的对象仅限于合同非要素的变更，并不涉及合同的更改。那么，期权合同内容又是如何发生变更呢？下文将对场内期权合同和场外期权合同的变更分别进行分析。

一、场内期权合同的变更

合同内容变更自由也是合同自由原则的应有之义，只要双方当事人就合同内容变更达成了合意，合同内容就应按当事人的合意加以变更。就此而言，场内期权合同变更自然也不例外，双方当事人共同同意也可变更场内期权合同内容。然而，与一般合同双方当事人合意变更合同内容范围的广泛自由度不同，场内期权合同当事人合意变更合同内容的范围有限。因为场内期权合同内容是标准化合同，其内容均是由期权交易所事先拟定的，而从事场内期权交易的当事人必须按交易所拟定的内容成立场内期权合同，当事人唯一可以自由议定的条款就是期权权利金。因此，场内期权合同双方当事人唯一能合意变更的也只是期权权利金，而无权自由变更场内期权合同中除期权权利金以外的其他条款。然而，即使场内期权合同双方当事人可以通过合意变更期权权利金，其也不得自由变更期权权利金。

① 参见韩世远：《合同法总论》，法律出版社 2004 年版，第 531 页。

因为场内期权合同中的期权权利金数额是在交易所内通过公开竞价而确定的，若允许双方当事人事后加以自由变更，显然有悖于形成期权权利金机制的公开、公平的价值取向，所以交易所一般均对当事人合意变更期权权利金限定了条件。例如，《芝加哥商业交易所规则》第588（H）条明确规定："当处于非终止系列（NO BUST RANGE）之外的一项交易依据本规则而被终止时，该项交易双方当事人可以自愿同意通过变更价格和进行现金调整而重新达成该交易，如果下列所有条件得以满足……"[①] 由此可见，双方当事人仅可在有限的条件下变更场内期权合同内容，那么除当事人意定变更之外场内期权合同还存在其他情形的变更吗？

场内期权合同内容在特定情况下还可以由期权交易所或期权清算所加以变更。《期权清算公司章程细则》第6.11（a）条明确规定："除非《期权清算公司章程细则》或《期权清算公司规则》另有规定，证券委员会应当负责所有现行期权合同条款的变更，并应决定其所做出的变更是否反映了与标的资产有关的特定事件以及任何变更的性质和程度……"[②] 其他期权交易所或期权清算所也均明确肯定了期权交易所或期权清算所变更场内期权合同的权利。[③] 然而，什么特定事件发生才能导致场内期权合同内容发生变更呢？场内期权合同内容又将具体发生哪些变更呢？

引发场内期权合同发生变更的特定事件因场内期权合同的种类不同而不同，比如导致股票期权合同内容变更的特定事件肯定与导致股指期权合同内容变更的特定事件存在不同。与场内期权合同双方当事人只能合意变更期权权利金不同，期权交易所或期权清算所有权变更的场内期权合同内容并不是期权权利金，而是变更场内期权合同数目、执行价格、交易单位，甚至标的资产（如作为股指期权合同标的资产的股票指数就可被替换）等内容。[④] 结合《期权清算公司章程细则》第11A条规定，下文以股票期权合同为例，简要分析场内期权合同的变更过程。

股票期权合同内容可因股权分割、送股等事件而发生变更。例如，现有一

① See *CME Rulebook*，Rule 588.H.

② See *OCC By-Laws*，Article VI Section 11.

③ See *CBOE Rules*，Rule 6.5；*CCASS General Rules*，Rule 1105，Rule 3405，Rule 3502；*HKFE Options Trading Rules of the Stock Exchange*，Rule 507；*SEOCH Options Clearing Rules*，Rule 213.

④ See *OCC By-Laws*，Article XVII Section 3（d）.

份12月到期以A公司股票为标的资产的股票卖权合同，其中交易单位为100股，执行价格为每股150美元。假设A公司股票现行市场价格也为每股150美元，而A公司则宣布将其股票由一股拆成两股。显然A公司股票价格也将一拆为二，由原来的每股150美元变为拆分后的每股75美元。然而，A公司股票价格这种凭空下降自然让A公司股票卖权合同买方喜出望外，但对A公司股票卖权合同卖方却是极为不公平。因为此时标的股票价格的变化并非因市场因素造成的，而是由人为的外来因素造成的，所以此时必须变更A公司股票卖权合同内容。此时又应如何变更呢？

《期权清算公司章程细则》第11A（d）条明确规定，当股票红利、股票配送或股权分割导致标的股票的数目成倍数变动时，期权合同数目应当按标的股票增加的数目增加，执行价格则按标的股票翻倍的比例减少，而交易单位不变。[①]因此，A公司股票由一股分成两股，A公司股票卖权合同也相应地由一份分为两份，而执行价格则也一分为二，由原来的每股150美元变为现在的每股75美元。这样，原来的一份12月到期执行价格为每股150美元A公司股票卖权合同就变更为现在的两份12月到期执行价格为每股75美元A公司股票卖权合同。

如果股权的分割或股票的配送并非以整倍数进行，例如，A公司宣布其股票由五股拆分成六股，那么此时又应如何变更场内期权合同内容呢？《期权清算公司章程细则》第11A（e）条明确规定，当股票红利、股票配送或股权分割导致标的股票的数目非以整倍数变动时，执行价格按标的股票变动的比例进行相应地增加或减少，而交易单位也随着标的股票变动的比例增加或减少。[②]此时，100股A公司股票则被拆分为120股，而A公司股票卖权合同的交易单位也由每份合同100股变为每份合同120股，不再就新增加的20股另行订立一份卖权合同。由于原来A公司股票卖权合同执行价格的总额为15,000（150×100）美元，那么现在的执行价格则由原来的执行价格总额除以现在标的股票数目，即每股125（15,000÷120）美元。因此，原来的一份12月到期，交易单位为100股的，执行价格为每股150美元的A公司股票卖权合同，则变更为现在的一份12月到期，交易单位为120股的，执行价格为每股75美元的A公司股票卖权合同。

---

① See *OCC By-Laws*, Article VI Section 11A（d）.

② See *OCC By-Laws*, Article VI Section 11A（e）.

由前例可知，场内期权合同的合同数目、执行价格、交易单位均可成为变更的对象，那么也许有人会讲合同的数目怎么也可以变更呢？场内期权合同数目的变更还应归属于场内期权合同内容的变更吗？难道场内期权合同由一份变为两份不意味着在原来双方当事人之间又成立一份合同吗？笔者认为，此时场内期权合同数目的变更在本质上仍属于场内期权合同内容变更。因为场内期权合同数目变更和交易单位变更在本质上是一致的，二者都属于场内期权合同标的资产数量的变更。一份场内期权合同变更前的标的资产的数量均应是交易单位，而变更后的标的资产数量就并不一定是交易单位的整数倍。如果变更后的标的资产数量不是交易单位的整数倍，场内期权合同仅需将交易单位调整为变更后的数量即可，而无须增加场内期权合同数目，因为按原来的交易单位增加场内期权合同数目并不能正好达到变更后的标的资产数量。如果变更后的标的资产数量是交易单位的整数倍，此时若不增加合同数目，就需要使交易单位增倍，然而，此时也可不变更交易单位，而仅需增加整数倍的合同数目即可。通过增加合同数目同样可使当事人之间合同中的标的资产数量符合变更后的标的资产数量，况且标的资产相同的场内期权合同的交易单位均是统一的，以便于交易的规模化、标准化。可见，交易所通常采用变更合同数目来使双方当事人之间的合同中的标的资产数量符合变更后的标的资产数量，而只有在变更合同数目无法满足时才会采用变更合同交易单位的方式。因此，变更合同数目表面上看来是增加了当事人之间的场内期权合同数目，但其与变更合同交易单位一样，实质上都是变更合同标的资产数量，所以，场内期权合同数目的变更也应属于合同内容变更。

如果场内期权合同数目的变更还可解释为标的资产数量的变更，那么合同标的资产本身的变更又如何解释呢？场内期权合同标的资产的变更不是应该属于合同更改吗？确实，在一般合同中，合同标的物的变更必然使前后两个合同丧失了同一性，应属于合同的更改，而非合同内容变更。例如，买卖合同原来的标的物为小麦，现在却被变更为玉米，显然买卖玉米的合同与原来买卖小麦的合同不再具有同一性。既然如此，场内期权合同标的资产的变更又怎么能属于合同内容变更呢？笔者认为，场内期权合同标的资产的变更只是形式上的变更，而并非标的资产本身在内容上发生质的变更。比如，在股票期权合同中，如果发行该标的股票的公司发生合并、分立等事件，该标的股票的名称则可能发生变更。然而，标的资产这种名称的变更显然仅是形式上的变更，并不影响标的资产本身在变更前后的同一性，即变更前后的标的资产在本质上仍是一致的。在股指期权合同中，股指的替换也是一样。《期权清算公司章程细则》第 17.3（d）条明确规定，当期权清算公司确定标的指数的公布不具有连续性，或者已被其他指数所取代，或者标的指数的计算方法或组成发生了实质性变化以至于被认为是与原来不同的指数时，期权清算公司有权用另外一个指数（“继承指数”）代替原来的标的指数，但该继承指数必须与其所代替的原来的标的指数具有合理的相似性、可比性。[①] 可见，即使股指期权合同中原来的标的股指因故而被继承股指取代，但继承股指是原来标的股指的延续，尽可能地与原来的标的股指相同，而非与原来标的股指大相径庭。因此，场内期权合同的标的资产虽然发生了变更，但其变更只是形式上的，并不影响标的资产变更前后的同一性，所以，场内期权合同标的资产的变更也应属于合同内容的变更。

由上文可知，场内期权合同双方当事人仅有权合意变更期权权利金数量，而期权交易所或期权清算所则有权变更场内期权合同数目、执行价格、交易单位及标的资产，那么期权交易所或期权清算所又怎么可能对场内期权合同享有场内期权合同双方当事人都不享有的变更权利呢？答案的关键在于场内期权合同是一种标准化合同。若允许场内期权合同双方当事人私下协商来变更场内期权合同内容，其后果便是变更后的场内期权合同内容各异，丧失了场内期权合同高度标准化的基本特征。然而，内容各异的场内期权合同显然不利于迅速开展大规模的场内期权交易，而这则将导致场内期权交易的优势尽失。因此，显然不应允许场内期权合同双方当事人合意自主变更合同内容，但场内期权合同内容有些情况下又必须加以变更，那么何者应享有变更合同内容的权利呢？期权交易所或期权清算所显然应享有变更场内期权合同内容的权利，因为每一种在交易所内挂牌交易的场内期权合同都是由交易所精心研制和开发的，并经期权清算所批准的。可见，允许期权交易所或期权清算所变更场内期权合同内容只不过是让其根据目前情况重新拟定场内期权合同内容而已。期权交易所或期权清算所变更场内期权合同内容的权利虽然表面上是由交易所章程或规则赋予，其实均包含着合同双方当事人的默示同意，因为当事人在进入交易所内进行期权交易时就默认了交易所变更场内期权合同内容的权利。此处还应说明的是，期权交易所或期权清算所只是享有变更

① See *OCC By-Laws*, Article XVII Section 3（d）.

场内期权合同内容的权利，而并不负有变更的义务。《期权清算公司章程细则》第 6.11（b）条明确规定，如果证券委员会未能了解或未能及时了解其若了解将作出变更的事件，那么无论期权清算公司还是证券委员会均不应对未能作出此类变更或迟延作出此类变更承担任何责任。① 可见，变更场内期权合同内容只是期权交易所或期权清算所的权利，而非其义务，即使其在应该变更时未能加以变更，其对此未加变更亦不负任何责任。

场内期权合同变更除上述情况外，还存在下述两种变更情况。其一，改正场内期权合同中无心之错(bona fide error)或疏漏。《期权清算公司章程细则》第 6.1.01 条和第 6.1.02 条均明确规定，清算成员有权提请期权清算公司改正先前向期权清算公司提交的场内交易中存在的无心之错或疏漏，当然期权清算公司也有权自由决定是否接受或拒绝清算成员所申请的变更。② 可见，如果已成立的场内期权合同中存在无心之错或疏漏，合同当事人自己也可请求变更合同中所存在的无心之错或疏漏。其二，在标的资产短缺时，期权清算所有权变更场内期权合同的相关内容。根据《期权清算公司章程细则》第 6.19 条的规定，如果发生标的资产短缺的情况，期权清算公司有权暂停卖权合同中卖权的行使，其还可以采取确定一个新的行权结算日期等方式以应对标的资产短缺。③ 因此，当场内期权合同标的资产数量发生短缺时，期权清算所显然应对该合同内容加以变更，否则场内期权合同的执行将因标的资产的短缺而不可能实现。

综上论述可知，场内期权合同存在多种形态的变更。首先，场内期权合同双方当事人可以合意变更期权权利金。其次，在发生特定事件情况下，期权交易所或期权清算所有权变更场内期权合同的数目、执行价格、交易单位及标的资产。最后，场内期权合同当事人还可以对合同中存在的无心之错或疏漏提请变更，而期权清算所在标的资产短缺的情况下，也有权变更该合同相应内容。

二、场外期权合同的变更

与场内期权合同不同，场外期权合同既不在期权交易所内成立，也不经期权清算所清算，所以，场外期权合同的成立、变更及消灭过程中一般情况下均无期

① See *OCC By-Laws*，Article VI Section 11A（b）.

② See *OCC By-Laws*，Article VI Section 1.

③ See *OCC By-Laws*，Article VI Section 19.

权交易所或期权清算所的参与。场外期权交易中并不存在场外期权交易人员必须接受的已拟订的标准化合同，因此，场外期权合同双方当事人可以自由谈判协商合同内容。既然场外期权合同内容是由合同主体自由协商订立的，那么场外期权合同主体自然也可以通过合意自由变更合同内容。只要适用于场外期权合同形式的法律未对合同形式作出强制性规定，场外期权合同双方当事人就可以自由地采取多种合同形式订立场外期权合同，自然其也可以自由采用多种形式有效地变更场外期权合同内容。然而，2002 年 ISDA 主协议第 9（b）条却明确规定："除非以书面形式（包括有传真证明的书面文件）作出并经双方签署，或经交换电传或通过电子信息系统交换的电子信息所确认，任何与本协议有关的修订、修改或放弃均为无效。"[①] 可见，2002 年 ISDA 主协议只允许双方当事人以书面形式变更合同，但若当事人却采用口头形式变更该场外期权合同，那么该口头变更协议的效力如何？其又具有变更的效力吗？

有的观点认为，如果当事人以口头方式达成了对原先合同的某项变更，从标准文本的规定来看，该变更属于非书面达成而不具有法律效力。但根据一般合同法的精神，口头协议只要符合合同的成立要件，就具备法律效力，并且可以不考虑原合同的存在而单独成立。如果口头变更是一个合法合同，则尽管其订立方式与原合同不同，但仍可以起到改变原合同权利义务关系的作用。[②] 笔者认为，这种观点值得商榷。因为，既然口头变更协议因不符合标准文本（2002 年 ISDA 主协议）规定的书面形式而不具有法律效力，那么该口头变更协议又怎么可能起到改变原合同权利义务关系的作用呢？这是否自相矛盾呢？

笔者认为，欲回答上述问题首先应分析这种变更方式本身的效力，然后再分析 2002 年 ISDA 主协议第 9（b）条的规定对变更方式效力的影响。由于 2002 年 ISDA 主协议第 9（b）条明确规定双方当事人必须以书面形式作出并签署，可见，2002 年 ISDA 主协议所言的变更是协议变更。协议变更本身是以新的合意来变更原来的合同，是意思自治的体现。此种变更协议属于另外一个新合同，应符合《合同法》有关合同成立及生效的规定，否则，当然不能够发生变更合同的效果。[③] 因此，变更协议欲发生变更合同的法律效果，其首先也必须是一个合法生效的合同。如

① See *ISDA 2002 Master Agreement*，Article 9（b）.

② 参见阙波：《国际金融衍生产品法律制度研究》，华东政法学院 2000 届博士学位论文，第 135 页。

③ 参见韩世远：《合同法总论》，法律出版社 2004 年版，第 536 页。

果场外期权合同双方当事人达成的口头变更协议符合法律规定的合同成立生效要件，那么该口头变更协议自然是一个有效合同。虽然双方当事人之间的口头变更协议合法有效，但双方当事人依2002年ISDA主协议所订立的场外期权合同却只承认书面变更协议的效力，以其他方式进行的对合同内容的变更均属于无效变更。因此，合法有效的口头变更协议并不能达到有效变更场外期权合同的法律效果。那么，此时是否会出现上述观点所言的口头变更协议“可以不考虑原合同的存在而单独成立”呢？即双方当事人是否有权继续履行口头变更协议而“仍可以起到改变原合同权利义务关系的作用”呢？

笔者认为，场外期权合同双方当事人达成的口头变更协议并不能脱离原来的场外期权合同而单独成立。因为双方当事人达成口头变更协议的根本目的在于变更场外期权合同内容，然而场外期权合同中关于变更方式的规定却否定了口头变更协议对场外期权合同的变更效果，所以，双方当事人订立口头变更协议的根本目的无法实现。由于双方当事人在成立场外期权合同中已经明确规定变更合同内容必须采用书面形式，而双方当事人在明知有此规定的情况下仍然决定采用口头方式变更，这就表明双方当事人在订立口头变更协议时均明知该口头变更协议在客观上不可能得到履行。亦即双方当事人自成立口头变更协议时就明知该口头变更协议的自始履行不能。根据传统民法理论，双方当事人明知自始客观履行不能而订立的合同应属于无效合同。[①] 因此，自始履行不能的口头变更协议也应归于无效，当事人不应在履行场外期权合同之外再履行口头变更协议。

由上论述可知，场外期权合同双方当事人有权自由地变更合同内容。如果双方当事人在场外期权合同中未对变更方式作出特别要求，那么当事人可以自由地以各种形式变更合同内容，而如果双方当事人在场外期权合同中已经对变更方式作出特别要求，那么当事人则应按照场外期权合同中所特别要求的形式变更合同内容。

---

① 参见王泽鉴：《王泽鉴法学全集·第三卷——民法学说与判例研究》，中国政法大学出版社2003年版，第64~65页；韩世远：《合同法总论》，法律出版社2004年版，第475页。

第三节 期权合同之消灭

期权合同消灭存在很多原因，比如因逾越有效期限而消灭等，而本节只研究导致期权合同消灭的三种合法方式，即行权、弃权及对冲，[①] 其中对冲是场内期权合同消灭特有原因，场外期权合同并无因对冲而消灭的方式。既然本节是研究期权合同的消灭，那么自然是以期权合同有效存在为前提，故本节并不研究虽然形式上已成立生效但实质上并不符合生效要件（如缔约方缺乏缔约能力等）的期权合同的消灭。

一、对冲而消灭

对冲（offset）是场内期权合同特有的消灭方式，其是指这样一种情形，期权合同一方当事人另行再订立一份与该期权合同完全相同的新期权合同，不过新期权合同的期权权利金与原来该期权合同的期权权利金可能并不相同，且该当事人在新期权合同中的身份与其在原来该期权合同的身份相反（原来若为买方，则现在为卖方，而原来若为卖方，则现在为买方），那么该当事人所订立的这两份期权合同将因相互对立而被冲销，即这两份期权合同因对冲而归于消灭。[②] 本书将结合一个案例来具体分析期权合同对冲消灭的过程。

例如，在 6 月，A 公司股票目前价格为每股 63 美元，期权交易所成员甲与期权交易所成员乙在交易所内成立一份 12 月到期执行价格为每股 65 美元 A 公司股票买权合同，期权权利金为每股 5 美元。甲为期权合同买方，乙为期权合同卖方，而二者同时又都是期权清算所成员，且二者均为开仓交易。甲乙之间

① 参见［美］罗伯特·A. 斯特朗:《衍生产品概论》，王振山等译，东北财经大学出版社 2005 年版，第 13 页;［美］约瑟夫·A. 沃克:《期权市场运作》，王微等译，清华大学出版社 1998 年版，第 16 页。

② See John C. Hull，*Options，Futures，and Other Derivatives*（6th Edition），Pearson Prentice Hall 2006，p.192.

的期权合同在提交清算时将被替换为两个期权合同，结果变为，甲与期权清算所成立一份 12 月到期执行价格为每股 65 美元 A 公司股票买权合同，期权权利金为每股 5 美元，甲依然为期权合同买方，而乙则同时也与期权清算所一份 12 月到期执行价格为每股 65 美元 A 公司股票买权合同，期权权利金也为每股 5 美元，乙也依然为期权合同卖方。甲此时应向期权清算所支付 500 美元的期权权利金，而期权清算所则同时应向乙支付 500 美元的期权权利金。期权清算所则应在甲的账户上创设一个 12 月到期执行价格为每股 65 美元 A 公司股票买权的多头头寸，而乙的账户中则被创立一个 12 月到期执行价格为每股 65 美元 A 公司股票买权空头头寸。

假设 10 月 A 公司股票当时的价格为每股 68 美元，而 12 月到期执行价格为每股 65 美元 A 公司股票买权合同的期权权利金也相应地涨为 7 美元。此时乙担心 A 公司股票继续上涨被要求执行期权，于是其决定通过对冲方式消灭其所订立的期权合同，以在 A 公司股票进一步涨价之前退出 A 公司股票买权合同关系。其实以对冲方式消灭期权合同也是乙唯一可选择的合法方式，因为乙作为期权合同卖方不可能采取行权、弃权等方式来消灭 A 公司股票买权合同。乙此时在期权交易所内又与交易所成员丙订立一份 12 月到期执行价格为每股 65 美元 A 公司股票买权合同，不过这次乙是作为期权合同买方。丙也是期权清算所成员，不过乙进行的是平仓交易，而丙则是开仓交易。同样道理，期权清算所又与乙丙分别成立两份 12 月到期执行价格为每股 65 美元 A 公司股票买权合同，乙向期权清算所支付 700 美元期权权利金，而丙则获得期权清算所支付的 700 美元的期权权利金。

此时，乙与期权清算所之间存在两份 12 月到期执行价格为每股 65 美元 A 公司股票买权合同，但二者的身份在两份期权合同中却截然相反。在第一份 12 月到期执行价格为每股 65 美元 A 公司股票买权合同中，乙为期权合同卖方，期权清算所为期权合同买方。然而，在第二份 12 月到期执行价格为每股 65 美元 A 公司股票买权合同中，乙则为期权合同买方，而期权清算所则变为期权合同卖方。亦即乙与期权清算所相互对对方享有完全相同的期权，然而，正如本书第四章第二节中所论述的，这两个相同但相互的期权是可以对冲消灭的。既然这两个期权消灭了，自然二者之间的两个期权法律关系也相应地消灭了，而由于此时期权合同法律关系只包含有期权法律关系，所以二者之间的两个期权合同法律关系也因对冲而消灭了。此时，乙账户中的一个 12 月到期执行价格为每股 65 美元 A 公司股票买权空头头寸将被削减清空。

乙通过对冲将其与期权清算所之间的期权合同消灭，但这种消灭只是相对消灭。因为乙与期权清算所之间的期权合同虽然消灭了，但丙与期权清算所之间的期权合同同时又产生了。况且，丙此时也是作为期权合同的卖方，与乙在其所消灭的第一份期权合同中的身份一样。因此，在这种情况下，对冲实际上是使期权合同主体发生了转移，即从乙转移给丙。那么，对冲是否能使期权合同绝对消灭呢?

笔者认为，对冲也能使期权合同绝对消灭。比如在上例中，如果乙的担忧成真，在执行价格为每股 65 美元的 A 公司股票买权合同于 12 月到期时，A 公司股票价格上涨至每股 75 美元，买权的期权权利金也相应地涨为每股 10 美元。丙发现市场行情不对，也决定通过对冲方式消灭买权合同，以免被要求执行买权而交付 A 公司股票。甲此时自然可以执行买权，但执行买权后还得再另行卖出 A 公司股票才能获利 500 美元。然而，现今甲若将该买权卖出，亦即通过对冲方式消灭买权合同，其也同样能获利 500 美元，所以，甲决定在交易所内卖出一个 12 月到期执行价格为每股 65 美元 A 公司股票买权。甲丙在交易所内相遇，一个愿买，一个愿卖，故二者成立一份 12 月到期执行价格为每股 65 美元 A 公司股票买权合同，且二者均为平仓交易。同样道理，期权清算所又与甲丙分别成立两份 12 月到期执行价格为每股 65 美元 A 公司股票买权合同，丙向期权清算所支付 1000 美元期权权利金，而甲则获得期权清算所支付的 1000 美元的期权权利金。

此时，甲与期权清算所之间存在两份 12 月到期执行价格为每股 65 美元 A 公司股票买权合同，在第一份合同中，甲为期权合同买方，而期权清算所为期权合同卖方。然而，在第二份合同中，甲则为期权合同卖方，期权清算所则变为期权合同买方。丙与期权清算所之间也存在两份 12 月到期执行价格为每股 65 美元 A 公司股票买权合同，在第一份合同中，丙为期权合同卖方，期权清算所为期权合同买方。然而，在第二份合同中，丙则为期权合同买方，而期权清算所则变为期权合同卖方。同理,甲与期权清算所之间的 A 公司股票买权合同将因对冲而消灭，丙与期权清算所之间的 A 公司股票买权合同也将因对冲而消灭，二者账户中的期权头寸也均会被清空结算。至此，甲乙丙三人与期权清算所之间均不再存在 A 公司股票买权合同关系，所以，A 公司股票买权合同因对冲而绝对消灭。

在整个期权交易中,甲获利为前后期权权利金之差,即 500(1000 – 500)美元;乙损失为前后期权权利金之差，即 200（700 – 500）美元；丙损失也为前后期权权利金之差,即 300（1000 – 700）美元,可见,甲之获利正好等于乙丙损失之和。这些数据表明，期权交易所成员凭借对冲这种消灭方式在交易所内部就可完成交易，根本不必要执行期权而要求实际履行合同。因此，对冲这种消灭方式也解释了为何庞大数目的期权合同中只有很少很少的一部分期权合同才被要求执行，正是因为绝大部分期权合同在被要求执行之前就已经在交易所内被对冲消灭了，且是绝对地消灭了。

由前例我们可以看出，对冲有两个关键构成要素。第一，当事人所订立的两份期权合同必须是属于同一系列的期权合同，即这两份期权合同的条款内容必须完全相同，当然期权权利金除外。如果乙第二次并未以买方身份订立一份 12 月到期执行价格为每股 65 美元 A 公司股票买权合同，而是以买方身份订立了一份 12 月到期执行价格为每股 64 美元 A 公司股票买权合同。虽然此时乙也不必担心 A 公司股票价格上涨而被要求履行,但乙并不能将这两份期权合同进行对冲消灭,因为二者的执行价格不同。相应地，乙的账户中同时存在一个 12 月到期执行价格为每股 65 美元 A 公司股票买权空头头寸和一个 12 月到期执行价格为每股 64 美元 A 公司股票买权多头头寸。当然，前后两个期权合同中的期权权利金只是可能不同，但并不排除相同的可能性，因为期权权利金数额总是处于变化之中。第二，当事人在这两份期权合同中的身份必须截然相反，即原来若为买方，则现在为卖方，而原来若为卖方，则现在为买方。此外，还需要注意的两点就是，对冲必须发生在同一个账户内，期权交易所成员不同账户内的期权合同即使相同且方向相反也不得对冲消灭；对冲必须发生在执行之前，已被要求执行期权合同的当事人不能再采用对冲方式消灭该被执行的期权合同。如果两份期权合同能满足上述构成要素，那么这两份期权合同将被对冲消灭。

二、行权而消灭

虽然对冲消灭是场内期权合同消灭的主要方式，但行权也是使场内期权合同消灭的一种方式，此外，场外期权合同也主要是通过行权及弃权（通常表现为被动弃权）方式消灭。行使期权是期权权利人的当然权利，无论期权是处于实值、虚值或平值状态，期权权利人都可自行决定行使期权。然而，行使期权怎么具有使期权合同消灭的法律效果呢？由前文可知，期权属于形成权，而形成权由于行使而被用掉，因而通过行使而消失。[①] 同样道理，期权权利人在使用期权时也是将期权用掉，其只能就该期权使用一次，使用后就无权再主张享有该期权。因此，期权可通过行使而消灭，而期权消灭必将导致期权法律关系的消灭，那么仅包含期权法律关系的期权合同也相应地归于消灭。形成权的行使以及由此使表达法律上的力的合法的形成行为得以实现，一般都是通过对该形成权相对人所作的意思表示来完成的。[②] 属于形成权的期权之行使自然也是通过权利人对相对人所作意思表示来完成的。在场外期权合同中，期权合同买方若欲行使期权，其只需通知期权合同卖方其决定行使期权即可。买方行使期权的行为将在其与卖方之间产生一份新的合同，而场外期权合同则因买方行使期权而归于消灭。与场外期权合同的执行不同，场内期权合同的执行则相对比较复杂。鉴于此，下文将结合一个案例来分析场内期权合同因行权消灭的具体过程。

例如，在 3 月，期权交易所成员甲与期权交易所成员乙在交易所内成立一份 9 月到期执行价格为每股 48 美元 A 公司股票买权合同，期权权利金为每股 4 美元。甲为期权合同卖方，乙为期权合同买方，而二者同时又都是期权清算所成员。甲乙之间的期权合同在提交清算时将被替换为两个期权合同，相应地，甲乙分别与期权清算所订立一份 9 月到期执行价格为每股 48 美元 A 公司股票买权合同，期权权利金为每股 4 美元，甲乙在两份合同中依然为期权合同卖方和买方。乙此时应向期权清算所支付 400 美元的期权权利金，而期权清算所则同时应向甲支付 400 美元的期权权利金。

在 9 月买权合同到期时，A 公司股票价格为每股 55 美元，买权合同买方乙于是决定执行买权。此时，乙无权直接要求甲按每股 48 美元的价格向其出售 100 股 A 公司股票，因为甲乙之间已经不具有期权合同法律关系，二者只与期权清算所存在期权合同关系。因此，乙应向期权清算所发出执行通知（Exercise Notices），然而，乙所发出的执行通知并不当然地发生执行期权的法律效果，

① ［德］卡尔·拉伦茨：《德国民法通论》（上册），王晓晔、邵建东、程建英、徐国建、谢怀栻译，法律出版社 2003 年版，第 317 页。

② ［德］卡尔·拉伦茨：《德国民法通论》（上册），王晓晔、邵建东、程建英、徐国建、谢怀栻译，法律出版社 2003 年版，第 291 页。

该执行通知效力还有待于期权清算所的接受。[1]执行通知需要期权清算所接受并不意味着期权权利人执行期权需要征得期权清算所事先同意，而只是因为期权清算所为方便执行而规定了执行通知的提交的时间、形式等条件。期权清算所只是在接受时审查执行通知的形式要件，执行期权的决定权仍然属于期权权利人。

期权清算所在接受执行通知后，按照其事先规定的程序将该执行通知分配给持有与执行通知中的期权属于同一系列的期权空头头寸的一个或数个清算成员。[2]这里至少需要说明两点。第一，虽然期权清算所与乙存在买权合同关系，且还作为乙所享有的买权的权利相对人，但期权清算所本身并不因乙执行买权而就自动履行向乙交付标的资产的义务。当被要求执行期权时，期权清算所的做法是将执行通知分配给持有相同系列的期权空头头寸的清算成员，而由这些持有相同系列期权空头头寸的清算成员代替自己对请求执行方履行交付标的资产义务。期权清算所这种做法有法理依据吗？笔者认为，这种做法存在法理依据。此时，由于乙执行买权，则乙与期权清算所之间就 100 股 A 公司股票买卖成立一份股票买卖合同，其中股票价格为原来买权合同中的执行价格，即每股 48 美元。期权清算所将执行通知分配给持有 9 月到期执行价格为每股 48 美元的 A 公司股票买权空头头寸的清算成员（假设该清算成员为丙），那么由于期权清算所执行买权，则期权清算所与丙之间也成立一份买卖 100 股 A 公司股票的股票买卖合同，其中股票价格也为每股 48 美元。在期权清算所与乙的合同中，期权清算所负有按每股 48 美元向乙交付 100 股 A 公司股票的义务，而在期权清算所与丙的合同中，丙则对期权清算所负有按每股 48 美元向乙交付 100 股 A 公司股票的义务。这两个义务性质和内容是完全相同的，因此，期权清算所可以让丙代替自己直接向乙履行义务，但问题在于期权清算所直接让丙对乙履行义务以代替自己对乙所负的合同义务经过乙的同意吗？笔者认为，期权清算所这种安排是征得清算成员事先同意的。因为期权清算所在其交易规则中早已就这种由期权空头代替自己直接承担义务作出了明确规定，[3]卖方清算成员在进行期权开仓交易和买方清算成员在加入期权清

① See *OCC Rules*，Rule 802 Acceptance of Exercise Notice.

② See *OCC Rules*，Rule 802；*HKCC Rules & Procedures*，Rule 603；*SEOCH Operational Clearing Procedures for Options Trading Exchange Participants*，Rule 6.2.

③ See *OCC By-Laws*，Article VI Section 14.

算所时显然是同意上述规定的。因此，执行期权虽然使在期权清算所与买方清算成员之间成立标的资产的买卖合同，[①]而非在买方清算成员和卖方清算成员之间成立，但期权清算所将自己对买方清算成员的义务交由卖方清算成员履行是基于当事人同意，具有法理依据。

第二，期权清算所是根据一定程序将执行通知分配给持有相同系列期权空头头寸的卖方清算成员，并不一定将执行通知分配给原来与乙订立期权合同的卖方甲。虽然乙原来是与甲成立的 A 公司股票买权合同，但该买权合同已经因期权清算所的介入被取代而不复存在了，乙已经无权直接向甲主张权利而要求履行期权合同义务，而甲也无权直接向乙主张权利而要求履行期权合同义务，二者只能直接向期权清算所主张权利义务。当乙执行期权而要求期权清算所履行义务时，期权清算所可以挑选任何持有 9 月到期执行价格为每股 48 美元的 A 公司股票买权空头头寸的卖方清算成员代替其向乙履行义务。因为就期权清算所而言，所有持 9 月到期执行价格为每股 48 美元的 A 公司股票买权空头头寸的卖方清算成员在被执行期权时对期权清算所负有的义务均是一样的，均是按每股 48 美元的价格向乙交付 100 股 A 公司股票。因此，任何一个持有 9 月到期执行价格为每股 48 美元的 A 公司股票买权空头头寸的卖方清算成员代替期权清算所向乙履行义务并无区别，所以，期权清算所并不一定要求原来的买权合同卖方甲代替其向乙履行义务。

买方清算成员执行期权使得其与期权清算所新成立一份标的资产买卖合同，而该标的资产买卖合同并不属于期权合同的内容，原来存在于买方清算成员与期权清算所之间期权合同已经因行使期权而消灭。前例中，乙因执行买权而与期权清算所之间成立 A 公司股票买卖合同关系，该股票买卖合同虽然要等到双方履行完毕交付价金和股票后才消灭，但二者之间原有的 A 公司股票买权合同已经因乙执行买权而消灭。乙对期权清算所不再享有 9 月到期执行价格为每股 48 美元的 A 公司股票买权，期权清算所也不再受该买权的拘束。同样道理，丙与期权清算所之间也是如此。可见，由于乙的行权，乙丙和期权清算所之间的两份买权合同相应消灭，乙丙的账户中各自的买权头寸也将因买权合同的执行而被相应地

---

① See *SEOCH Operational Clearing Procedures for Options Trading Exchange Participants*, Rule 8.1.

消减。[1]

原则上讲，清算成员在期权合同到期日前执行期权合同的必须向期权清算所提交执行通知，因为提交执行通知是为了让作为期权相对人的期权清算所了解作为期权权利人的清算成员已经作出的关于执行期权的决定，否则期权清算所又如何得知清算成员已经执行期权？然而，许多交易所在期权到期日时也采用自动执行程序（Automatic Exercise，Exercise by Exception，"Ex-by-Ex"）。[2] 根据自动执行程序，对于在到期日仍处于实值的期权，如果该期权的实值符合期权清算所规定的实值范围，那么，除非清算成员特别提交了明确的相反指示，期权清算所将自动执行每一个处于该实值范围的期权。可见，在采用自动执行程序而行使期权时，清算成员应特别注意以下三点：

第一，执行的对象必须是正处于到期日的期权合同，否则就不能适用自动执行程序。比如，对于一份 9 月 23 日到期的期权合同，期权合同买方若欲 9 月 22 日执行期权，其就必须提交执行通知，而不能采用自动执行程序。只有到 9 月 23 日的期权合同到期日当天，该期权合同的执行才有可能适用自动执行程序。

第二，该清算成员并未向期权清算所发出明确不愿采用自动程序的指示。因为自动执行程序并非强制性规定，清算成员有权选择是否接受该程序以自动执行到期的期权。期权清算所设计的自动执行程序只是为了促进到期日处于实值期权的顺利执行，并非剥夺期权权利人的执行决定权。如果清算成员拒绝接受自动执行程序，那么该清算成员账户内期权合同在到期日时即使处于实值范围也不会被自动执行，而将因过期自动消灭（假设该清算成员到期日仍未提交执行通知）。

第三，期权合同到期日所具有的实值必须处于期权清算所规定的实值范围之内才能引发自动执行，否则不会得到自动执行。例如，《期权清算公司规则》第 805 条规定的实值范围为，客户账户中的股票期权合同的标的股票的执行价格比平仓价格低于（当为买权时）或高于（当为卖权时）0.25 美元或者更多；其他账户中的股票期权合同的标的股票的执行价格则比平仓价格低于（当为买权时）或

---

① See *OCC By-Laws, Article VI Section 12 (b) and Section 13 (b)*; *SEOCH Options Clearing Rules*, Rule 507.

② See *OCC Rule*, Rule 805; *SEOCH Operational Clearing Procedures for Options Trading Exchange Participants*, Rule 6.1; *SEOCH Options Clearing Rules*, Rule 503A; *International Securities Exchange Rules*, Rule 1100.

高于（当为卖权时）0.15 美元或者更多。[1] 如果客户账户中股票买权合同的该股票执行价格比平仓价格低 0.5 美元，那么该股票买权合同在到期日时便可适用自动执行程序，然而若仅低 0.15 美元，则就不适用自动执行程序。当然，清算成员可以给期权清算所特别指示，以缩小或扩大期权合同的实值范围。

由上分析可知，若不存在自动执行程序，到期的期权合同即使处于实值也将因逾越有效期而消灭，而自动执行程序的存在则使得到期日处于实值的期权合同将因执行而消灭。

三、弃权而消灭

弃权方式使期权合同消灭分两种情形：一种是期权权利人（期权合同买方）在期权到期前主动抛弃期权而使期权合同消灭；另一种是期权权利人虽然不愿抛弃期权，但根据自身利益判断其又不愿行使期权，只有任期权过期消灭，即被动抛弃期权而使期权合同消灭，故被动弃权消灭方式又被称为过期消灭方式。权利一般（排除公权利、人身权等）都可以因为权利人主动抛弃而消灭，属于财产权和形成权的期权自然也不例外。然而，期权权利人主动抛弃期权而使期权合同消灭的情形很少发生。因为，期权的最大优点就是其赋予期权权利人在未来一段时间内进行自由选择的权利，而未来均是不确定的，所以期权权利人可以根据未来的具体情况而作出对其最有利的选择。那么，在期权到期前，哪个期权权利人又会主动抛弃这种对自己最有利的选择权呢？应当讲，任何一个理性期权权利人都不会在期权到期之前主动抛弃期权，但这并不代表期权权利人无权或不能抛弃期权。如果期权权利人决定抛弃期权，那么期权权利人的抛弃行为同样产生消灭期权的法律效果，且是绝对消灭。可见，期权权利人有权采用主动抛弃方式来消灭期权合同。

实践中，期权合同更多地是因为逾越有效期限而消灭。期权权利人虽然在期权合同到期日之前可以自由决定是否行使期权，但市场行情并不一定给他或她创造行使期权的条件。比如，甲作为买方订立一份 12 月到期执行价格为每股 65 美元 A 公司股票买权合同，然而，自甲订立合同后至 12 月到期这个期间，A 公司股票价格一直低于每股 65 美元。显然，甲虽然享有 A 公司股票买权，但肯定不

---

① See *OCC Rule*，Rule 805（d）（2）.

会（当然这并不是否定甲无权行使期权）行使买权。当然，期权权利人对市场行情的错误判断也可能使其错失行权良机，最后只得任由期权过期作废。譬如在前例中，若 10 月 A 公司股票价格上涨至每股 69 美元，此时甲自然可以行使买权，而甲认为股票市场是牛气冲天，A 公司股票一定还会大涨，于是持观望心态等待。未来是不确定的，结果第二天股市大崩盘，A 公司股票暴跌的幅度远远低于每股 65 美元，并从此一蹶不振，至 12 月到期时也未攀升至每股 65 美元，此时甲也只有让买权过期消灭。期权合同到期后，未执行的期权将因有效期届至而消灭，其导致的法律后果是，不仅期权合同买方账户中的期权多头头寸被消除，而且期权合同卖方账户中的期权空头头寸也被消除。[①] 因为，既然期权合同买方与期权清算所之间的期权合同因过期而消灭，那么期权清算所与期权合同卖方之间的期权合同也将因过期而消灭。因此，与主动抛弃导致期权合同绝对消灭一样，逾越有效期也将导致期权合同绝对消灭，使当事人之间的期权合同不复存在。

综上所述，当事人可以采取三种合法的方式来消灭期权合同，即行权、弃权与对冲。然而，只有期权合同买方才能任选这三种方式消灭期权合同，期权合同卖方只能采用对冲方式提前消灭期权合同。除上述三种方式外，期权合同还可因当事人根本违约而消灭。然而，鉴于违约并不属于期权合同消灭的合法方式，本书不再对当事人违约消灭合同这种方式进行专门探讨。

第四节 期权合同之法律适用

有的期权合同具有涉外因素，比如两个不同国家的期权交易者签订一份场外期权合同，而有的期权合同并不具有涉外因素，譬如同一法域的两个期权交易者在该法域内的期权交易所成立的场内期权合同。不具有涉外因素的期权合同显然应适用其内国法，故一般不存在法律适用问题。因此，本节研究的其实是具有涉外因素的期权合同的法律适用问题。应当说明的是，此“涉外因素”之“外”并

① See *OCC By-Laws*, Article VI Section 12（d）and Section 13（d）.

不一定是指外国，而应是指外法域。根据合同法律适用的“分割论”，合同当事人的缔约能力、合同形式、合同的成立与效力应当分别适用不同的法律，所以，本书也将期权合同的法律适用分为三部分分别论述。

一、期权合同主体的法律适用

期权合同主体的法律适用实际上也就是期权合同主体缔约能力的法律适用，即应依据何种法律判断期权合同主体有无缔约能力。根据传统国际私法理论，合同主体缔约能力的法律适用主要采取以下几种方式：第一，合同主体的缔约能力根据合同主体的属人法确定。由于属人法可具有国籍、住所或惯常居住地等不同连接点，所以属人法具体又可表现为国籍国法、住所地法或惯常居住地法。第二，合同主体的缔约能力根据缔约地法或行为地法确定。根据“场所支配行为”的原则，即使合同主体的属人法认为合同主体不具有缔约能力，但若缔约地法律认为合同主体具有缔约能力，合同主体的缔约行为依然可以有效地缔结合同。第三，合同主体的缔约能力依据合同主体双方合意选择的法律或与合同具有最密切联系的法律确定。[①] 这种方式允许当事人自己选择对其缔约能力适用的法律，充分体现了对当事人意思自治的尊重。若无当事人明确选择的法律，则适用与合同存在最密切联系的法律。第四，合同主体的缔约能力根据属人法和缔约地法重叠适用而确定。合同主体欲有效缔结合同，不仅依其属人法应具有缔约能力，而且依缔约地法也应具有缔约能力，否则便无权缔结合同。那么，期权合同主体的法律适用又是采取的何种方式呢？由于场内期权合同主体与场外期权合同主体存在不同，故下文将对二者的法律适用分别进行分析。

（一）场内期权合同主体的法律适用

由前文可知，场内期权合同主体仅包括期权交易所成员、清算成员和期权清算所。可见，并不是所有的期权投资者都具有缔结场内期权合同的能力，而只有具有期权交易所成员资格的期权投资者才享有在期权交易所内缔结场内期权合同的权利。那么，作为场内期权合同主体的期权交易所成员又应适用哪些法律规定

---

① See *Restatement of Conflict of Laws* (*Second*), Article 198, this document is available at the website : https : //www.lexisnexis.com/ap/auth/.

呢？期权交易所的国内成员自然仅需适用国内法律即可，然而，期权交易所国外成员又应适用哪些法律规定呢？不同的期权交易所对此作出了不同的规定，譬如，《芝加哥期权交易所规则》第 3.4 条对外国组织成员的资格作出了明确规定，[①] 其中包括该外国组织成员应适用的法律。根据第 3.4 条的规定，一个并不是依据美国任何一州的法律成立的组织为成为交易所组织成员必须满足下列条件，其中两个条件分别为：一是该组织必须为依据美国之外的其他国家法律而成立的公司或合伙，且该国与美国之间存在有效的信息共享协议、谅解备忘录或条约以使美国证监会可以获得该国证券交易活动的信息；二是该组织必须根据美国《证券交易法》第 15 条登记为经纪商或交易商（a broker or dealer）。换言之，外国组织欲具有在交易所内订立期权合同的缔约能力，其首先必须是依其本国法成立的公司或合伙，然后还必须得依据美国法成为经纪商或交易商。由此可知，期权交易所的外国组织成员缔约能力的法律适用是重叠适用其属人法和缔约地法，所以，只有该外国组织成员同时满足其本国法和缔约地法的规定，其才可能具有订立场内期权合同的缔约能力。

此外，根据《期权清算公司章程细则》第 5 条的规定，外国证券公司（Non-U.S. Securities Firms）欲成为期权清算公司清算成员也必须同时适用其本国法与美国法。[②] 可见，无论是期权交易所成员还是清算成员都必须重叠适用其本国法与行为地法。因为，缔结场内期权合同的能力仅属于期权交易所成员，所以外国公司组织必须得适用行为地法而成为期权交易所成员。然而，外国公司组织欲成为期权交易所成员，其首先必须是依据其本国法而有效设立的公司组织。只有外国公司组织依据其本国法已经有效设立，其权利能力和行为能力才有可能得到行为地法的承认，否则其根本没有申请成为期权交易所成员的资格。因此，作为场内期权合同主体的期权交易所外国成员的缔约能力应当重叠适用其属人法和缔约地法。

（二）场外期权合同主体的法律适用

场外期权合同主体并无特别的资格条件限制，只要具有完全的民事权利能力

① See *CBOE Rules*, Rule 3.4.

② See *OCC By-Laws*, Article V.

和行为能力，自然人、合伙、企业法人、事业法人甚至政府机构均可以从事场外期权交易，而成为场外期权合同主体。然而，此处需要注意的是，场外期权合同主体的缔约能力还受到其本国法律的限制。例如，在著名的 Hazell Appellant v. Hammersmith and Fulham London Borough Council and Others Respondents 一案中，[①] 地方政府缔结场外期权合同（当然本案中并不仅限于场外期权合同，还包括其他场外衍生产品交易）的能力就受到了法律的限制。在本案中，伦敦的 Hammersmith and Fulham 地方市政当局从事大量场外金融衍生产品交易，订立了包括互换期权（swap options）、现金期权（cash options）等在内的大量场外金融衍生产品合同。然而，问题的关键在于地方政府在英国是否享有订立场外金融衍生产品合同的缔约能力？英国上议院的终审判决对此的回答是否定的。主撰判词的 Templeman 法官明确指出，英国 1972 年《地方政府法》对地方政府的借款行为作出了详细的规定，该详细规定的结果是排除了其他可能存在的默示授权，因此，伦敦地方政府并不具有订立场外金融衍生产品合同的权利能力，其订立场外金融衍生产品合同的行为显然超出了《地方政府法》第 111 条规定的筹资能力的范围，所以该地方政府进行的所有交易均属于非法的越权交易，其所订立的所有场外金融衍生产品合同也自始无效。[②] 可见，政府机构缔结场外期权合同的能力必须受其本国相关法律的限制，这对有些参与场外期权交易的公司企业同样适用。

此外，公司缔结场外期权合同的能力还应受其经营范围的限制。公司应当按其章程内规定的经营范围开展经营活动，但公司超越其法定经营范围所开展的经营活动就当然无效吗？根据严格的越权无效原则，公司超越其章程登记的经营范围所订立的合同原则上是无效的，即使该公司股东对此越权合同进行事后批准同意，该越权合同依然是自始无效。[③] 然而，公司越权行为绝对无效原则已被相对无效原则所取代，成为公司法上的一大发展趋势，在现代公司法中，已很少有国

---

① See Hazell Appellant v. Hammersmith and Fulham London Borough Council and Others Respondents，[1992] 2 A.C. 1，this case is available at the website：http：//www.westlaw.com/signon/default.wl?sp=ChinaUPSL-03&rs=imp1.0&vr=1.0&.

② See the judgment at the website：http：//law.ato.gov.au/atolaw/view.htm?DocID=JUD%2F*1992*2AC1%2F00004.

③ 参见杨桢：《英美契约法论》，北京大学出版社 2003 年版，第 208~209 页。

家采取严格的越权行为无效的原则。[①] 我国公司法虽然未对公司越权行为的效力作出明确规定，但我国合同法对此却作出了明确规定。《合同法》第 50 条规定："法人或者其他组织的法定代表人、负责人超越权限订立的合同，除相对人知道或者应当知道其超越权限的以外，该代表行为有效。"可见，我国法律从保护善意相对人的角度出发采取了越权行为相对有效原则。最高人民法院 1999 年颁布的《关于适用〈中华人民共和国合同法〉若干问题的解释（一）》第 10 条进一步明确规定："当事人超越经营范围订立合同，人民法院不因此认定合同无效。但违反国家限制经营、特许经营以及法律、行政法规禁止经营规定的除外。"由此可知，无论合同相对人是否知情，公司超越经营范围订立的合同均应有效，但违反国家限制经营、特许经营以及法律、行政法规禁止经营规定的除外。然而，经营范围内并未包含场外期权交易业务的公司在我国缔结的场外期权合同有效吗？

公司越权缔结的场外期权合同在我国有效与否取决于场外期权交易业务是否属于国家限制经营、特许经营以及法律、行政法规禁止经营的范围之内。我国法律、行政法规并未对场外期权交易进行明确定性，但从相关部门规章的规定可略见端倪。例如，2001 年中国证监会、原国家经济贸易委员会、原对外贸易经济合作部、原国家工商行政管理总局及国家外汇管理局联合制定和颁布的《国有企业境外期货套期保值业务管理办法》（证监发〔2001〕81 号）对国有企业从事境外期货套期保值业务（可与场外期权交易相类比）的资格条件作出了详细规定。2004 年原中国银监会颁布的《金融机构衍生产品交易业务管理暂行办法》（已于 2007 年修改）则对金融机构从事衍生产品（包括期权合同）交易业务的资格条件作出了详细规定。由此可见，场外期权交易业务也应属于国家限制经营或特许经营的业务范围，所以，公司从事场外期权交易业务也应当获得相关政府机构的批准。然而，最高人民法院《关于适用〈中华人民共和国合同法〉若干问题的解释（一）》第 4 条明确规定："合同法实施以后，人民法院确认合同无效，应当以全国人大及其常委会制定的法律和国务院制定的行政法规为依据，不得以地方性法规、行政规章为依据。"因此，只要法律和行政法规未将场外期权交易规定为国家限制经营、特许经营或禁止经营，即使公司从事场外期权交易未获得相关政府机构事先批准，人民法院也不应认定公司越权订立的场外期权合同无效。虽然公司会因

① 参见余保福：《我国公司法律制度的完善与银行债权保护》，载《金融论坛》2002 年第 9 期。

未经相关政府机构事先批准从事场外期权交易而受到相应处罚，但其越权订立的场外期权合同依然有效。

除各自的属人法外，场外期权合同主体还可以合意选择共同适用于其缔约能力的法律。2002 年 ISDA 主协议虽然包含有当事人合意选择法律的条款，但并未明确该合意选择的法律是否适用于当事人的缔约能力，然而 2002 年 ISDA 主协议第 3（a）条却含有与当事人缔约能力相关的规定。2002 年 ISDA 主协议第 3（a）条明确规定："（i）地位。其为适当地组成并按其成立或组织的司法管辖区之法律有效存续以及，如与该等法律相关的话，处于良好的状态……（iii）无违反或抵触。此等签署、交付及履行并无违反或抵触任何适用的法律，符合其组织章程性文件的任何规定，符合适用于该方或其资产的任何法庭或政府机关所颁布的法令或判决，或任何约束或影响该方或其资产的合同约定。"[①] 由此可见，2002 年 ISDA 主协议要求合同双方当事人应当依据其各自的属人法确定其缔约能力。

综上可知，场内期权合同的主体资格具有特别要求，因此，场内期权合同主体主要是依据其属人法和缔约地法重叠适用来确定其缔约能力。然而，场外期权合同的当事人主体资格并无特别要求，所以，场外期权合同主体一般适用其属人法确定缔约能力。

二、期权合同形式的法律适用

顾名思义，期权合同形式的法律适用主要研究期权合同的形式应适用何种法律。形式自由是合同自由原则的应有之义，所以合同可以采用书面、口头、行为等多种形式。虽然合同形式自由在各国法律中得到了广泛承认，但合同形式在各国合同法律中仍然具有特别的意义。例如，在英美法中，以盖印方式成立的正式合同（又称为"盖印合同"，Contracts under Seal）即使不存在对价（Consideration）也依然有效，而非以盖印方式成立的一般非正式合同若无对价则不得生效。[②] 美国《统一商法典》第二编第 202（1）条规定，价金在 5000 美元或以上的买卖合同若未以书面形式订立则不具有可执行性。[③] 可见，合同形式所适用的法律对合同效力具有重要影响，那么，合同形式又适用何种法律呢？根据传统国际私法理

① See *ISDA 2002 Master Agreement*，Article 3（a）.

② 参见杨桢：《英美契约法论》，北京大学出版社 2003 年版，第 107~113 页。

③ See *UCC*，Article 2–201 Formal Requirements；Statute of Frauds.

论，合同形式可以适用下列几种法律：第一，合同形式适用缔约地法。根据“场所支配行为”的原则，合同形式首先应符合缔约地法的要求，只要其符合了缔约地法要约，那么该合同形式便是有效的。第二，合同形式适用履行地法律。如果履行地法律承认合同所采用的形式，那么该合同将可得到有效履行。第三，合同形式适用双方当事人合意选择的法律或与合同存在最密切联系的法律。① 合同双方当事人可以选择对其合同形式所适用的法律，若当事人未选择，则可适用与合同具有最密切联系的法律，而该最密切联系的法律可能是前面所提及的缔约地法，也可能是履行地法。第四，合同形式选择适用缔约地法、履行地法、当事人合意选择的法律或最密切联系的法律，只要符合上述法律的任何一种，该合同形式便应视为有效。然而，期权合同形式又应适用何种法律呢?

由前文可知，场内期权合同的成立主要采取公开喊价交易模式和计算机自动竞价交易模式。在公开喊价交易模式中，场内期权合同体现为交易人员所记录的交易卡片，而场内期权合同在计算机自动竞价交易模式中则体现为电文数据，因此，场内期权合同的形式均属于书面形式。然而，场内期权合同双方当事人一般并未明确合意选择合同形式所适用的法律，那么，场内期权合同形式显然应适用与其具有最密切联系的法律，但何种法律与场内期权合同存在最密切联系呢？笔者认为交易所所在地法律与在该交易所内成立的场内期权合同具有最密切联系。因为交易所所在地不但是场内期权合同成立地，而且还是场内期权合同履行地，此外还可能是合同一方当事人的住所地、惯常居住地或主营业地，所以交易所所在地当然与期权合同形式具有最密切联系。场内期权合同均在交易所内成立，故其形式在当事人为合意选择适用法律时可适用交易所所在地法律，但场外期权合同并非在交易所内成立，那么其形式又应适用何种法律?

如果双方当事人已经选择了适用于合同形式的法律，那么此时场外期权合同形式则适用于当事人合意选择的法律。然而，如果双方当事人并未选择适用于合同形式的法律，笔者认为，此时场外期权合同形式应当适用与其存在最密切联系的法律，但何种法律与场外期权合同存在最密切联系呢？这需要根据场外期权合同的具体情况判断。一般而言，场外期权合同的缔结地显然与合同具有密切联系，

---

① See *Restatement of Conflict of Laws* (*Second*), Article 198 Requirements of a Writing-Formalities.

场外期权合同应符合缔约地法律的要求。然而，随着场外期权合同交易方式电子化的发展，合同缔结地也存在不确定性，不一定与合同存在真实联系。因此，除缔约地外，欲确定与场外期权合同最密切联系的法律还需要参考合同履行地、双方当事人住所地、主要营业地等因素，综合比较分析何者与场外期权合同存在真正的利益联系，然后再从中确定最密切联系的法律。

由上论述可知，期权合同形式应当适用双方当事人合意选择的法律。如果当事人未选择适用于合同形式的法律，那么，场内期权合同形式则应适用交易所所在地法律，而场外期权合同形式则应当适用与其存在最密切联系的法律。

三、期权合同成立和效力的法律适用

与合同主体的缔约能力和合同形式的法律适用相比，合同成立和效力的法律适用则具有相对更多的灵活性。合同成立和效力一般按两个原则确定其法律适用，即意思自治原则和最密切联系原则。如果合同双方当事人合意选择了合同的准据法（适用于合同成立和效力的法律），自然当事人选择的准据法便适用于合同的成立和效力。如果合同双方当事人未能有效选择合同的准据法，那么与合同具有最密切联系的法律则适用于合同的成立和效力。期权合同成立和效力的法律适用自然也应采用这两个原则，其又应具体适用什么法律呢？鉴于场内期权合同与场外期权合同存在不同，下文将分别对二者进行分析。

（一）场内期权合同成立和效力的法律适用

由前文可知，场内期权合同的内容是标准化的，均是由交易所事先拟订的，那么由交易所事先拟订的场内期权合同是否包含有明示的法律选择条款呢？若无明示选择，是否又包含着默示选择的法律呢？有的交易所制定的期权合同明确包含有准据法条款，比如香港期货交易所（Hong Kong Futures Exchange Limited，HKFE）推出的期权合同。《香港期货交易所期权交易规则》附件6第11条明确规定："每一个期权合同都应当受香港法律管辖和解释。"[①]既然此时场内期权合同中包含有明确的法律选择条款，该场内期权合同的成立和效力自然应当适用合同中明示

① See *HKFE Options Trading Rules of the Stock Exchange*, Sixth Schedule Standard Contract, Article 11 Governing Law.

选择的法律。然而，若场内期权合同中并未包含明确的法律选择条款，又如何判断场内期权合同中是否存在默示的法律选择条款?

笔者认为，此时应当参考交易所的交易规则、议事程序等相关规定来具体分析场内期权合同是否包含模式法律选择条款。由前文可知，期权投资者欲进入场内从事期权交易必得先取得期权交易所成员资格，而欲取得交易所成员资格则又必须先接受交易所相关规则的规定。因此，如果交易所相关规定中包含有场内期权合同法律适用的规定，纵然该法律适用规定未在场内期权合同中明确显示，场内期权合同主体此时也应被认为已经默示接受了该法律适用规定。例如,《香港联合交易所期权清算规则》第 109 条规定 :“这些清算规则、清算操作程序及所有期权合同均应受香港法律管辖和解释。”① 既然该清算规则明确规定了所有期权合同都应适用香港法律,那么提交清算的期权合同即使自身未包含法律适用条款,此时其也应依照此规定适用香港法律。《期权清算公司章程细则》第 6.9（c）条也明确规定，相关期权合同应当适用美国伊利诺斯州《统一商法典》第八编和第九编。② 这就表明所有向期权清算公司提交清算的期权合同都应当适用伊利诺斯州《统一商法典》第八编和第九编，当事人在成立应向期权清算公司提交清算的期权合同时已经默示接受了该法律适用规定。然而，有的交易所规则中并未明确规定期权合同的法律适用，而只是规定该规则本身的法律适用。例如,《伦敦金融期货期权交易所规则》第 2.7.1 条规定，交易所规则应当适用英国法律，那么此时是否还可将该法律适用规定视为场内期权合同的默示法律选择条款？笔者认为，尽管此时交易所规则并未明确规定期权合同的法律适用，但当事人既然同意其之间的交易规则适用于一法律，自然也同意将按此交易规则达成的交易适用于该法律。因此，纵然交易所规则中未明确规定期权合同的法律适用，但只要其表明了期权交易规则或期权交易的法律适用，那么该法律适用规定也应被视为场内期权合同中存在的默示法律选择条款。

此处需要说明的是,前文所提及的交易所规则中的法律适用规定具有强制性。场内期权合同主体欲在交易所内开展期权交易，订立期权合同，其必须接受交易所规则中的法律适用规定，而不得在选择适用此外的其他法律。当然，有的期权

① See *SEOCH Options Clearing Rules*，Rule 109 Governing Law.

② See *OCC By-Laws*，Article VI Section 9（c）Governing Law.

交易所一方面规定了期权合同应适用的法律，另一方面同时也允许双方当事人自己选择合同所适用的法律。因此，如果当事人按此规定合意选择了合同准据法，那么该合同的成立和效力自然应适用双方合意选择的准据法。

如果场内期权合同既不存在明示的法律选择条款，也不存在默示的法律选择条款，那么场内期权合同此时显然应适用与其存在最密切联系的法律。正如前文所言，期权交易所所在地法律与场内期权合同具有最密切联系，所以此时场内期权合同的成立和效力应当适用交易所所在地法。

综上论述可知，由于场内期权合同均是由交易所事先拟定，所以场内期权合同明示或默示选择适用的法律均是交易所所在地法律。纵然场内期权合同未明示或默示选择适用交易所所在地法律，场内期权合同仍应适用交易所所在地法律，因为交易所所在地法律与场内期权合同存在最密切联系。因此，除非场内期权合同双方当事人依据交易所规则合意选择了交易所所在地以外的法律作为准据法，场内期权合同的成立和效力均应适用交易所所在地法律。

（二）场外期权合同成立和效力的法律适用

与场内期权合同一样，场外期权合同的成立和效力也应首先适用双方当事人合意选择的法律，而若缺乏有效选择则适用与该场外期权合同存在最密切联系的法律。场外期权合同双方当事人一般均在合同中明确选择合同准据法。譬如，2002 年 ISDA 主协议第 13（a）条规定："本协议受附件所规定的法律管辖并按该法律解释，" 而 2002 年 ISDA 主协议附件第 4（h）条则明确规定："本协议将受英国法律 / 纽约州法律（不包括法律选择原则）的管辖并按其解释。"[①] 因此，若当事人采用 2002 年 ISDA 主协议为蓝本订立场外期权合同，那么该场外期权合同显然应适用英国法律或纽约州法律。然而，场外期权合同双方当事人并不是必须在英国法律和纽约州法律之间存在合同准据法，双方有权自由选择对该场外期权合同适用的准据法。因为 2002 年 ISDA 主协议只是国际互换和衍生工具协会推出的行业标准合同，仅供示范参考，其规定的选择适用英国法律或纽约州法律对场外期权合同当事人并不具有约束力。

---

① See *ISDA 2002 Master Agreement*, Article 13 (a) Governing Law and Jurisdiction, and the Schedule to the *ISDA 2002 Master Agreement*, Part 4 (h) Governing Law.

因此，即使场外期权合同当事人采用2002年ISDA主协议订立场外期权合同，当事人也可以不选择英国法律或纽约州法律作为合同准据法，而选择其他国家或地区的法律作为准据法。

如果场外期权合同双方当事人未在合同中明确选择合同准据法，那么则应分析是否存在双方当事人默示选择的合同准据法。在司法实践中，用来推定当事人默示选择的因素多种多样，但一般采用的、较具有合理性的是场外期权合同中的“管辖权条款”或“仲裁条款”。虽然场外期权合同当事人在合同中未明确规定法律适用条款，但却在“管辖权条款”中明确规定某一国家的法院对合同具有专属管辖权，那么该国法院法官可以根据这一因素推定当事人存在默示选择法院地法作为合同准据法的合意，从而对该场外期权合同的成立与效力适用法院地法。因为既然当事人选择该国法院对场外期权合同争议具有专属管辖权，那么双方必然对该国法律制度比较了解和信任，愿意使合同受该国法律管辖。

如果场外期权合同既不存在明示的法律选择条款，也无法推出当事人默示选择的法律适用条款，那么场外期权合同此时显然应适用与其存在最密切联系的法律。然而，场外期权合同并不像场内期权合同那样集中在交易所内订立，与其最密切联系的法律又如何确定呢？场外期权合同最密切联系法律的确定相对较为复杂。根据国际私法理论，欲确定场外期权合同的最密切联系法律，我们首先应将与场外期权合同相联系的全部因素列举出来，如场外期权合同的缔结地、谈判地、履行地、当事人的国籍、主要营业地、住所或惯常居住地等。然后，我们再对这些相关联的要素进行量化分析，查明这些连接因素分别集中于哪些国家或地区。最后，我们对这些连接因素进行质的分析，即分析判断这些连接因素与合同联系的重要程度。连接因素数量最多的、联系程度最重要的国家或地区的法律显然与场外期权合同具有最密切联系，一般而言，对场外期权合同效力能产生重要影响的谈判缔结地法律、合同卖方主要营业地法律均可成为最密切联系的法律。

由上可见，场外期权合同当事人可以自由选择合同所适用的法律。如果当事人未在场外期权合同中明确选择合同准据法，那么则应判断是否存在当事人默示选择的准据法，如法院地法、仲裁地法等。如果场外期权合同既不存在当事人明示选择的准据法，也不存在当事人默示选择的准据法，那么场外期权合同的成立与效力则应适用与该合同存在最密切联系的法律。

结论

期权合同涉及诸多方面的法律问题，但本书并不对期权合同所可能涉及的法律问题一一探讨，而只是从私法的角度着重研究了期权合同法律关系中的主体、客体、内容、期权合同的成立、变更、消灭及法律适用等几个重要方面的法律问题，主要观点和创新之处有以下几点。

第一，期权并不属于合同，而是一种权利，是指权利人在未来特定期间内享有的按执行价格购买或出售标的资产的权利，其法律性质属于形成权、财产权。首先，期权这种权利在法律性质上并不属于期待权，而应属于形成权。因为期待权系取得权利之权利，期待权人基于期待权只能对完整权利寄以期待，待具有必备要件时才能取得所期待之完整权利，而不能以自己单方意思直接形成具体之权利义务关系。然而，期权权利人却可以依单方意思表示而变动其与相对人之间的特定法律关系，这与形成权的法律本质是一致的。其次，期权也不同于受要约人的承诺选择权。因为，承诺选择权是基于要约人发出要约的单方法律行为和法律规定而产生，要约人发出要约并不是专门为了赋予受要约人承诺选择权，而只是法律规定要约人必须受其要约拘束且受要约人并无承诺之义务，此之法律规定效果与赋予受要约人享有承诺选择权无异，所以要约人所受的拘束力源自要约本身，而非源自受要约人的承诺选择权。然而，期权却是基于双方合意而产生，是由期权合同卖方专门赋予期权合同买方的，其拘束力也是源自期权本身。此外，期权均具有流动性，而承诺选择权一般不具有流动性，非经要约人同意，受要约人不得将其所享有的承诺权转移给第三人。最后，期权还属于财产权。因为财产权是指具有经济利益的权利，而期权就是具有经济利益的权利，经济学家为此已经研究出了一套相对成熟的期权定价理论。既然期权具有经济利益，能给权利主体带来经济利益上的满足，符合财产权的构成要件，所以期权也属于财产权。

第二，期权合同是双务有偿合同、无名合同，而非单务合同、买卖合同。首先，在期权合同中，期权合同买方享有请求卖方赋予期权权利，同时也负有支付期权权利金义务；期权合同卖方享有请求买方支付权利金的权利，也负有赋予买方期权的义务。因此，双方当事人在期权合同中权利义务是对等的，并不存在权利义务的不对等，所以期权合同应属于双务合同，而非单务合同。其次，期权合同不属于物的买卖合同。因为物的买卖合同的核心在于“转移标的物所有权”，但期权合同中并不发生“转移标的物所有权”的问题，期权合同买方支付期权权利金只是为了取得对卖方的期权，而期权作为权利显然不是所有权，其只是权利人是否购买或者出售标的资产的选择权。最后，期权合同也不属于权利买卖合同。因为期权合同卖方不可能享有以自己为权利相对人的期权，自然其无权将自己不可能享有的权利转让。期权合同卖方只是将以自己为权利相对人的期权赋予买方，使自己处于受拘束的法律地位。

第三，期权合同既不属于附条件合同，也不属于附期限合同。首先，期权合同不属于附条件的标的资产的买卖合同。主张期权合同属于附条件合同的观点一般认为所附条件是标的资产价格变化而引起的期权合同买方对期权的行使。因此，所附条件成就之前，即买方行使期权，期权合同显然不可能生效。然而，关键问题是，如果期权合同尚未生效，期权合同买方又如何有效地取得期权？因为期权合同买方是基于有效的期权合同才能取得期权，若期权合同尚未生效其就不可能有效取得期权。由此可见，主张期权合同属于附条件合同的观点此时就出现了逻辑悖论，作为附条件合同的期权合同的生效有赖于条件的成就，即买方行使期权，而买方行使期权的前提又是期权合同有效，这显然是自相矛盾的。因此，期权合同不属于附条件合同。其次，期权合同也不属于附期限的标的资产的买卖合同。因为附期限合同是肯定要生效的，但标的资产买卖合同并不一定，其生效与否取决于期权合同买方的单方意志。最后，除非期权合同当事人明确附加了条件或期限，期权合同一般自当事人合意成立时便生效，自然期权合同不属于附条件或附期限合同。

第四，期权合同既不属于预约，也不属于证券。因为预约产生的只是请求对方订立本约的请求权，预约权利人并不能凭单方意思而使本约成立。然而，期权合同产生的期权则属于形成权，期权合同买方如果决定执行期权就可以凭单方意志使标的资产买卖合同成立，卖方必须接受买方的行权决定，成为买卖合同的一方当事人，受买卖合同约束。期权合同归根结底属于合同，其是基于双方当事人合意的基础上而成立的。当事人在期权合同既享有权利，也负有义务。然而，证券并不是合同，其只是一种证明或设立特定权利的凭证，其的作成并不需要双方当事人的合意。证券本身只赋予证券持有人权利，并不使其负有义务。此外，期权合同均含有有效期限，逾期将自动失效，而证券一般无时效限制。

第五，期权合同不属于射幸合同，而属于实定合同。在期权合同中，当事人的权利义务并非不确定的，而是确定的，即期权合同买方确定地负有支付期权权利金的义务和享有请求赋予期权的权利，而期权合同卖方则确定地负有赋予期权的义务和享有请求支付期权权利金的权利。期权合同中唯有不确定的因素就是期权合同买方对期权的行使，但所有权利人对权利的行使都具有不确定性，所以期权的行使具有不确定性并不代表着期权合同中权利义务本身具有不确定性。此外，射幸合同中偶然性事件的发生将必然引起新的权利义务产生，但期权合同中偶然性事件的发生并不必然引发新权利义务产生，是否产生新的权利义务关系还取决于买方的单方意思。可见，期权合同中的权利义务具有确定性，并不具有射幸性，不应属于射幸合同，而是实定合同。由于赌博合同和保险合同都属于射幸合同，既然期权合同已经不属于射幸合同，那么，期权合同也就不可能属于赌博合同与保险合同。

第六，期权合同虽然具有标准化特征，但此一标准化特征并不使其属于格式合同。因为并不是所有的期权合同都具有标准化特征，譬如场外期权合同就不是标准化合同，但格式合同均是标准化合同。期权合同双方当事人中并无一方处于垄断地位，其内容也非由一方预先拟订的，而格式合同的内容则是由处于垄断地位的一方当事人事先拟订的。期权合同的标准化不仅仅是为了重复使用而降低成本，更重要的是增加期权合同的流动性，但格式合同的标准化主要是为了重复使用而降低成本并维护拟订方当事人利益，一般并无增加格式合同流动性的功能。

第七，期权合同中的期权虽然也赋予了权利人选择权，但期权合同不同于民法中使要约持续生效的选择权合同。期权合同买方订立期权合同是为了取得期权，而选择权合同中的受要约人订立选择权合同并不是为了取得承诺权。因为受要约人自要约生效时就已经取得了承诺权，其订立选择权合同的目的是为了使要约具有形式拘束力，即使要约在特定期间持续生效，而要约持续生效的法律后果是使受要约人享有了在特定期间持续有效的承诺权。期权合同具有流动性，而选择权合同并不具有流动性，未经要约人同意，受要约人不得将选择权合同转让给第三人。此外，期权合同卖方并不希望将来成立标的资产买卖合同，但选择权合同中的要约人既然向受要约人发出了要约，就表明其是愿意与受要约人就要约的内容订立合同的。

第八，期权交易所成员只能在特定阶段成为场内期权合同主体，而场内期权合同的法律上的最终主体却是清算成员和期权清算所。由于期权交易所只允许具有其成员资格的民事主体进入交易所内成立期权合同，所以不具有成员资格的其他民事主体显然不可能成为场内期权合同法律上的直接主体。既然期权交易所成员有权在交易所内成立期权合同，自然交易所成员可以成为场内期权合同主体。然而，由于期权交易所成员（假设该交易所成员不具有清算成员资格）所达成的场内期权合同需要经由清算成员提交期权清算所清算，但期权清算所接受清算却将导致原来的期权合同一分为二，即期权清算所与买卖双方清算成员分别成立两个期权合同取代原来的期权合同。因此，期权交易所成员所达成的场内期权合同的存续期间比较短暂，其很快就因被两份期权合同取代而消灭。既然期权交易所成员所达成的场内期权合同被取代消灭了，那么期权交易所成员自然也就不再为期权合同主体了。期权交易所成员此时与原来的对方交易所成员不再存在合同关系，与期权清算所也不存在合同关系，而只与其清算成员存在合同关系。在新成立的两份期权合同中，期权合同主体分别为期权清算所与买方清算成员和期权清算所与卖方清算成员。买方清算成员与卖方清算成员之间也不存在合同关系，二者均是只与期权清算所存在合同关系，直接向期权清算所主张权利，也直接向期权清算所履行义务。由此可见，除去由期权交易所成员达成的存续短暂的场内期权合同，期权交易所内有效存在的场内期权合同均为期权清算所与其清算成员之间的场内期权合同。因此，场内期权合同法律上的最终主体只能是期权清算所与清算成员，其他任何主体均无权直接享有和承受此场内期权合同中的权利义务，而不能成为期权合同主体。

第九，期权合同关系的客体既不是商品或权利，也不是合同，更不是法律关系，而仅仅是双方当事人的给付行为。首先，期权合同关系客体不是商品（货物）。因为当事人订立期权合同并非为了买卖货物，而是为了分别取得期权和期权权利金。可见，期权合同中的核心是期权，与商品无关，因此，期权合同关系客体不可能为商品。况且，即使期权合同属于货物买卖合同，期权合同关系的客体也不可能为商品。因为货物买卖合同属于典型的债权合同，债权合同关系的客体是债务人的给付行为，商品在货物买卖合同中则只是作为债务人给付行为的具体作用对象，即给付的标的，并非债权合同客体。其次，期权合同关系客体不可能是权利。期权合同虽然不是货物买卖合同，但期权合同也不是权利买卖合同，所以，期权合同关系客体不可能是权利。况且，即使期权合同为权利买卖合同，期权合同关系客体也不可能为权利。因为与货物买卖合同一样，权利买卖合同也是一种债权债务关系，而此债权债务关系的客体也只能是债务人的给付行为，而非权利本身。再次，期权合同关系客体也不可能是合同。认为期权合同关系客体为合同的主要理由就是将期权合同认为是以买卖期权合同为主要内容的合同。期权合同买卖双方当事人在变更自己的合同主体地位时并非将其在期权合同中的权利义务概括转让，因为合同权利义务的概括转让必须事先征得对方当事人的同意，但买卖双方当事人最终对冲掉自己的所持的期权头寸均未经过对方事先同意。实际上，期权合同买卖双方当事人是通过对冲抵销来解除自己在期权合同中的权利义务的，并不是通过转让合同。因此，期权合同仍是双方当事人就期权的取得与赋予而达成的协议，并非是买卖期权合同本身而达成的协议，所以期权合同关系客体不可能为合同。最后，期权合同关系客体更不是法律关系。虽然期权是根据期权合同而产生，但期权合同买方并不能根据期权合同直接对期权合同卖方主张行使期权，其只能在支付期权权利金后直接依据期权合同请求卖方赋予期权，然后才能行使期权而产生一定之法律关系。由此可见，期权合同直接规定的权利义务所指向的对象只是双方当事人的给付行为，即买方支付期权权利金的行为和卖方赋予期权的行为，而作为期权法律关系客体的一定法律关系不可能成为期权合同直接规定的权利义务所指向的对象。因此，期权合同关系客体不可能是作为期权法律关系客体的一定法律关系，而只能是双方当事人的给付行为。

第十，期权合同包括三个层次的法律关系，即有关期权权利金的金钱债权债务关系、赋予期权的债权债务关系和期权法律关系。首先，期权合同包括金钱债权债务关系和赋予期权的债权债务关系。因为期权合同是一个双务合同，当事人双方既互负义务又互享权利。在金钱债权债务关系中，期权合同买方负有支付期权权利金的义务，而卖方则享有请求买方支付期权权利金的权利。在赋予期权的债权债务关系中，期权合同买方享有请求卖方赋予期权的权利，而卖方则负有赋予期权的义务。因此，期权合同买方若不支付期权权利金，卖方就不会赋予其期权；同样，期权合同卖方若不赋予买方期权，买方也不会向其支付期权权利金。其次，期权合同还包括期权法律关系。因为期权法律关系是基于期权合同而产生的，如果不存在期权合同，就不可能产生期权法律关系。此外，产生期权法律关系也是双方当事人订立期权合同的根本目的。期权合同买方取得期权是为了享有在特定期间按特定价格向卖方购买或出售特定数量标的资产的选择权，而卖方为取得期权权利金则自愿使自己处于期权权利相对人的法律地位，即自愿受买方行使期权决定的拘束，在买方执行期权时承担出售或购买的义务。可见，期权合同买卖双方当事人进行期权交易的实质目的就是在双方之间形成期权法律关系。况且，期权合同还规定了期权法律关系的具体内容。最后，期权合同并不包括标的资产买卖合同中的金钱债权债务关系和转移标的物所有权的债权债务关系。因为期权的形成权本质属性决定了标的资产买卖合同不可能属于期权合同的内容。由于期权在本质上属于形成权，那么，行使期权显然将在期权权利人与相对人之间形成一种新的法律关系。如果期权合同买方在期权有效期内决定行使期权，其与卖方之间就将形成一种新的法律关系，即标的资产的买卖合同，那么，买卖双方当事人此时所享有和承担支付标的资产价金和交付标的资产的权利义务是根据标的资产买卖合同，而非依据期权合同。因此，双方当事人之间新产生的金钱债权债务关系和转移标的物所有权的债权债务关系并不属于期权合同，而应属于标的资产买卖合同。

第十一，场内期权合同的成立方式比较复杂，本书按期权合同成立的具体情况而对其成立方式进行了定性分析。首先，采用公开喊价交易模式而达成的场内期权合同有三种成立方式，其中直接对现有最高竞买价或最低竞卖价作出承诺而导致成立场内期权合同的方式属于要约承诺方式，同时公开喊出相等最高竞买价和最低竞卖价而成立场内期权合同的方式则属于交错要约方式，而公开喊出的最高竞买价高于最低竞卖价所成立场内期权合同的方式不属于合同成立的三种传统方式的任何一种，但依这种方式成立的期权合同仍是基于双方当事人之间的合意，因此这种方式也是场内期权合同一种有效成立的方式。其次，采用计算机自动竞价交易模式而达成的场内期权合同有两种成立方式，其中只有同时报出相等的最高竞买价和最低竞卖价情况下所成立的期权合同可以被视为以交错要约方式成立，其他情况下所成立的期权合同则既不属于要约承诺方式，也不属于交错要约方式，而应属于电子代理人交易方式。电子代理人交易方式与合同的其他订立方式（如要约承诺等）一样，也是基于当事人之间的合意，是当事人通过合意订立期权合同的一种合法方式。最后，场内期权合同在提交清算时被分立成两份期权合同的成立方式不属于合同成立的三种传统方式的任何一种，而是属于依据清算机制成立。原期权合同双方当事人同意与期权清算所订立新期权合同以取代原期权合同的意思是隐含在其从事场内期权交易之中，而期权清算所同意订立新期权合同以取代原期权合同的意思则体现在其对提交清算的原期权合同的接受。然而，原期权合同双方当事人从事场内期权交易的行为和期权清算所接受原期权合同清算的行为既不构成要约承诺，也不构成交错要约，更不是意思实现。二者的合意是根据清算机制才分别成立两份新期权合同以取代原期权合同。因此，根据清算机制而成立的新期权合同方式不属于成立合同的三种传统方式中的任何一种，但依清算机制而成立的期权合同仍是基于当事人之间的合意，所以也应属于期权合同成立的一种有效方式。

第十二，根据合同法律适用的“分割论”，具有涉外因素的期权合同的法律适用也可分为三部分。首先，期权合同主体的法律适用。由于场内期权合同的主体资格具有特别要求，即缔结场内期权合同的能力仅属于期权交易所成员，所以外国公司组织必须得适用行为地法而成为期权交易所成员。然而，外国公司组织欲成为期权交易所成员，其又必须是依据其本国法而有效设立的公司组织。只有外国公司组织依据其本国法已经有效设立，其权利能力和行为能力才有可能得到行为地法的承认，否则其根本没有申请成为期权交易所成员的资格。因此，作为场内期权合同主体的期权交易所外国成员的缔约能力应当重叠适用其属人法和缔约地法。然而，场外期权合同对当事人主体资格并无特别要求，所以，场外期权合同主体一般适用其属人法确定缔约能力。其次，期权合同形式的法律适用。期权合同形式应当适用双方当事人合意选择的法律。如果当事人未选择适用于合同形式的法律，那么，场内期权合同形式则应适用交易所所在地法律，而场外期权合同形式则应当适用与其存在最密切联系的法律。最后，期权合同成立和效力的法律适用。由于场内期权合同均是由交易所事先拟定，所以场内期权合同明示或默示选择适用的法律一般均是交易所所在地法律。纵然场内期权合同未明示或默示选择适用交易所所在地法律，场内期权合同仍应适用交易所所在地法律，因为交易所所在地法律与场内期权合同存在最密切联系。因此，除非场内期权合同双方当事人依据交易所规则合意选择了交易所所在地以外的法律作为准据法，场内期权合同的成立和效力均应适用交易所所在地法律。然而，场外期权合同内容是由双方当事人自由议定的，因此，场外期权合同当事人可以自由选择合同所适用的法律。如果当事人未在场外期权合同中明确选择合同准据法，那么则应判断是否存在当事人默示选择的准据法。若场外期权合同中存在双方当事人默示选择的法律，场外期权合同则自然应适用该默示选择的法律。如果场外期权合同既不存在当事人明示选择的准据法，也不存在当事人默示选择的准据法，那么场外期权合同的成立与效力则应适用与该合同存在最密切联系的法律。

参考文献

一、中文类

（一）著作类

1. 文海兴：《期货交易法律关系研究》，法律出版社1995年版。
2. 杨永清：《期货交易法律制度研究》，法律出版社1998年版。
3. 宁敏：《国际金融衍生交易法律问题研究》，中国政法大学出版社2002年版。
4. 刘振亚主编：《美国期权市场》，经济科学出版社2001年版。
5. 谢剑平：《期货与期权》，中国人民大学出版社2004年版。
6. 魏振祥：《期权投资》，中国财政经济出版社2003年版。
7. 陈自强：《民法讲义Ⅰ——契约之成立与生效》，法律出版社2002年版。
8. 杨桢：《英美契约法论》（第3版），北京大学出版社2003年版。
9. 韩世远：《合同法总论》，法律出版社2004年版。
10. 梅仲协：《民法要义》，中国政法大学出版社1998年版。
11. 李国安主编：《国际货币金融法学》，北京大学出版社1999年版。
12. 谢怀栻等：《合同法原理》，法律出版社2000年版。
13. 梁慧星：《民法总论》，法律出版社2004年版。
14. 余延满：《合同法原论》，武汉大学出版社1999年版。

15. 陈威光:《选择权:理论、实务与应用》, 智胜文化事业有限公司 2002 年版。

16. 孙晓编著 :《合同法各论》, 中国法制出版社 2002 年版。

17. 孙宪忠 :《论物权法》, 法律出版社 2001 年版。

18. 龙卫球 :《民法总论》(第 2 版), 中国法制出版社 2002 年版。

19. 王利明、崔建远 :《合同法新论 · 总则》, 中国政法大学出版社 2000 年修订版。

20. 史尚宽 :《债法总论》, 中国政法大学出版社 2000 年版。

21. 史尚宽 :《民法总论》, 中国政法大学出版社 2000 年版。

22. 林诚二 :《民法债编总论——体系化解说》, 中国人民大学出版社 2003 年版。

23. 王淑芬 :《期货与选择权》(第 2 版), 智胜文化事业有限公司 2003 年版。

24. 崔建远主编 :《合同法》(第 3 版), 法律出版社 2003 年版。

25. 赵一民主编 :《国际金融法》, 中国政法大学出版社 1998 年版。

26. 王泽鉴 :《王泽鉴法学全集——民法学说与判例研究》(第一卷、第三卷、第四卷), 中国政法大学出版社 2003 年版。

27. 王泽鉴 :《王泽鉴法学全集 · 第十卷——民法概要》, 中国政法大学出版社 2003 年版。

28. 王泽鉴 :《王泽鉴法学全集 · 第十一卷——民法总则》, 中国政法大学出版社 2003 年版。

29. 王泽鉴 :《王泽鉴法学全集 · 第十二卷——债法原理①》, 中国政法大学出版社 2003 年版。

30. 曾世雄 :《民法总则之现在与未来》, 中国政法大学出版社 2001 年版。

31. 高如星、王敏祥 :《美国证券法》, 法律出版社 2000 年版。

32. 王志华 :《中国近代证券法》, 北京大学出版社 2005 年版。

33. 谢怀栻 :《票据法概论》, 法律出版社 1990 年版。

34. 杨志华 :《证券法律制度研究》, 中国政法大学出版社 1995 年版。

35. 王宇、黎莉、刘芙、张敬春 :《证券法律制度研究》, 东北大学出版社 2003 年版。

36. 何宝玉 :《英国合同法》, 中国政法大学出版社 1999 年版。

37. 王文宇 :《民商法理论与经济分析(二)》, 中国政法大学 2003 年版。

38. 张俊浩主编：《民法学原理》（上、下册），中国政法大学出版社 2000 年修订版。

39. 杨松：《国际法与国际货币新秩序研究》，北京大学出版社 2002 年版。

40. 吴志攀主编：《国际金融法》，法律出版社 1999 年版。

41. 刘丰名：《国际金融法》，中国政法大学出版社 2003 年修订版。

42. 李仁真主编：《国际金融法》，武汉大学出版社 2005 年版。

43. 徐冬根：《国际金融法》，高等教育出版社 2006 年版。

44. 姜波克、杨长江编著：《国际金融学》，高等教育出版社 2004 年版。

45. 李明良：《期货市场风险管理的法律机制研究》，北京大学出版社 2005 年版。

46. [古希腊] 亚里士多德：《政治学》，吴寿彭译，商务印书馆 1965 年版。

47. [加] 约翰 · C. 赫尔：《期货期权入门》（第 3 版），张陶伟译，中国人民大学出版社 2001 年版。

48. [英] 罗伯特·汤普金斯:《解读期权》（第 2 版），陈宋生、崔宏、刘锋译，经济管理出版社 2004 年版。

49. [英] 阿蒂亚：《合同法概论》，程正康、周忠海、刘振民译，法律出版社 1982 年版。

50. [英] 基思 · 卡思伯恩、[英] 德克 · 尼奇：《金融工程——衍生品与风险管理》，张陶伟、彭永江译，中国人民大学出版社 2004 年版。

51. [德] 卡尔·拉伦茨:《德国民法通论》（上册），王晓晔、邵建东、程建英、徐国建、谢怀栻译，法律出版社 2003 年版。

52. [德] 迪特尔 · 梅迪库斯：《德国民法总论》，邵建东译，法律出版社 2000 年版。

53. [德] 海因 · 克茨：《欧洲合同法》（上卷），周忠海、李居迁、宫立云译，法律出版社 2001 年版。

54. [美] 约瑟夫 · A. 沃克：《期权市场运作》，王微等译，清华大学出版社 1998 年版。

55. [美] 迈克斯·安斯拜切:《新型期权市场》,郑磊译,中信出版社 2002 年版。

56. [美] 罗伯特 · A. 斯特朗：《衍生产品概论》，王振山等译，东北财经大学出版社 2005 年版。

57.［美］A.L. 科宾：《科宾论合同》（一卷版）（上册），王卫国、徐国栋、夏登峻译，中国大百科全书出版社 1997 年版。

58.［美］唐·M. 钱斯：《衍生金融工具与风险管理》，郑磊译，中信出版社 2004 年版。

59.［美］斯蒂芬·瓦尔迪兹、［美］朱利安·伍德：《国际金融市场》，中国金融出版社 2005 年版。

60.［美］托马斯·A. 普格尔：《国际金融》，中国人民大学出版社 2005 年版。

61.［美］保罗·克鲁格曼、［美］茅瑞斯·奥伯斯法尔德：《国际经济学》，中国人民大学出版社 2002 年版。

62.［美］丹尼斯·R. 阿普尔亚德、［美］小艾尔佛雷德·J. 菲尔：《国际经济学》，机械工业出版社 2001 年版。

63.［美］杰弗里·埃德蒙·柯里：《国际经济学：理解国际市场机制》，经济科学出版社 2002 年版。

64.［美］安东尼·桑德斯、［美］马西娅·米伦·科尼特：《金融市场与金融机构》，王中华译，人民邮电出版社 2006 年版。

65.［美］托马斯·李·哈森：《证券法》，张学安等译，中国政法大学出版社 2003 年版。

（二）论文类

1. 钱玲：《最具有潜力的金融商品——期权》，载《财金贸易》1994 年第 7 期。

2. 刘和平：《认股权法律制度研究》，载梁慧星主编：《民商法论丛》（第 17 卷），香港金桥文化出版有限公司 2000 年版。

3. 颜延、张文贤：《我国推行股票期权制度的法律问题》，载《中国法学》2001 年第 3 期。

4. 韩永夫、韩松：《建立中国期权市场的战略构想》，载《郑州大学学报》（社会科学版）2000 年第 5 期。

5. 王琪英：《期权交易》（上），载《国际商务研究》1997 年第 6 期。

6. 盛春光：《浅议期权市场》，载《商业经济》2005 年第 4 期。

7. 鲍建平：《国际期权市场发展特征与交易制度分析》，载《经济理论与经济管理》2002 年第 10 期。

8. 林诚二:《论形成权》，载杨与龄主编:《民法总则争议问题研究》(第 2 版)，台湾五南图书出版公司 1999 年版。

9. 陈宗海 :《期权交易的实质评论》，载《经济问题探索》1995 年第 5 期。

10. 周友苏、罗华兰:《认股期权制度研究》，载《社会科学研究》2003 年第 1 期。

11. 刘爽 :《我国推行股票期权制度的法律构想》，载《法律适用》2001 年第 11 期。

12. 韩强 :《论预约的效力与形态》，载《华东政法学院学报》2003 年第 1 期。

13. 张玲、郭佳宁 :《预约法律问题探析》，载《甘肃政法成人教育学院学报》2005 年第 1 期。

14. 张燕玲、白帮武 :《预约合同相关问题探讨》，载《山东社会科学》2005 年第 2 期。

15. 石晓莉、毛建军 :《预约合同制度探究》，载《四川师范大学学报》(社会科学版) 2006 年第 4 期。

16. 王新、秦芳华 :《论预约及其责任》，载《律师世界》1998 年第 4 期。

17. 刘俊臣 :《合同预约若干法律问题初探》，载《法律适用》2002 年第 4 期。

18. 黄正江:《合同预约研究》,载《广西政法管理干部学院学报》2002 年第 8 期。

19. 陈玉祥:《论预约》, 载《盐城工学院学报》(社会科学版) 2004 年第 1 期。

20. 裴慧敏 :《试论预约合同基本问题》，载《前沿》2005 年第 4 期。

21. 徐新意、骆福林 :《期货法律关系的客体研究》，载《江苏石油化工学院学报》2001 年第 1 期。

22. 王前锋、张卫新 :《论金融衍生交易的法律性质》，载《政法论丛》2004 年第 6 期。

23. 黄琨、黄琳 :《国际金融衍生交易协议法律性质和效力初探》，载《社科纵横》2006 年第 1 期。

24. 王智勇 :《期货合同立法之建议》，载《郑州航空工业管理学院学报》(社会科学版) 2004 年第 3 期。

25. 张治青 :《期权交易策略的构造与运用》，载《国际金融研究》2006 年第 11 期。

26. 宋文兵 :《期权市场创新的历史与逻辑》，载《河北经贸大学学报》1998 年第 4 期。

27. 顾功耘:《金融衍生工具与法律规制的创新》，载《法学》2006 年第 3 期。

28. 师文学:《股票期权制度的法律思考》，载《政法论丛》2006 年第 4 期。

29. 王景平、王璐、袁晓兰:《期权交易在我国发展的经济分析》，载《商场现代化》2006 年第 15 期。

30. 汪琛德:《国外期货与期权交易的新实践及启示》，载《河南金融管理干部学院学报》2006 年第 3 期。

31. 贾辉艳:《金融衍生工具的风险特点与恰当选择》，载《北京市经济管理干部学院学报》2006 年第 2 期。

32. 贺强、徐海乐:《论我国金融衍生工具的创新与发展》，载《价格理论与实践》2006 年第 4 期。

33. 熊玉莲:《金融衍生工具的法律风险及其监管的国际比较》，载《政治与法律》2006 年第 3 期。

34. 巴曙松:《中国金融衍生品发展路径：从国际比较看中国选择》，载《金融管理与研究》2006 年第 5 期。

35. 余保福:《我国公司法律制度的完善与银行债权保护》，载《金融论坛》2002 年第 9 期。

36. 谭玲:《论交叉要约的法律效力》，载《律师世界》1999 年第 3 期。

37. 张楚:《关于电子“代理人”法律问题的分析与思考》，载《人文杂志》2000 年第 4 期。

38. 姜朋:《穿马褂与扒马褂：对法律关系主客体理论的初步反思》，载《法制与社会发展》2005 年第 3 期。

39. 孙春伟:《法律关系客体新论》,载《上海师范大学学报》(哲学社会科学版)2005 年第 6 期。

40. 蔡江:《关于民事法律关系客体概念的若干理论探析》，载《高等教育与学术研究》2006 年第 1 期。

41. 张旭:《论法律关系客体及其价值》，载《五邑大学学报》(社会科学版)2003 年第 4 期。

42. 李诚:《试论主客体统一的现实基础》,载《宜宾学院学报》2002 年第 4 期。

43. 高健:《试论民事法律关系的抽象客体》，载《政法论丛》2003 年第 2 期。

44. 麻华昌、李明、刘引玲:《论民法中的客体利益》，载《法商研究》1997

年第 2 期。

45. 刘勇 :《论期货交易客体》，载《中国农业大学学报》（社会科学版）2001 年第 2 期。

46. 黄风 :《射幸契约与衍生金融工具交易》，载杨振山、[意] 桑德罗 · 斯奇巴尼主编 :《罗马法 · 中国法与民法法典化——物权和债权之研究》，中国政法大学出版社 2001 年版。

二、英文类

1. Baker，James Calvin，*International Finance : Management，Markets，and Institutions*，高等教育出版社 2002 年版。

2. Husted，Steven L.，*International Economics*，高等教育出版社 2002 年版。

3. Carbaugh Robert J.，*International Economics*，高等教育出版社 2005 年版。

4. Frederic S. Mishkin，Stanley G.Eakins，*Financial Markets and Institutions*，清华大学出版社 2006 年版。

5. Frederic S. Mishkin，*The Economics of Money，Banking，and Financial Markets*，北京大学出版社 2002 年版。

6. John C. Cox and Mark Rubinstein，*Options Markets*，清华大学出版社 2001 年版。

7. John C.Hull，*Options，Futures，and Other Derivatives*(6th ed.)，Pearson Prentice Hall，2006.

8. Alastair Hudson，*The Law on Financial Derivatives*(3rd ed.) ，Sweet & Maxwell ，2002.

9. Philip R. Wood，*Title Financial，Derivatives，Securitizations，Set-off and Netting*，Sweet & Maxwell，1995.

10. Brian A. Blum，*Contracts : Examples and Explanations*，Aspen Publishers，2004.

11. B. S. Markesinis，W.Lorenz，G.Dannemann，*Markesinis The German Law of Obligations (Volume Ⅰ) The Law of Contracts and Restitution : A Comparative Introduction*，Clarendon Press Oxford，1997.

12. John F. Marshall，*Futures and Option Contracting*，South-Western Publishing

Co., 1989.

13. Philip R. Wood, *Comparative Financial Law*, Sweet & Maxwell, 1995.

14. Jan H. Dulhuisen, *Dulhuisen on International Commercial, Financial and Trade Law*, Hart Publishing (Oxford), 2000.

15. F. Black and M. Scholes, "The Pricing of Option and Corporate Liabilities", *Journal of Political Economy* , 81(May–June 1973).

16. Robert C. Merton, "Theory of Rational Option Pricing", *Bell Journal of Economics and Management Science*, 4(Spring 1973).

17. Robert C. Merton, "Option Pricing When Underlying Stock Returns Are Discontinuous", *Journal of Financial Economics*, 3(January–March 1976), 125–144.

18. Christine Cuccia, "Informational Asymmetry and OTC Transactions : Understanding the Need to Regulate Derivatives", *22 Del.J.Corp.L.197*, 206(1997).

19. James T. Newman, Jr., "Application of the Uniform Commercial Code to Option Contracts for the Sale of Goods, and Implying Promises to Find Sufficient Consideration : Why and How the North Carolina Supreme Court Got it Wrong in Fordham v.Eason", *23 Campbell L.Rev.49*.

20. Sean F. Collins, "Rights, Duties and Obligations of Counter–Parties Following Default Under Derivative Contracts", *42 Alberta L.Rev.153*.

21. Michael J. Cozzillio, "The Option Contract : Irrevocable Not Irrejectable", *39 Cath.U.L.Rev.491*.

22. Saul Litvinoff, "Consent Revisited : Offer Acceptance Option Right of First Refusal and Contracts of Adhesion in the Revision of the Louisiana Law of Obligations", *47 La.L.Rev.699*.

23. Keith Evans, "The Law of Options", *25 Dalhousie L.J.47*.

24. Garber, Peter M., "Tulipmania", *Journal of Political Economy*, Vol.97,No.3, 1989.

25. Norman Menachem Feder, "Deconstructing Over–the–Counter Derivatives", *2002 Colum.Bus.L.Rev.692*.

26. Karen P. Ramdhanie, "Derivatives Contracts of Insolvent Companies : Preferential Treatment under the Bankruptcy Code of the United States and the Insolvency

Laws of the United Kingdom", *18 N.Y.L.Sch.J.Int' l & Comp.L.279.*

27. Michael S. Sackheim, "Federal Regulation of Agricultural Trade Options", *4 Drake J.Agric.L.443.*

28. Daniel G. Schmedlen, Jr., "Broker-Dealer Sales Practice in Derivatives Transactions : A Survey and Evaluation of Suitability Requirements", *52 Wash & Lee L.Rev.*

29. Lynn A. Stout, "Why the Law Hates Speculators : Regulation and Private Ordering in The Market for OTC Derivatives", *48 Duke L.J.*

30. Christian A. Johnson, "At the Intersection of Bank Finance and Derivatives : Who Has the Right of Way ? ", *66 Tenn.L.Rev.1.*

31. Geoffrey B. Goldman, "Crafting a Suitability Requirement for the Sale of Over-the-Counter Derivatives : Should Regulators "Punish the Wall Street Hounds of Greed" ? *95 Colum.L.Rev.1112.*

32. Geoffrey Morse, "Dealings in Derivatives and Options-Results and Changes to the Code of the Consultations on Disclosure Issues", J.B.L.2006, Jan, 123-128.

33. Corinne M. Bronfman and Michael F.Ferguson, "Derivative Securities : Don't Ask, Don't Tell and Other Contracting Considerations", 21 Iowa J.Corp.L.155.

34. Aaron Rubinstein, "Derivatives & Risk Management : Common Law Theories of Liability in Derivatives Litigation", 66 *Fordham* L.Rev.737.

35. Franklin R. Edwards, Edward R.Morrison, "Derivatives and the Bankruptcy Code : Why the Special Treatment ? ", *22 Yale J.on Reg.92.*

36. Christian O. Nagler, "Derivatives Disclosure Requirements : Here We Go Again", *6 Cornell J.L.& Pub.Pol' y 441.*

37. Hon. Robert L. Gottsfield, Michael R.Lopez and William A.Hicks, Ⅲ, "Derivatives What They Are ; What They Cause ; What's the Law", *32 AZ Attorney 33.*

38. Mark Klock, "Financial Options, Real Options, and Legal Options : Opting to Exploit Ourselves and What We Can Do About It", *55 Ala.L.Rev.63.*

39. Henry T. C. Hu, "Hedging Expectations : "Derivative Reality" and the Law and Finance of the Corporate Objective", *73 Tex.L.Rev.985.*

40. Adam R.Waldman，“OTC Derivatives & Systemic Risk：Innovative Finance or the Dance into the Abyss？”*43，Am.U.L.Rev.1023.*

41. Armando T. Belly，“The Derivative Market in Foreign Currencies and the Commodity Exchange Act–The Status of Over–the–Counter Futures Contracts”，*71 Tul. L.Rev.1455.*

42. Christopher J. Redd，“Treatment of Securities and Deriv–Atives Transactions in Bankruptcy”，*24–AUG Am.Bankr.Inst.J.36.*

43. Charles A. Samuelson，“The Fall of Barings：Lessons for Legal Oversight of Derivatives Transactions in the United States”，*29 Cornell Int’l L.J.767.*

44. William P. Albrecht，“Derivative Securities：Regulation of Exchange–Traded and OTC Derivatives：The Need for a Comparative Institution Approach”，*21 Iowa J.Corp. L.111.*

45. William K. Maready，Jr.，“Regulating for Disaster：Federal Attempts to Control the Derivatives Market”，*31 Wake Forest L.Rev.885.*

46. Michael S. Bennett and Michael J.Marin，“The Casablanca Paradigm：Regulatory Risk in the Asian Financial Derivatives Markets”，*5 Stan.J.L.Bus.& Fin.1.*

47. Kimberly D. Krawiec，“More Than Just “New Financial Bingo”：A Risk–Based Approach to Understanding Derivatives”，*23 Iowa J.Corp.L.1.*

三、相关网站

1. http://www.cobe.com.
2. http://www.cboe.org.
3. http://www.cme.com.
4. http://www.optionaclearing.com.
5. http://www.bis.org.
6. http://www.iosco.org.
7. http://www.isda.org.
8. http://www.occ.treas.gov.
9. http://www.world–exchanges.org.
10. http://www.loc.gov.

11. http://www.law.cornell.edu.

12. http://www.lexadin.nl.

13. http://www.lexisnexis.com.

14. http://www.westlaw.com.

15. http://www.pacificex.com.

16. http://www.bostonoptions.com.

17. http://www.iseoptions.com.

18. http://www.cftc.gov/.

19. http://www.nccusl.org/Update/.

20. http://www.uncitral.org/.

21. http://www.euronext.com.

22. http://www.tfx.co.jp/en/.

23. http://www.hkex.com.hk.

24. http://www.edu.cnki.net.

附 录

附录 1 芝加哥期权交易所期权合同

芝加哥期权交易所期权合同源自网：https://www.cboe.com/。

Equity Options Product Specifications

Symbol:

The option symbols are the same as for the underlying equity security. Visit the Cboe Symbol Directory for specific symbols.

Underlying:

Generally, 100 shares of the underlying equity security.

Strike Price Intervals:

Generally, 2 1/2 points when the strike price is between \$ 5 and \$ 25, 5 points when the strike price is between \$ 25 and \$ 200, and 10 points when the strike price is over \$ 200. Strikes are adjusted for splits, re–capitalizations, etc.

Strike (Exercise) Prices:

In–, at– and out–of–the–money strike prices are initially listed. New series are generally added when the underlying trades through the highest or lowest strike price available.

Premium Quotation:

Stated in decimals. One point equals $100. Generally, minimum tick for options trading below $3 is $0.05 and for all other series, $0.10. For classes participating in the Penny Pilot Program, the minimum tick for options trading below $3 is $0.01 and $0.05 for options trading at $3 or above.

Expiration Date:

The third Friday of the expiration month.

Expiration Months:

Two near-term months plus two additional months from the January, February or March quarterly cycles.

Exercise Style:

American – Equity options generally may be exercised on any business day up to and including on the expiration date.

Settlement of Option Exercise:

Exercise notices properly tendered on any business day will result in delivery of the underlying stock on the second business day following exercise.

Position and Exercise Limits:

Limits vary according to the number of outstanding shares and past six-month trading volume of the underlying stock. The largest in capitalization and most frequently traded stocks have an option position limit of 250,000 contracts (with adjustments for splits, re-capitalizations, etc.) on the same side of the market; smaller capitalization stocks have position limits of 200,000, 75,000, 50,000 or 25,000 contracts (with adjustments for splits, re-capitalizations, etc.) on the same side of the market. The number of contracts on the same side of the market that may be exercised within any five consecutive business days is equal to the position limit. Equity option positions must be aggregated with equity LEAPS positions on the same underlying for position and exercise limit purposes. Exemptions may be available for certain qualified hedging strategies.

Reporting Requirements:

Please refer to Exchange Rule 4.13 for information pertaining to reporting requirements for positions of 200 or more contracts.

Margin:

Purchases of puts or calls with 9 months or less until expiration must be paid for in full. Writers of uncovered puts or calls must deposit / maintain 100% of the option proceeds* plus 20% of the aggregate contract value (current equity price x $ 100) minus the amount by which the option is out–of–the–money, if any, subject to a minimum for calls of option proceeds* plus 10% of the aggregate contract value and a minimum for puts of option proceeds* plus 10% of the aggregate exercise price amount. (*For calculating maintenance margin, use option current market value instead of option proceeds.) Additional margin may be required pursuant to Exchange Rule 12.10.

Last Trading Day:

Trading in equity options will ordinarily cease at the close of business on their expiration date.

Trading Hours:

8:30 a.m. – 3:00 p.m. Central Time (Chicago time).

Options on Exchange Traded Products (ETPs) Product Specifications

Underlying: Generally, 100 shares of one of the exchange–traded products (Exchange–Traded Fund – ETF; or Exchange–Traded Note – ETN) above.

Strike Price Intervals: Minimum strike price intervals of not less than 1 point are permissible if the strike price is equal to or less than \$ 200. When the strike price exceeds \$ 200, strike price intervals will be no less than 5 points.

Strike (Exercise) Prices: In–, at– and out–of–the–money strike prices are initially listed. New series generally will be added when the underlying shares trade through the highest or lowest strike price available.

Expiration Date: The third Friday of the expiration month.

Expiration Months: Generally, two near–term months and two months from a January, February or March quarterly cycle (e.g., March cycle – March, June, September and December). LEAPS may also be available.

Last Trading Day: Trading in ETP options will ordinarily cease at the close of business on their expiration date.

Exercise Style: American – Equity options generally may be exercised on any business day up to and including on the expiration date.

Settlement of Option Exercise: Physical Delivery. Exercise notices properly tendered on any business day will result in delivery of ETP shares on the third business day following exercise.

Margin: Uncovered writers must deposit 100% of the options proceeds plus 15% or 20% of the aggregate contract value (current ETP price multiplied by \$ 100) minus the amount by which the option is out–of–the–money, if any. Minimum margin is 100% of the option proceeds plus 10% of the aggregate contract value. Long puts or calls must be paid in full.

Position Limits: For position limits on Options on ETPs, visit the Options Clearing Corporation' s web site.

Trading Hours for Options on ETPs and Indices:

Click here for the close times for individual Options on ETPs and Indices.

CBOE VOLATILITY INDEX®(VIX®) OPTIONS CONTRACT SPECIFICATIONS

Symbol:

VIX (Monthly Expirations)

VIXW (Weekly Expirations)

Description:

The Cboe Volatility Index – more commonly referred to as the "VIX Index" – is an up–to–the–minute market estimate of expected volatility that is calculated by using real–time S&P 500®Index (SPX) option bid/ask quotes. Only SPX options with Friday expirations are used to calculate the VIX Index. The VIX Index is calculated between 2:15 a.m. CT and 8:15 a.m. CT and between 8:30 a.m. CT and 3:15 p.m. CT. Only SPX options with more than 23 days and less than 37 days to the Friday SPX expiration are used to calculate the VIX Index. These SPX options are then weighted to yield a constant, 30–day measure of the expected volatility of the S&P 500 Index.

Multiplier:

$ 100.

Strike (Exercise) Prices:

Generally, minimum strike price intervals are as follows: (1) $ 0.50 where the strike price is less than $ 15, (2) $ 1 where the strike price is less than $ 200, and (3) $ 5 where the strike price is greater than $ 200.

Premium Quotation:

VIX: Stated in points and fractions, one point equals $ 100. Minimum tick for series trading below $ 3 is 0.05 ($ 5.00); above $ 3 is 0.10 ($ 10.00).

VIXW: Stated in points and fractions, one point equals $ 100. Minimum tick for all series, regardless of price level, is 0.01 ($ 1.00).

Expiration Date:

The Expiration Date (usually a Wednesday) will be identified explicitly in the expiration date of the product. If that Wednesday or the Friday that is 30 days following that Wednesday is an Exchange holiday, the Expiration Date will be on the business day immediately preceding that Wednesday.

Contract Expirations:

Up to six (6) expirations and up to 12 standard (monthly) expirations in VIX options may be listed. The six weekly expirations in VIXW options shall be for the nearest weekly expirations from the actual listing date and standard (monthly) expirations in VIX options are not counted as part of the maximum six weekly expirations permitted for VIXW options.

Exercise Style:

European – VIX/VIXW options generally may be exercised only on the Expiration Date.

Last Trading Day:

The business day prior to the Expiration Date of each contract expiration. When the Last Trading Day is moved because of a Cboe holiday, the Last Trading Day for an expiring VIX/VIXW option contract will be the day immediately preceding the last regularly scheduled trading day.

Settlement of Option Exercise:

The exercise-settlement value for VIX/VIXW options (Ticker: VRO) shall be a Special Opening Quotation (SOQ) of VIX calculated from the sequence of opening prices for regular trading hours for the SPX options used to calculate the index on the settlement date. The opening price for any series in which there is no trade shall be the average of that option' s bid price and ask price as determined at the opening of trading. Click here for Settlement Information for VIX/VIXW options.

The "time to expiration" used to calculate the SOQ shall account for the actual number of days and minutes until expiration for the constituent option series. For example, if the Exchange announces that the opening of trading in the constituent option series is delayed, the amount of time until expiration for the constituent option series used to calculate the exercise settlement value would be reduced to reflect the actual opening time of the constituent option series. Another example would be when the Exchange is closed on a Wednesday due to an Exchange holiday, the amount of time until expiration used to calculate the exercise settlement value would be increased to reflect the extra calendar day between the day that the exercise settlement value is calculated and the day on which the constituent option series expire.

The exercise-settlement value will be rounded to the nearest $0.01. Exercise will result in delivery of cash on the business day following expiration. The exercise-settlement amount is equal to the difference between the exercise-settlement value and the exercise price of the option, multiplied by $100.

Position and Exercise Limits:

No position and exercise limits are in effect.

Customer Strategy-Based Margin:

Purchases of puts or calls with 9 months or less until expiration must be paid for in full. Writers of uncovered puts or calls must deposit / maintain 100% of the option proceeds* plus 20% of the aggregate contract value (current (spot or cash) index value x $100) minus the amount by which the option is out-of-the-money, if any, subject to a minimum for calls of option proceeds* plus 10% of the aggregate contract value and a minimum for puts of option proceeds* plus 10% of the aggregate exercise price amount. (*For calculating maintenance margin, use option current market value instead of option proceeds.) Additional margin may be required pursuant to Exchange Rules 12.3(h) and 12.10.

Customer Portfolio Margin:

VIX/VIXW options are eligible for a portfolio margin account. VIX/VIXW options are accommodated in the Broad-Based Index Volatility Indexes Product Group (500), with a 75% offset with the other classes contained in that Product Group. The magnitude of the valuation point range under Cboe Rule 12.4 (Portfolio Margin) for VIX/VIXW options held in a portfolio margin account is +/- 20%. The price of the VIX futures contract with a corresponding expiration will be used to calculate theoretical gains and losses for VIX/VIXW options. Additional margin may be required pursuant to Exchange Rule 12.10.

CUSIP:

12497K100

Trading Hours:

Global: 2:00 a.m. to 8:15 a.m. Central time (Chicago time). 1

Regular: 8:30 a.m. to 3:15 p.m. Central time (Chicago time).

1 Expiring VIX/VIXW options do not trade during global trading hours on their Expiration Date.

DJX Options Product Specifications

Options Based on Dow Jones Industrial Average (DJX)

Symbol:

DJX

Index Description:

The Dow Jones Industrial Average is a price-weighted index composed of 30 of the largest, most liquid NYSE and NASDAQ listed stocks.

Underlying:

Options are based on 1/100th of the DJIA level.

Multiplier:

$ 100.

Premium Quote:

Stated in decimals. One point equals $ 100. Minimum tick for options trading below 3.00 is 0.01 ($ 1.00) and for all other series, 0.05 ($ 5.00).

Strike Prices:

Strike prices for options are set to bracket the index level in minimum increments of 1 point.

Expiration Cycle:

Generally, up to three near-term months plus up to 3 months on the March quarterly cycle.

Expiration Date:

The third Friday of the expiration month.

Exercise Style:

European – DJX Index options generally may be exercised only on the expiration date.

Last Trading Day:

Trading in DJX will ordinarily cease on the business day (usually a Thursday) preceding the day on which the exercise-settlement value is calculated.

Settlement Type:

Cash–settled.

Settlement Value:

Exercise will result in delivery of cash on the business day following expiration. The exercise–settlement value, DJS, is calculated using the opening sales price in the primary market of each component security on the expiration date. The exercise–settlement amount is equal to the difference between the exercise–settlement value and the exercise price of the option, multiplied by $ 100.

Settlement Value Symbol:

DJS

Position and Exercise Limits:

No position and exercise limits are in effect. Each Trading Permit Holder (other than a market–maker) or TPH organization that maintains an end of day position in excess of 1 million contracts in DJX (DJX and DJX LEAPS) for its proprietary account or for the account of a customer, shall report certain information to the Department of Market Regulation. The TPH must report information as to whether such position is hedged and, if so, a description of the hedge employed e.g. stock portfolio current market value, other stock index option positions, stock index futures positions, options on stock index futures; and for customer accounts, provide the account name, account number and tax ID or social security number. Thereafter, if the position is maintained at or above the reporting threshold, a subsequent report is required on Monday following expiration and when any change to the hedge results in the position being either unhedged or only partially hedged. Reductions below these thresholds do not need to be reported.

Margin:

Purchases of puts or calls with 9 months or less until expiration must be paid for in full. Writers of uncovered puts or calls must deposit / maintain 100% of the option proceeds* plus 15% of the aggregate contract value (current index level x $ 100) minus the amount by which the option is out–of–the–money, if any, subject to a minimum for calls of option proceeds* plus 10% of the aggregate contract value and a minimum for puts of option proceeds* plus 10% of the aggregate exercise price amount. (*For calculating maintenance margin, use option current market value instead of option proceeds.) Additional margin may be required pursuant to Exchange Rule 12.10.

Cusip Number:

12486C

Trading Hours:

8:30 a.m. – 3:15 p.m. Central Time (Chicago time).

附录 2　芝加哥商业交易所期权合同

芝加哥商业交易所期权合同源自网：https://www.cmegroup.com/。

Eurodollar Options Contract Specs

Type: Quarterly/Serial Options

MUM PRICE FLUCTUATION	Quarterly and Serial	Quoted in IMM Index points. One-quarter of one basis point (0.0025 IMM Index point = $6.25) for option whose underlying futures contract is the nearest expiring futures contract month. One-quarter of one basis point (0.0025 = $ 6.25) when option premium is no greater than five ticks and option contract month is any of nearest 2 March Quarterly months or nearest 4 Serial months. One-half of one basis point (0.005 = $ 12.50) for all other contract months. Cabinet prices: Any option may trade at a price of 0.0025 IMM Index points, whether or not such trade results in liquidation of positions for both parties to the trade.
	Note	The minimum fluctuation shall be .005 IMM Index point ($ 12.50, also known as one-half tick). Trades may also occur at a price of .0025 IMM Index point ($ 6.25, also known as one-quarter tick), whether or not such trades result in the liquidation of positions for both parties to the trade.
TRADING HOURS	CME Globex:	SUN-FRI: 5:00 p.m. - 4:00 p.m.
	Open Outcry:	MON - FRI: 7:20 a.m. - 2:00 p.m.
PRODUCT CODE	CME Globex: GE CME ClearPort: ED Open Outcry: Put: PE Call: CE Clearing: ED	

Continued Table

LISTED CONTRACTS	Serial	Nearest 4 Serial (non–March Quarterly) months
	Quarterly	Nearest 16 March Quarterly months
TERMINATION OF TRADING	Serial	The Friday immediately preceding the third Wednesday of the contract month.
	Quarterly	The second London bank business day before the third Wednesday of the contract month. Trading in expiring contracts ceases at 11:00 a.m. London Time on the last trading day.
POSITION LIMITS	CME Position Limits	
EXCHANGE RULEBOOK	CME 452A	
BLOCK MINIMUM	Block Minimum Thresholds	
PRICE LIMIT OR CIRCUIT	Price Limits	
VENDOR CODES	Quote Vendor Symbols Listing	
STRIKE PRICE LISTING PROCEDURES	Strike prices will be listed in intervals of 12.5 basis points (0.125 price points) in a range of 150 basis points above and 150 basis points below the strike price closest to the previous daily settlement price for the underlying futures contract. Strike prices will be listed in intervals of 25 basis points (0.25 price points) in a range of 550 basis points above and 550 basis points below the strike price closest to the previous daily settlement price for the underlying futures contract.	
EXERCISE STYLE	Options are American Style and are exercised by notifying the Clearing House by 5:30 p.m. CT on the day of exercise. Unexercised options shall expire at 5:30 p.m. CT on the last trading day. In–the–money options that have not been exercised shall be automatically exercised following expiration in the absence of contrary instructions.	
SETTLEMENT METHOD	Deliverable	
UNDERLYING	Eurodollar Futures	

S&P 500 EOM Options Contract Specs

Type: Standard Options

CONTRACT UNIT	One S&P 500 futures contract	
MINIMUM PRICE FLUCTUATION	Globex regular tick: 0.10 index points = $ 25.00 for premium above 5.00 index points Globex reduced tick: 0.05 index points = $ 12.50 for premium at or below 5.00 index points CPC and Pit regular tick (outrights and spreads): 0.10 index points = $ 25.00 for premium above 5.00 index points CPC and Pit reduced tick (outrights and spreads): 0.05 index points $ 12.50 for premium at or below 5.00 index points CAB: 0.05 index points = $ 12.50	
TRADING HOURS	CME Globex:	Sunday - Friday: 6:00 p.m. - 5:00 p.m. ET with a trading halt 9:15 a.m. - 4:30 p.m.
	CME ClearPort:	Sunday 5:00 p.m. - Friday 5:45 p.m. CT with no reporting Monday - Thursday from 5:45 p.m. - 6:00 p.m. CT
	Open Outcry:	Monday - Friday: 9:30 a.m. - 4:15 p.m. ET
PRODUCT CODE	CME Globex: SP CME ClearPort: SP Open Outcry: Put: PS Call: CS Clearing: SP	
LISTED CONTRACTS	Open Outcry: Quarterly contracts (Mar, Jun, Sep, Dec) listed for 8 consecutive quarters CME Globex: Quarterly contracts (Mar, Jun, Sep, Dec) listed for 1 quarter CME Clearport: Quarterly contracts (Mar, Jun, Sep, Dec) listed for 8 consecutive quarters	
TERMINATION OF TRADING	Open Outcry: 4:15 p.m. ET on Thursday prior to 3rd Friday of the contract month CME Globex: 9:15 a.m. ET on Thursday prior to 3rd Friday of the contract month	
POSITION LIMITS	CME Position Limits	
EXCHANGE RULEBOOK	CME 351A	

Continued Table

BLOCK MINIMUM	Block Minimum Thresholds
PRICE LIMIT OR CIRCUIT	Price Limits
VENDOR CODES	Quote Vendor Symbols Listing
STRIKE PRICE LISTING PROCEDURES	100 index point integer multiples, when listed: +30% to –50% of the prior day' s settlement price on the underlying future contract 50 index point integer multiples, when listed: +20% to –40% of the prior day' s settlement price on the underlying future contract 10 index point integer multiples, when the underlying future is the second closest contract: +10% to –25% of the prior day' s settlement price on the underlying future contract ? 5 index point integer multiples, 35 days prior to expiry (or 5 Weeks): +5% to –15% of the prior day' s settlement price on the underlying future contract
EXERCISE STYLE	American Options
EXERCISE PROCEDURE	An option can be exercised until 6:30 p.m. ET on any business day the option is traded
SETTLEMENT AT EXPIRATION	Option exercise results in a position in the underlying cash–settled futures contract. In–the–money options, in the absence of contrarian instructions delivered to the Clearing House by 6:30 p.m. ET on the day of expiration, are automatically exercised into expiring cash–settled futures, which settle to the SOQ calculated the morning of the 3rd Friday of the contract month.
SETTLEMENT METHOD	Deliverable
UNDERLYING	S&P 500 Futures

Corn Options Contract Specs

Type: American Options

CONTRACT UNIT	1 futures contract for 5000 bushels	
MINIMUM PRICE FLUCTUATION	1/8 of one cent (0.00125) per bushel = $ 6.25	
PRICE QUOTATION	U.S. cents per bushel	
TRADING HOURS	CME Globex:	Sunday - Friday, 7:00 p.m. - 7:45 a.m. CT and Monday - Friday, 8:30 a.m. - 1:20 p.m. CT
	Open Outcry	Monday - Friday, 8:30 a.m. - 1:15 p.m. CT with post session until 1:20 p.m. CT immediately following the close
	CME ClearPort:	Sunday 5:00 p.m. – Friday 5:45 p.m. CT with no reporting Monday – Thursday from 5:45 p.m. - 6:00 p.m. CT
PRODUCT CODE	CME Globex: OZC CME ClearPort: C Open Outcry: Put: PY Call: CY Clearing: C	
LISTED CONTRACTS	Monthly contracts listed for 3 consecutive months 2 months of Mar listed after the termination of trading in the August contract month 2 months of May listed after the termination of trading in the October contract month 2 months of Sep listed after the termination of trading in the April contract month 6 months of Jul and Dec listed after the termination of trading in the December contract month	
TERMINATION OF TRADING	Trading terminates on Friday which precedes, by at least 2 business days, the last business day of the month prior to the contract month.	
EXCHANGE RULEBOOK	CBOT 10A	
BLOCK MINIMUM	Block Minimum Thresholds	
PRICE LIMIT OR CIRCUIT	Price Limits	
VENDOR CODES	Quote Vendor Symbols Listing	

Continued Table

STRIKE PRICE LISTING PROCEDURES	Trading shall be conducted for put and call options with striking prices in integral multiples of five (5) cents and ten (10) cents per bushel. More details on strike price intervals are outlined in Rule 10A01.E.
EXERCISE STYLE	The buyer of a futures option may exercise the option on any business day prior to expiration by giving notice to the Clearing House by 5:30 p.m. Chicago time. Option exercise results in an underlying futures market position. Options in-the-money on the last day of trading are automatically exercised.
SETTLEMENT METHOD	Deliverable
UNDERLYING	Corn Futures

Gold Option Contract Specs

Type: American Options

CONTRACT UNIT	100 troy ounces
MINIMUM PRICE FLUCTUATION	0.10 per troy ounce = $ 10.00
PRICE QUOTATION	U.S. dollars and cents per troy ounce
TRADING HOURS	Sunday - Friday 6:00 p.m. - 5:00 p.m. (5:00 p.m. - 4:00 p.m. CT) with a 60-minute break each day beginning at 5:00 p.m. (4:00 p.m. CT)
PRODUCT CODE	CME Globex: OG CME ClearPort: OG Clearing: OG
LISTED CONTRACTS	Monthly contracts listed for 20 consecutive months and any June in December in the nearest 72 months.
TERMINATION OF TRADING	Trading terminates at 12:30 p.m. CT on the 4th last business day of the month prior to the contract month. If the 4th last business day occurs on a Friday or the day before a holiday, trading terminates on the prior business day.
POSITION LIMITS	COMEX Position Limits
EXCHANGE RULEBOOK	COMEX 115
BLOCK MINIMUM	Block Minimum Thresholds
PRICE LIMIT OR CIRCUIT	Price Limits
VENDOR CODES	Quote Vendor Symbols Listing
STRIKE PRICE LISTING PROCEDURES	Strike Price Listing and Exercise Procedures Table
EXERCISE STYLE	American
SETTLEMENT METHOD	Deliverable
UNDERLYING	Gold Futures

附录 3　香港交易所期权合同

香港交易所期权合同源自网：http://www.hkex.com.hk。

Stock Options

CONTRACT SUMMARY

Item	Contract Terms
Underlying Stocks & HKATS Codes	Please refer to the list of stock options
Option Types	Puts and calls
Contract Size	Relevant information regarding contract size and tier level of individual stock option classes can be found in the list of stock options
Contracted Value	Option Premium multiplied by the Contract Size
Contract Months	Spot, the next three calendar months and the next three calendar quarter months(The Exchange may introduce any other longer-dated expiry month in selected stock option classes as it deems necessary)
Minimum Fluctuation	HK ＄0.01 HK ＄0.001 be introduced in six stock option classes: 1) Bank of China Limited. 2) China Construction Bank Corporation. 3) Industrial and Commercial Bank of China Limited. 4) Agricultural Bank of China Limited. 5) Postal Savings Bank of China Co. Ltd. 6) China Tower Corporation Limited.
Option Premium	Quoted in HK dollars on a per share basis

Continued Table

<table>
<tr><th>Item</th><th colspan="3">Contract Terms</th></tr>
<tr><td rowspan="12">Strike Prices</td><td colspan="2">Underlying Prices</td><td>Interval</td></tr>
<tr><td>From</td><td>To</td><td></td></tr>
<tr><td>(HK $)</td><td>(HK $)</td><td>(HK $)</td></tr>
<tr><td>0</td><td>2</td><td>0.05</td></tr>
<tr><td>2</td><td>5</td><td>0.1</td></tr>
<tr><td>5</td><td>10</td><td>0.25</td></tr>
<tr><td>10</td><td>20</td><td>0.5</td></tr>
<tr><td>20</td><td>50</td><td>1</td></tr>
<tr><td>50</td><td>100</td><td>2.5</td></tr>
<tr><td>100</td><td>200</td><td>2.5</td></tr>
<tr><td>200</td><td>300</td><td>5</td></tr>
<tr><td>300</td><td>500</td><td>10</td></tr>
<tr><td>Trading Hours</td><td colspan="3">9:30 am – 12:00 noon & 1:00 pm – 4:00 pm</td></tr>
<tr><td>Expiry Day</td><td colspan="3">The business day immediately preceding the last business day of the contract month</td></tr>
<tr><td>Exercise style (American)</td><td colspan="3">Options can be exercised at any time up to 6:45 p.m. on any business day and including the last trading day</td></tr>
<tr><td>Exercise Fee</td><td colspan="3">HK $2.00</td></tr>
<tr><td>Settlement</td><td colspan="3">Physical delivery of underlying shares on exercise and settlement period are:
T + 1 (options premium, payable in full) or
T + 2 (stock transfer following exercise)</td></tr>
<tr><td>Trading Tariff</td><td colspan="3">Tier 1 HK $3.00
Tier 2 HK $1.00
Tier 3 HK $0.50
Brokerage Commission Negotiable</td></tr>
</table>

HANG SENG INDEX OPTIONS

CONTRACT SUMMARY

Item	Standard Options		Flexible Options
Underlying Index	Hang Seng Index		
HKATS Code	HSI		XHS
Contract Multiplier	HK $50 per index point		
Minimum Fluctuation	One index point		
Contract Months	Short-dated Options:- Spot, next three calendar months & next three calendar quarter months and Long-dated Options:- the next3 months of June & December and the following 3 December months		Any calendar month not further out than the longest term of expiry months that are available for trading
Exercise Style	European Style		
Option Premium	Quoted in whole index points		
Strike Price	Index Points	Strike Interval	
	Short-dated Options:		
	≥ 20,000	200	
	≥ 5000 and < 20,000	100	
	< 5000	50	
	Long-dated Options:		
	≥ 20,000	400	
	≥ 5000 and < 20,000	200	
	< 5000	100	
Trading Hours	For standard Index Options:9:15 am – 12:00 noon, 1:00 pm – 4:30 pm & 5:15 pm –3:00 am (Expiring contract month closes at 4:00 pm on the Expiry Day) For Flexible Index Options: 9:15 am – 12:00 noon & 1:00 pm – 4:30 pm No request of series creation is acceptable within the last 30 minutesbefore market close (Expiring contract month closes at 4:00 pm on the Expiry Day)		

Continued Table

Item	Standard Options	Flexible Options
Expiry Day	The Business Day immediately preceding the last Business Day of the Contract Month	
Official Settlement Price	The average of quotations of Hang Seng Index taken at (i) five (5) minute intervals from five (5) minutes after the start of, and up to five (5) minutes before the end of, the Continuous Trading Session of SEHK; and (ii) the close of trading on SEHK on the Expiry Day	
Transaction Costs	Exchange Fee HK $10.00 Commission Levy HK $0.54 Commission Rate Negotiable	

USD/CNH OPTIONS

CONTRACT SUMMARY

<table>
<tr><th>Item</th><th>Contract Terms</th></tr>
<tr><td>HKATS Code</td><td>CUS</td></tr>
<tr><td>Contract Size</td><td>USD 100,000</td></tr>
<tr><td>Price Quotation</td><td>Amount of RMB per USD</td></tr>
<tr><td>Options Premium</td><td>4 decimal places (i.e. 0.0001)</td></tr>
<tr><td>Tick Value</td><td>RMB 10</td></tr>
<tr><td>Strike Prices</td><td>Strike intervals will be set at 0.05</td></tr>
<tr><td>Official Settlement Price</td><td>USD/CNY (HK) Spot Rate published by Hong Kong Treasury Markets Association (TMA) at or around 11:30 a.m. on the Expiry Day</td></tr>
<tr><td>Settlement on Exercise</td><td>Physical delivery on exercise
<table>
<tr><th></th><th>Holder</th><th>writer</th></tr>
<tr><td>Call Options</td><td>Payment of the Final Settlement Value in RMB</td><td>Delivery of US dollars</td></tr>
<tr><td>Put Options</td><td>Delivery of US dollars</td><td>Payment of the Final Settlement Value in RMB</td></tr>
</table>
Example on Final Settlement Process</td></tr>
<tr><td>Exercise Style</td><td>European style</td></tr>
<tr><td>Contract Months</td><td>Spot month, the next three calendar months and the next six calendar quarter months</td></tr>
<tr><td>Final Settlement Day</td><td>Third Wednesday of the Contract Month</td></tr>
<tr><td>Expiry Day</td><td>Two Hong Kong Business Days prior to the Final Settlement Day</td></tr>
</table>

Continued Table

Item	Contract Terms
Trading Hours (Hong Kong Time)	8:30 a.m. to 4:30 p.m. (Trading hours on the Expiry Day are from 8:30 a.m. to 11:00 a.m.)
Exchange Fee	RMB 8 per contract
Exercise Fee	RMB 8 per contract
Commission Levy	Nil
Position Limit	For the USD/CNH Futures Contract, CNH/USD Futures Contract and USD/CNH Option Contract combined, a position delta of 8000 long or short in all Contract Months combined provided that – Position delta for the Spot Month USD/CNH Futures Contract and the Spot Month USD/CNH Option Contract combined during the five Hong Kong Business Day up to and including the Expiry Day shall not exceed 2000 long or short; and – The position for CNH/USD Futures Contract shall not at any time exceed 16,000 net long or short contracts in all Contract Months combined
Large Open Positions	500 open contracts in any one series
Holiday Schedule	Follows the Hong Kong holiday schedule

附录4　中国金融期货交易所沪深300股指期权合约表

中国金融期货交易所沪深300股指期权合约表源自网：http://www.cffex.com.cn/hs300gzqq/。

沪深300股指期权合约表	
合约标的物	沪深300指数
合约乘数	每点人民币100元
合约类型	看涨期权、看跌期权
报价单位	指数点
最小变动价位	0.2点
每日价格最大波动限制	上一交易日沪深300指数收盘价的 ±10%
合约月份	当月、下2个月及随后3个季月
行权价格	行权价格覆盖沪深300指数上一交易日收盘价上下浮动10%对应的价格范围。 对当月与下2个月合约：行权价格≤ 2500点时，行权价格间距为25点；2500点 < 行权价格≤ 5000点时，行权价格间距为50点；5000点 < 行权价格≤ 10000点时，行权价格间距为100点；行权价格 >10000点时，行权价格间距为200点。 对随后3个季月合约：行权价格≤ 2500点时，行权价格间距为50点；2500点 < 行权价格≤ 5000点时，行权价格间距为100点；5000点 < 行权价格≤ 10000点时，行权价格间距为200点；行权价格 >10000点时，行权价格间距为400点。
行权方式	欧式
交易时间	9:30–11:30，13:00–15:00
最后交易日	合约到期月份的第三个星期五，遇国家法定假日顺延
到期日	同最后交易日
交割方式	现金交割
交易代码	看涨期权：IO合约月份 –C– 行权价格 看跌期权：IO合约月份 –P– 行权价格
上市交易所	中国金融期货交易所

后　记

本书是在笔者博士学位论文《期权合同研究》的基础上修改而成。在博士毕业后，笔者一直从事法律实务工作，没有成书出版的想法。直至近日，幸蒙笔者单位上海市锦天城律师事务所垂青，获得书籍出版立项项目资助，才有出版机会。由于距论文成文时间已久，笔者主要更新了文章所引用的交易所规则制度以及部分文字的修正，其他内容未进行大的修改。既然本书是博士论文的产物，尊重并保存论文原貌，也算是对自己当时的学术认知水平和稚嫩见解的见证。

本书的写作过程中实在包含了太多人的关心和帮助，谨此致谢。感谢对我悉心栽培的导师许浩明教授，如果没有许老师的耳提面命、授业解惑，本书的写作完成以及笔者提前一年博士毕业是不可想象的。当然，文中所有的错误与责任当由笔者本人承担。

感谢西南政法大学付子堂教授在资料收集和学术方向上给予的帮助和指导。感谢中国政法大学周忠海教授的无私教诲和修改建议。感谢中国政法大学赵威教授和赵一民副教授就论文结构内容给予的国际金融法方面的专业指导。感谢中国政法大学刘廷吉教授和马呈元教授就论文大纲结构给予的指导。感谢中国政法大学李居迁副教授对论文结构内容给予的指导及求学过程中给予的无私帮助。

感谢中国人民大学谭淦博士、中国政法大学马海涛博士、李亮博士、张卫华博士、石磊博士在论文资料的提供与收集上给予的无私帮助。感谢中国政法大学民商法专业滕晓春博士、杨汝轩博士、李志强博士、谢耿亮博士在民商法基本理论方面的答疑解惑。

感谢本书所引用参考文献的所有作者，没有他们先前的研究成果，本书的完成显然是无法想象的。

感谢笔者单位上海市锦天城律师事务所对中青年律师学术创作的大力支持，使本书得以出版面世。

感谢我的父母，感谢我的两个妹妹，没有他们的亲情支持和照顾，不可能在求学之路上走得这么远。感谢我的妻子，她的鼓励和支持是我完成论文以及提前博士毕业的直接动力。

袁国际

2020 年 9 月 29 日

图书在版编目(CIP)数据

期权合同原理与实务 / 袁国际著. -- 北京：法律出版社，2021
ISBN 978-7-5197-5299-6

Ⅰ. ①期… Ⅱ. ①袁… Ⅲ. ①期权交易-合同法-研究-中国 Ⅳ. ①D923.64

中国版本图书馆 CIP 数据核字(2021)第 020256 号

期权合同原理与实务
QIQUAN HETONG YUANLI YU SHIWU

袁国际 著

策划编辑 薛 晗 田 浩
责任编辑 薛 晗 田 浩
装帧设计 汪奇峰

出版 法律出版社
总发行 中国法律图书有限公司
经销 新华书店
印刷 三河市龙大印装有限公司
责任校对 王 丰 郭艳萍
责任印制 胡晓雅
编辑统筹 法商出版分社
开本 710 毫米×1000 毫米 1/16
印张 17.25
字数 284 千
版本 2021 年 2 月第 1 版
印次 2021 年 2 月第 1 次印刷

法律出版社/北京市丰台区莲花池西里 7 号(100073)
网址/www.lawpress.com.cn
投稿邮箱/info@lawpress.com.cn
举报维权邮箱/jbwq@lawpress.com.cn
销售热线/400-660-8393
编辑电话/010-83938130

中国法律图书有限公司/北京市丰台区莲花池西里 7 号(100073)
全国各地中法图分、子公司销售电话：
统一销售客服/400-660-8393/6393
第一法律书店/010-83938432/8433
西安分公司/029-85330678
重庆分公司/023-67453036
上海分公司/021-62071639/1636
深圳分公司/0755-83072995

书号：ISBN 978-7-5197-5299-6
定价：68.00 元